博雅弘毅

文明以止

成人成才

四通六识

珞 珈 博 雅 文 库

（ 通 识 课 堂 系 列 ）

何以成人　何以知天

武汉大学基础通识课优秀作品集

（自然卷）

主　编　桑建平
副主编　彭　华　黄　舒　黎　萍

图书在版编目(CIP)数据

何以成人　何以知天：武汉大学基础通识课优秀作品集．自然卷／桑建平主编．—武汉：武汉大学出版社，2020.10
珞珈博雅文库．通识课堂系列
ISBN 978-7-307-21764-5

Ⅰ．何…　Ⅱ．桑…　Ⅲ．自然科学—文集　Ⅳ．Z427

中国版本图书馆 CIP 数据核字(2020)第 170138 号

责任编辑：唐　伟　　　责任校对：汪欣怡　　　版式设计：马　佳

出版发行：**武汉大学出版社**　（430072　武昌　珞珈山）
（电子邮箱：cbs22@ whu.edu.cn　网址：www.wdp. com.cn）
印刷：武汉市宏达盛印务有限公司
开本：720×1000　1/16　印张：20.25　字数：308 千字　插页：2
版次：2020 年 10 月第 1 版　　2020 年 10 月第 1 次印刷
ISBN 978-7-307-21764-5　　定价：68.00 元

主编简介

桑建平，1959年12月生于武汉，山西平顺人，理学博士，武汉大学物理科学与技术学院教授、博士生导师。历任武汉大学物理系副主任、理学院副院长、科技处处长，武汉市科技局副局长、江汉大学副校长、武汉市科协党组书记。1996年至2018年，为教育部高校物理学类专业教学指导委员会委员。

主要从事理论物理科研与教学，曾主持国家自然科学基金、教育部重点基金、教育部骨干教师基金、湖北省级科研基金项目，在国内外期刊发表论文八十余篇，主编两种教材，获湖北省教学成果一等奖。

总 序

韩 进

2018 年 9 月，武汉大学为全校大一新生开设“人文社科经典导引”和“自然科学经典导引”基础通识课，采用“大班授课，小班研讨”的教学方式。两大导引是武汉大学建校 127 年来首次开设的全校通识必修课，是贯彻“成才必先成人”教育理念的尝试。武大通识教育致力于打开学生视野，激发学生兴趣，树立学生家国情怀，培养学生博雅品位，养成学生君子人格，并为接下来三年的通识课程及专业课程的学习打下良好基础。

这两本以“何以成人，何以知大”命名的《武汉大学基础通识课优秀作品集》(以下简称《优秀作品集》)，分为“人文卷”和“自然卷”。两卷共 107 篇优秀作品，是在两大导引课程第一学年结束之后，从全校 15000 多篇结课论文中，经过多轮评审精选出来的。两本《优秀作品集》是武汉大学 2018 级全体同学在研读中外经典的过程中，对“何以成人，何以知天”这一“立德树人”之重大问题的独立思考和切身感悟的文本呈现，是“课程思政”的理论结晶和思想火花，因而也是武汉大学思想政治工作的重要成果之一。

人生天地间，当尽人事而知天命。在广阔的世界中，怎样才能找准自己的位置，活出生命的精彩，古今中外的思想家不懈求索着。《庄子 · 大宗师》：“知天之所为，知人之所为者，至矣！”这两本大一学生的结课论文，说生死，论灵魂，谈自我，在哲学、文学、历史、物理学、生物学等领域里纵横驰骋，文理融通，诗思并举。虽然学生们因阅历欠缺和时间所限，在意蕴和文笔上稍显稚嫩，但已有成人知天的雏形。就好像初练童子功，一招一式虽然多为形似，但不少已得真味，坚持下去，必有所得。

实际上，通识教育主要不是指在知识范围上的全才教育，而是指更深层次的成人教育。习近平总书记说，“要把立德树人的成效作为检验学校一切工作的根本标准”。如何正确地认识自己、认识社会、认识自然，如何在先贤开辟的道路上继续前进，是立德树人的一个重要内容。我们不要求学生对各个学科的知识无论巨细都有所了解，但我们要引导学生去阅读古今中外的经典，把现实生活中的各种诱惑放在一边，耐得住寂寞，去跟人类历史上的伟大心灵对话，在思想的激荡里，在人格的感召中完成个人人格的升华。

人类是一个命运共同体，大学通识教育应该围绕这个共同体理念展开。各个学科的专门问题，有各个学科的专门研究来解决，至于人类命运共同体理念的培育、发展，通识教育责无旁贷。从学生的文章来看，阅读的经典相当之多：《论语》《庄子》《史记》《几何原本》《理想国》《形而上学》《自然哲学的数学原理》《物种起源》《科学与假设》……不问古今中西，只要对人类产生过重要影响，只要具有启发意义，统统拿来阅读。人类的精神财富，需要每一位有识之士来传承发扬。学生们心中不存偏见，只存着追求真理的热情。

两本《优秀作品集》所选的文章，多有学科交叉的自觉意识，有视野开阔的思维特征。如电子信息学院的赵幽，思考着现代社会的成人问题；物理学院的康新宇，比较了柏拉图与儒家思想的异同；电气与自动化学院的吴彦青小中见大，以理型与道为标本，尝试阐发中西思维的不同特点……以上理工科学生有意离开自己熟悉的专业领域做人文之思，除此之外，也有文科学生力图突破专业壁垒，作科学之思的。如外语学院的吕润洋，受到《西方科学的起源》的启发，试图辨析古希腊文化对西方科学的影响；文学院的张博瑾，分析了哥白尼原则的人文意义与现实价值；经济管理学院的杨晴柳，则要从坐标系的发展去理解相对论的意蕴……这些学生自觉地融入所在学科的训练，并结合通识课程要求，写出一篇篇学科交叉的习作，实属难能可贵。

两本《优秀作品集》立意精巧，哲思隽永。测绘学院的姚懿玲让读者想象“姚懿玲妖”，这种生物以触觉来作为测量工具。这时，对爱因斯坦的一些经典思想实验进行触觉改造，就会得到一些有趣的结论。也许，姚懿玲对相对论有误解，尽管这样，姚懿玲对困难问题的思考，她简捷的思考方式，以及明快的表达方式，让人印象深刻。还有测绘学院的张梓怡，她提出“降维正义”的概念，这一正义不是人与人之间的约定，而是更高维度下世界对人类进行的正义规划。张梓怡以我国神话中孙悟空和哪吒造反最后被收编的经历为切入点，提出降维正义相对于约定正义具有绝对优先性。作者指出：社会发展就是一个不断打破原有秩序建立新秩序的过程，新秩序比旧秩序更稳定，也更接近降维的规划，接近柏拉图的“理型世界”。这些表述，跟客观正义、终极真理相近，又略有不同，发人深省。还有弘毅学堂的宋文卓，居然有为成人建立“数学模型”的想法，令人叹为观止！

读这两本《优秀作品集》，我常常情不自禁地感叹：我们武大的本科生太有才了！很多文章都体现出“文字华美、想象奇异”的特征。如法学院王文娟的《显允君子，纳阖四色》。“露染猩红，赤色未乾，潇潇雨歇，岳飞苍眼抬望……”文字有一种古典的骈俪之美。国学院米家乐的《七谏》，直接写成汉人主客接问的赋文，又别有一种辞赋之美。新闻学院的蒋梅，以“夜半·非我”“天亮·无我”“日中·自我”和“日头下山”串起全文，借用西方现象学和东方佛道教资源，以一日之内不同场景中的思考和领悟阐发人之为人的理念，文字优美，构思精巧。文学院张蕙颖《置此札，君怀袖》以古代白话小说的形式，借北宋汴京、靖难之役来书写普通人的使命，项羽传奇成为小说中的戏。动力与机械学院的林振在想象上也不遑多让，干脆给过去的、不同阶段的自己写了四封信，信中有对过去的追忆，有对成长的反思，更融入课程的内容，虽是写给过去，但时间一去不回，真正读信的只能是未来的自己，意味深长。弘毅学堂李佳洋的 *Fiemus Homines* 写成了一部哲学剧，剧中“智者”经历多重辩论，不断升华而获新生，显示出作者较强的文字和思想把握能力。

毋庸讳言，作为大一同学的习作，两本《优秀作品集》也难免有这样或那样的瑕疵。比如，有些文章多以复述为主，通过文体的变化或者故事的不同，来讲述经典中的旧道理。这当然训练了写作能力，但于独立思考方面得益不多。又比如，有些文章多在阐发自己偏爱的观点，对相反观点的辨析却略显不足。还比如，有些文章层层推进不足，文辞渲染有余，立意虽好但缺乏论证，在逻辑和理论的严谨性上，还有较大的提升空间。

武汉大学通识教育改革进程的脚步不止、前行不息，每一次新的突破都是朝“博雅弘毅、成人成才”的进发，每一次新的尝试都是向“立德树人”之根本目标的推进。两大导引开课三学期，好评如潮，我们的改革成果引起了全国众多高校的关注。随着21世纪第三个十年的到来，新的学期又要开始了，相信在崭新的2020年，全校师生会一起创造出更加优秀的成果，更加辉煌的成就。

2020年元月于珞珈山

（作者为武汉大学党委书记）

目　录

Contents

甲编　古希腊哲学

乙编 物理世界

丙编 生命领域

丁编　科学方法

甲　编

古希腊哲学

对话《理想国》

——信善、追光与归来

江紫涵　新闻与传播学院

【指导教师评语】　全文模拟《理想国》的写作手法，通过"对话辩论"的形式诠释柏拉图的理想国度思想。对话循序渐进，深入浅出；书写突破常规，别具一格。后记是本文的"点睛"之处，既体现作者的批判性思维，也彰显其鲜明的个人观点——"信善、追光、选择归来"。（基础医学院　张德玲）

我合上书页，用右手去够水杯，嘴唇触碰到冰凉的杯沿时，才反应过来：半小时前我就已经喝尽了杯子里的最后一口水。再看向时钟，"原来已经是下午了啊"，这时我才想起午饭也忘了吃。

"不出去吃点东西吗？"她问我。

"不了。"

"你会饿的。"

"不，饥渴虽是身体缺乏的表现，但食物填补上的空缺却并非实在。"

她不知为何饶有兴致，忽然同我辩论起来。

"怎么能够说饱腹的满足并非实在之物呢？人饿了之后最首要的欲望就是吃东西对吧？"

"没错。"

"而且这是一种基于求生的本能，因为不吃东西会饿死。"

"我想是的。"

"假设在饥饿到快要昏倒之时，你得到了一个馒头，你会因此活命对吗？”

“是这么回事。”

“你是实在的，你的生命是实在的，而这都是食物带来的，所以人进食得到的是一种实在。”

“我想在我们谈论这个之前，需要先进一步地定义实在。实在的东西应该是可以牢牢把握的对吧？”

“我赞同。”

“而且它应该是亘古不变的，即某种状态的永恒。”

“我不否认。”

“可是进食带来的是饱腹感，但饱腹感是会随时间消逝的，所以它并非实在。”

“如果这种可以切手把握、掌控的事物都不算实在，那究竟什么才算？”

“我想应该是更加理念层面的东西，比如说正义、智慧、善。”

“实在怎么可能会是这样虚幻的东西，它应该是可控的。”

“可它的第一要义还是‘不可动摇的恒定’，这是你之前同意了的说法。至于它必须可控，我想这只是你的一种意见吧。”

“那你倒说说看什么是意见，你不是爱先下定义吗？”

“意见是自己的固有偏见。”

“那什么是固有偏见呢？一直戴着有色眼镜吗？”

“我想我这里说的偏见还要更为广义一些。举个例子吧，假设你是个一直生活在地下洞穴的人，你长久被捆绑着，这导致你无法回头。在你的背后，有一束火光，它会将一些木偶投影到你前方的洞壁上。你是看着那些影子长大的，所以你会觉得那就是最正确不过的事情，对吧？”

“我会这样的。”

“但若从一个地上世界人的角度来看呢？”

“我会认为那一切很虚假，都非实在之物。”

“对，那些影子就是所谓意见，一种固有偏见。”

“按照你的说法，我们因为无法接触到那些虚幻，不，无法接触到我所认为的那些虚幻之物，所以我们都是固有偏见的持有者，是一群无知的蠢蛋？”

“无知倒算不上，至少你们还持有一种意见。你们对事物表象的认识是可以做到的。好比你无法真正认识到何为正义、智慧，却也能举出一些正义、智慧的例子。”

“你是说这些例子就相当于那些实体的倒影？”

“是，但也不能完全说是。这些例子可能也会是一个事物可见层面的最高形态。”

“我没能明白。”

“若把一个事物可见的范围，就是你所说的那些例子，那些你所认为虚幻的品质的表现形式，比作洞穴世界，把一个事物可认知的范围，也就是我们很难才能触碰得到、探索得出本质的东西，比作地上世界，那么一个初形态的无知的人，也就是洞穴里有些未睁开双眼的人，待他们睁开双眼，看见火光投射出来的影子，才开始对事物产生意见。而这些意见的标准，则是火光下的木偶，即可见层面的最高形态，虽然它只是可知之物的模仿品。”

“那这太可悲了，即使他们挣开绳索，回头看见的也只是火光而已，但他们却以为那就是可以追求的至上理念了。”

“这放在我们身上也同样。若不能明白真正至上的奥义，我们也与被束缚、愚弄的人毫无二致。”

“所以他们必须逃离洞穴。”

“所以我们必须向上探索。”

“这一定是场困难艰苦的旅途。”

“但也可以实现，不过需要循序渐进一些。好比洞穴里的人出来后难以适应阳光，难以直视实物，所以他需要先试着看看水中的倒影，习惯之后再抬头。”

“能够成功的人一定很少，而且他会成为与大众格格不入的异类。”

“我想他不会在意这些的，他可以在可知世界寻找他的同伴，并且收获相知的快乐。”

“那他会鄙夷洞穴里的人吗？”

“按常理来说，是会的。但苏格拉底不会。苏格拉底认为这是身为统领者的职责——不逗留于太阳下的生活，而是再回到洞穴中去，与他们同劳苦、共荣誉，不论大小。”

“他是想下去教化洞穴里的人，然后按照他的理性，建立起一个国家吗?”

“我认为是这样的。”

“那他想建立一个怎样的国家呢?”

“一个由谋划者、辅助者、生意人三类群体组成的，人人各安其职、各得其所的，智慧、勇敢、节制、正义的国家。”

“智慧、勇敢、节制、正义应该是用来形容人的才对。”

“不全是。这个国家是完全按照自然法则自然建立的，且由小部分掌握了善的理型的智慧者谋划，所以它一定智慧。而节制，是对自我的掌控，做自己的主人，让自己较好部分的天性来持有控制权。对于国家而言，节制则是智慧者统治，不智慧者服从，达到一种由强至弱的一致协调，而鉴于我们已经确定这是个智慧的国家，那么节制也是显然成立的。国家的勇敢，倒不是无所畏惧的无法无天，而是一种保持，保持住法律潜移默化中使人建立起来的对可怕事物的认识，即应对何而惧的信念，也就是有所畏惧、有所不惧。关于正义，就是每个阶层、每个人，在国家内都做好自己真正内在的本分。”

“我认为这还是像在说一个人。”

“看来你发现了。我认为，实现国家的各种品质，实则是个人品质的实现。国家的和谐，取决于公民自己内心是否得到统一，然后才能要求群体的一致性。”

“但我有些担心，人是否会在不断上升、追求自我和谐统一的过程中出现危险。当我们历经万难，逐渐触碰到善，然后实现自我的节制与正义，最后回望那些普通人，我们可能会在相对比较中错误地放大了自我，萌生出一种错误的主体意识。”

“我明白你的意思。我想这时就需要一种敬畏心，需要一个永恒纯洁的神物来作为我们的信仰，它永远神圣于我们，是我们需要一直尊敬的，它是我们不可逾越的界限。这些信仰应该被谱成曲诵成诗歌，好教化大众。”

“我们好像一下子聊出很远，我们最开始明明在谈论何为实在来着。”

“可也不算浪费时间。”

“我们议论了太多可知世界的东西了，事实上仅处于可见世界的我们还离这太遥远。”

“但我们仍可见——可知之物的投影，也就是说，我们方才的讨论，也可以变换为可见层面下更为实际的运用。”

“比如模仿善型，我们应该去向更加优秀的人学习。”

“我们还应该是非分明，明白什么可为、什么不可。”

“我们也应该去控制满足生理需求外的欲望。”

“我想我们还需要把手头的小任务全都做到完美。”

“做一个挣脱绳索转向的人。”

“然后转向再转向，不断进行自我反思，获得线性的上升。”

“愿你我都可以看见光。”

“愿我们都可以成为看见光后，不迷失于自我，选择归来的人。同劳苦共荣誉，不论大小。”

写在最后：

在阅读过程中，我不止一次地惊讶于古希腊先哲的智慧，因为他们对这个理想国度所做出的许多设想，在我看来都是理所当然的，而这种理所当然恰恰证明了，他们所探寻的，已经超越了时间，但也并非全都可取——在柏拉图的世界里，他是自私的，为了构筑出他所理想的城邦，他要求其中的每一个人都无私。

他们编造许多“高贵的假话”，来追求整个城邦而非某个阶层的最大幸福。在他高度一致性的政体中，人类抛却了个人欲求，想要努力形成一个整体来寻获幸福，但人就丧失了为人的独立性。

他还坚信灵魂可与欲望的肉体完全分离，能够独自向上以前往至善的道路。不过这实际上也只是古希腊人崇拜对象的改变：由“人格神”到“非人格神”。将“善”比作太阳，单质理念外的东西都是虚幻，只是源于他们信仰理性的偏好。

不过，若我们试图指责这种自私，指责他对人性的不合理压抑，却好像又无法理直气壮起来。我们嗤笑他们的信仰，却发现自己早就没了信仰；我们呼吁人的独立性，却发现社会里的我们早就成为了单独的个体，始终学不会与社会统一。我们的评判标准变得更为现实，不再是智慧与善，而是某些可以带来利益的东西。我们又经历了数千年的斗争，发现人类的敌人也是人类，便开始追寻各自的幸福。能促使我们联手的，只有及至生存的迫切问题。

所以，当下我们需要借鉴一种书中所描绘的对自我的节制。既然是过于自我的时代，就应该去实现一种自我控制，求善一点，无私一点。现代人过于精明，导致对现实看得太破，从实用主义中转过身来，无知一点，去以善为信仰倒也无不可。将个人与社会的联合从生存迁至生活，别让个人理性完全颠覆了公共一致性。

精明使我们务实，使我们易对自己绝望，还愿你我都能拾起一种苏格拉底式的乐观，相信“人的最高可能性”，“愿你我都可以看见光”，“愿你我都可以成为看见光后，不迷失于自我，选择归来的人。同劳苦共荣誉，不论大小”。

我与苏格拉底的一个下午

张元浩　经济与管理学院

【指导教师评语】 作者采用比喻的手法，模拟"理想国"对话的写作方式，较好地阐述了对于"理想国"原著思想和内涵的理解；对于原著精髓的把握比较到位。最后得出自己的结论：这不是理想之国，却在通往理想的路上。作为一年级本科生，虽然总体把握还稍显稚嫩，但不失为一篇优秀论文。（动力与机械学院　金振齐）

我愿意用我所有的科技去换取和苏格拉底相处的一个下午。

——乔布斯

他来的时候，手中没有握着酒，却迈着疯癫的醉步，口中嚷嚷的是那一句："克里托，我们向克来皮乌斯借过一只公鸡，切记要付钱给他，不要忘了！克里托……"①在那个逼近黄昏的下午，那样的体态，那样的神情，那样的眼睛，在八一路的灯光下竟如此真实。我知道，他来了，苏格拉底来了。

那暮色袭来的下午，在我遇到那个毛发茂密，身高矮小，双目突出的雅典老人之前，我还只是一个平庸至极，刚刚脱离父母襁褓的社会婴儿。我的思想如同蝉翼，仿佛随时要被风吹破。直到，我遇到苏格拉底。

没人确切知道苏格拉底到底长什么样子，一切全部源自他

① ［古希腊］柏拉图：《斐多》，杨绛译，中国国际广播出版社 2012 年版，第 198 页。

的弟子柏拉图的那本传世著作——《对话录》。不错，苏格拉底确实比我想象中的更矮小，更苍老，然而一双眼睛如利剑一般有神。一时间，我窒住了。他就这样用苍老的手牵着我，一步步走向历史，走向书本，走向那个熟悉的洞穴。我看了一眼手表，秒针在那一瞬间定格到五点钟。

于是我说：“亲爱的苏格拉底，别人虽没有见过你却倍加崇拜，今天我才知道原因。你竟然来得恰逢其时，不差丝毫。这点就足够我崇敬。”

苏格拉底将他那双锐目聚焦在我的身上，却投出了温柔的光。他说：“亲爱的，智慧的人呐，你的呼唤一样恰逢其时。我在这个时代观察了一些时日，发现‘爱智慧’的人明显多于以往，而知道如何通往智慧的人却为数不多。人们看到我，他们欢呼着跑过来，口中呼唤着：‘哦！是苏格拉底啊！’他们不曾问我真理为何，智慧为何，正义为何，却拿着柏拉图的那本《对话录》，一处一处地问我‘你为什么当时说这句话，苏格拉底？’仿佛答案早已昭然若揭，求索之路却迷障重重。我呢，有时候答得上来，有时候却不能。这很奇怪——我是说，在这个时代，人们的思考方式已经与我大不相同。”说着，露出一个惋惜的神情，仿佛自己已不中用。

我说：“哦，苏格拉底，你不必如此妄自菲薄！时代之变，带来的是不知多少次思想上的碰撞。如今的思想已是基于自然之哲学，而非索求于内心的圆融思考。如果你的回答无人倾听，请让我来做你的听众。”我们就这样子，他在前我在后，一步步走向那个黑暗洞穴的深处。

苏格拉底说：“在我开始所有回答之前，请你明确一点，即我曾经在监狱中说过的话：‘人活在世上，总需要一个说法；如果我的说法没能被你们所辩驳，那么我自己也就被这说法美美地说服啦！如果你们有别的说法，那么请无妨提出来，然后我们寻找新的说法。’①这句话现在依旧成立吗？”

我说：“成立。”

苏格拉底说：“那很好。我们就按照柏拉图的说法，先从正义开始说起，然后再说说善良，最后再说说理想。首先——在你看来，什么是正义呢？”

我说：“正义在我眼里，就是有知者发自内心的觉悟。”

苏格拉底说：“说的好！可是在我们给正义下定义之前，是不是应该给正

① ［古希腊］柏拉图：《理想国》，郭斌和、张竹明译，商务印书馆1986年版，第77页。

义分以下类别呢？依我看来，你刚才提到的‘有知者’可以指很多的群体。既可以是自己，也可以是一群商人，可以是一国征战的所有士兵，更可以是一个国家的标志和象征。我相信他们的正义有一些不同。”

我说：“为什么呢，苏格拉底？”

苏格拉底说：“想象一个空杯子，当你敲击它的时候，会发出清脆悦耳的声音，不是吗？”

我说：“没错。”

苏格拉底说：“当你在杯子中装水，它的声音又会有一些不同。如果装一半的水，敲击它也只会发出降低两度的声音，而全装满时，它的声音清脆却低沉。如果你换一种物质，比如沙子，再敲击时只能发出沉闷的敲打声。不是吗？”

我说：“无可置疑。”

苏格拉底说：“那么接下来的事情你会更加熟悉。将所有的杯子，装着不同的东西，把它们排成一排再敲击时，由于振动，所有的杯子都会发出不同的声音而且连在一起，不是么？”

我说：“正像一首敲打乐。”

苏格拉底说：“太对啦！现在把这些杯子想象成不同的人：每个人的内涵、经历各不相同，于是分化成了不同的群体，商人、手工业者、农民、医生、政治家等。而一个国家却需要将所有东西协调起来，这样子才能顺利运行，不是么？”

我说：“你说得太对啦，苏格拉底！”

苏格拉底说：“那么我理应抛出这样一个问题：至少在我生活的时代，大多数的当权者都有这样一个认知，即正义的人相比于不正义的人更吃亏。这点你同意吗？”

我说：“我不同意。”

苏格拉底说：“很好，可是你有自己的理由吗？”

我沉吟了一会，脸上逐渐开始发烧，因为我觉悟到，自己正是苏格拉底所描述的那种不知道如何通往智慧的人。后来我只好支吾说：“我想这种价值观已经在我的脑海中根深蒂固了，所以我想不出什么话来回答你。”

苏格拉底停下来，微笑着看着我。他的眼睛在黑暗的洞穴中仿佛闪闪发光。他说："在我看来，正义者完全没有吃亏。正是因为如果做出正义这件事情不能让人受益，那么人们自然不会履行正义，也根本就不会有正义不正义之分啦！正是因为有人觉出了正义的好处，所以才去履行正义。"

我说："那么，苏格拉底，你觉得正义者获得的是什么呢？"

苏格拉底说："要我说的话，正义其实是一种源自内心的快乐。这种快乐正如同欢乐和无害的娱乐，是对人有益的，而人们正为了这样的快乐而去行使正义。这种源自内心的快乐，我们称之为善。"

我说："那么。善又是如何的呢，苏格拉底？"

苏格拉底说："我们现在已经不知不觉转到了第二个话题上了。一个人要快乐，就得爱这个善——既为了它本身，又为了它的后果。"

我说："苏格拉底，你刚才说得很对，行善者得到的是快乐。那么恶呢？苏格拉底？即使是今天，仍然有人在作恶，这又是为什么呢？"

苏格拉底说："好问题！那么请你看看，看看那个时代的人吧！为了掩护自己，人们拉帮结派；有辩论大师教我们讲话的艺术，这样在法庭上我们就可以减轻自己的罪恶。有人说得恰到好处：'世人多做恶，举步可登程；恶路且平坦，为善苦攀登。'①所以话说回来，正是因为这种困难程度上的差异，造就了人与人之间的不同，所谓善于恶的好处正在于此。"

我与苏格拉底边走边谈，不知不觉已经到了洞穴的尽头。外面的光线并不明亮，却将我与他的影子拉长，斜斜地挂在土墙上。两面土墙的一边是小小的通道，我与苏格拉底就这样站在这过道之上。看到这影子时，我和他都笑了。

我说："所以，亲爱的苏格拉底，我们到底是这洞穴中的囚徒，还是从外面刚刚回来的人呢？"

苏格拉底说："哦，有见识、有胆量的年轻人！我想这个问题很难回答。正因为我们站在一起，如果我说你是自由之人，那么我将也是个自由之人，可如果那样的话，谁又来证明我是什么样的处境呢？所以，正如柏拉图描述的那样，我和格劳孔想的那样，我们从头开始，彻彻底底地创造了一个国家，

① ［古希腊］柏拉图：《理想国》，郭斌和、张竹明译，商务印书馆1986年版，第380页。

一个向善的国家。这个国家应该有大商人，有农民，有从事各种各样行业的人。在无压迫的情况下，让每个人都可以接受文艺和体育的训练，让每个人的科学素养都得到提升。人们的思想应该具有某种逻辑性，即辩证的思考。我们将引入工资，这会使得他们的工作更有效率。我们要满足各种人的需要，这座城市因而需要的是德行与善的引导。正义是最高的善，它不是某种外在的东西，而是灵魂自身的适当状态。而对于一个城邦而言，最大的善莫过于满足一切人的需要。只有当每个人都是正义的，国家才能是正义的。”

我说：“你说得太好啦，苏格拉底！但正如观念世界不同于真实世界，即使如你所见的今天，不仍然还是有着诸多的问题？所以我想，我们还是慢慢接近理想吧。”

我们一直聊了很久。聊到他门下的学生，尤其是柏拉图的时候，苏格拉底笑着说：“他把我想得太高大啦！我每次看到那本《对话录》时，都感觉老脸一红。”这话引得我们哈哈大笑。笑声飘荡在洞穴中，真让人生出一股不分虚实的劲头。

然后，他又走了。

出洞穴时已经是满天星光。那苍老的背影在我脑海里，经过无限次放大，突然我有了某种敬畏之感。我转眼看向远方之城，清晰地意识到：这不是理想之国，却在通往理想的路上。

适合，未必最好

——从明初户籍制度实践回看《理想国》的社会制度构想

熊佳安　文学院

【指导教师评语】 本文尝试将明初户籍制度与《理想国》一书中的社会模式进行对比分析，认为明初户籍制度是柏拉图社会构想的一个完美的历史实践样本，并对该制度的特点和存在的问题进行了深入的探讨。作者发现柏拉图对国家制度的设计未必恰当，认为固化的社会阶级制度并不能构成一个理想的稳定社会，必须充分尊重、保护个体的发展和自由。本文角度新颖，有作者自己的思考，文字流畅，表述清晰。（电子信息学院　单欣）

柏拉图在《理想国》中对一个国家的理想社会制度提出了他自己的设计，即哲人治国，武人治兵，工农从事生产。不同阶层分别实行相应的教育，使之适应其本阶层的职业需要。①换言之，《理想国》是希望将各个阶层与职业建立稳定的联系，并将这种联系固化，让最适合的人永远从事其最适合的职业，使社会能够在最大程度上人尽其用，实现总效率的最大化。那么，这样的制度设计真的能让社会达到完美运行的状态吗？每个人只能做自己最适合的事，这样的社会就是"理想国"吗？我们可以观察明初与之相似的固定化户籍制度，比较二者之间对社会制度的设计，用明初户籍制度的实践来检验《理想国》的制度设计是否合理。

① ［古希腊］柏拉图：《理想国》，郭斌和、张竹明译，商务印书馆1986年版，第28~37页。

一、明初户籍制度及其特点

当贫农出身的朱元璋推翻元朝建立明朝后，如何避免元朝的社会灾难重演、如何让自己辛苦开创的大明朝江山永固，成为了他必须思考的问题。朱元璋与柏拉图一样，认为只有让民众各司其职，每行每业都有固定的最适合的从业者，才能让国家所有的事业都长盛不衰。但是，即使是在以自然经济占统治地位的中国，让每个人都只从事国家为其设计好的职业恐怕也是很困难的事情。于是，朱元璋设计出了极其严格的户籍制度。“凡户三等：曰民，曰军，曰匠。……毕以其业著籍。”①

明初户籍制度的特点可以概括为以下三点：职业固定、父业子承、禁止改业。这三个特点实际上都是为了保证前文所说的“最适合的人永远做最适合的事”这一终极目标。下面我们会分析这三个特点，并将其与《理想国》中的设计进行比较，看看二者之间的相似之处。

首先，职业固定。明初将所有编入户口的人分为三类，分别是民籍、军籍和匠籍。民籍户口的人主要是农民和商贾，大部分知识分子也属于民籍。军籍户口的人就是职业军人，专门为国家服役。匠籍户口的人包括全部的手工业者。这里需要注意，明初的手工业者绝大部分是只能为国家服务的，其薪资由国家支付。所谓自由手工业者在明初是几乎不存在的。而且，匠籍的职业划分规定尤为细致严格，厨役、银匠等各种匠人有明确具体的规定。除此三类之外，还有一类——乐籍，即乐工歌妓等人。之所以将此类单列，是因为乐籍户口的人基本上没有和普通人一样的权利，是社会正统秩序所排斥的人。

我们可以看到，明初的户籍制度也像《理想国》中一样，划定了专门负责保卫国家和从事生产的阶层，他们有国家规定的专职，且必须终身从事这一规定的职业，不能随意更改。而且，这三类户口分属不同的部门管理，民籍由户部管理，军籍由兵部管理，匠籍则是由工部管理。至于三类之上最高统治者的人选，《理想国》中是由哲学家来担任，明朝则当然是由皇室世袭。但这二者实际上也是相似的。明朝的皇帝在他们尚为太子时就有专门的老师开

① （清）张廷玉等：《明史》卷七十七志第五十三食货一，中华书局1974年版，第763页。

设经筵，教授他们所谓的圣贤治国之道，这与《理想国》中的哲学王类似。而《理想国》中的哲学家实际上也并非一般平民可以成为的，因为按照柏拉图对教育的设计，只有贵族子弟才有机会接受哲学教育，所以最终担任统治者的人还是和明朝一样是贵族。总之，什么阶层的人从事什么职业，这是《理想国》的理念与明初户籍制度的实践都要求采取的做法。这被认为是保持社会稳定和发展的必要手段。

其次，父业子承。明初的户籍制度有意引导职业的家庭延续性，即设法让从事某一职业的人世世代代永远从事这一职业。军籍的人归属都司下的卫所管理，军户为世袭，不能除籍为民。一人为兵，世代都必须当兵。军官子弟可以继承父辈的职位，只是要降级任用。我们熟悉的戚继光就是承袭祖荫担任军职的。“戚继光，字元敏，世登州卫指挥佥事”①即戚继光家族世代担任登州卫指挥佥事，他本人也是继承祖职担任代都指挥佥事。匠籍也是如此，由于工匠是为国家服务，要保证国家需要的某类器具或工程的供应，就必须要求工匠们子承父业。如果一个人的父亲是铁匠，他就不能当银匠，必须也当铁匠。这一制度的目的在于使每个行业都有稳定的专业劳动力。而《理想国》中实现这一目的的措施则是对各个阶层实行不同的教育，贵族阶层学习哲学、辩论和演讲，武士阶层学习作战，平民阶层就主要学习生产。如此一来，各个阶层受到自己所受教育的限制，当然就只能世代从事国家希望其从事的职业了。无论是哪种方式，目的都是要保证特定阶层只能世世代代从事特定职业，难以做出更改。

最后，禁止改业。明初，想改变自己所属的户籍几乎是难于登天。三类阶层之间首先就存在着不平等和歧视。匠籍户口的人要比其他两个户籍的人身份低微，他们从出生之日起就注定要终身为国家劳作，永无出头之日，并被法律禁止改变自己的户籍。而军籍的人不想继续服役基本上也是不可能的，除非某家丁尽户绝，或者家中有人成为兵部尚书级别的高官。因此，民籍的人通常也不会选择把自己的户籍改为军籍或匠籍。至于乐籍的人就更加悲惨了，作为低人一等的贱民，他们即使赚再多的钱也无法改变自己的身份。他们不仅无法改变所属户籍，就连与其他户籍的人通婚也是困难重重。正常情

① （清）张廷玉等：《明史》卷二百一十二列传第一百，中华书局1974年版，第2289页。

况下，绝对不会有人选择允许自己的子女与低贱的乐籍人口结婚。我们所熟悉的杜十娘与李甲的爱情悲剧也正是因为李甲是士族子弟，而杜十娘却是乐籍的妓女，这样的婚姻注定是无法为李甲的父母接受的。[①] 各个阶层严格固化，这正是朱元璋希望看到的“稳定社会”。这种对于阶层流动的严格限制，目的仍然是保证合适的人做合适的事，也就是《理想国》中设想的那种效率最大化。

二、明初户籍制度的失败

通过上面的分析比较，我们可以发现，明初的户籍制度在相当程度上与《理想国》中对于理想社会的设计不谋而合。朱元璋虽然没有看过《理想国》，但他对于社会稳定和效率最大化的追求却与柏拉图有着相似之处。于是，明初的户籍制度设计就与《理想国》有很多共同点。这就为我们对《理想国》的社会构想进行价值判断提供了一个社会历史实践的样本。那么，这种阶层职业高度固定化的社会模式究竟实践效果如何呢？

历史事实告诉我们，这种一切以适合为标准并强行替个人做出选择的社会模式是有严重问题的。明朝的户籍制度严重影响了社会的健康发展。由于匠籍人口地位低人一等，而他们又无法获得转入民籍的机会，因此导致其生活始终贫困，没有出头之日，这严重阻碍了手工业技术水平的提高，影响手工业的发展。而军籍的世袭也带来了很多问题，继承父辈军官职务的人无法保证有相应的军事才能。明初大将李文忠的儿子李景隆就是这种军籍制度下的反面典型。李文忠是杰出的军事天才，而继承他职位的李景隆却是军事蠢材。他“屡大败，奔德州，诸军皆溃”“复大败……王师死者数十万人”“与谷王穗开门迎降”，[②] 直接导致了建文帝在镇压燕王朱棣叛乱的战争中失败，致使政权落入藩王之手。也就是说，国家认为的“最适合的人”，未必真的就适合那一职业。国家单纯凭借主观标准强行替个人做出职业安排，很可能会适得其反。

此外，每个人应该有选择自己职业的权利，应该有选择自己发展道路的

---

① [明]冯梦龙：《警世通言》卷三十二，华夏出版社2008年版，第73页。

② (清)张廷玉等：《明史》卷一百二十六列传第十四，中华书局1974年版，第458页。

自由。理想的国家社会模式应该尊重并保障这一自由，而非为了实现某种整体目标而忽视甚至践踏自由。国家社会对于个人选择自由的忽视不仅不能使社会健康发展，还会导致社会矛盾激化，危害社会稳定。明初的户籍制度就体现了这一问题。许多人为了逃避为国家服役或出工的义务而逃籍，最终酿成了几次大的流民叛乱。“成化初，荆襄寇乱，流民百万。项忠、杨璇为湖广巡抚，下令逐之，……死者无算。”①朱元璋设计这种户籍制度的初衷是为了维护社会稳定，结果却引起了民变，这大概是他未曾料到的。

最终，明朝的户籍制度因为严重不合时宜而无法继续维持。嘉靖年间，这种户籍制度已经名存实亡。清顺治二年，“前明之例，民以籍分，故有官籍、民籍、军籍……至是除之”。② 这一制度的失败，在相当程度上也折射出《理想国》中社会构想的不合理性。

今天，我们希望建立的是一个尊重保护个人发展自由的社会，而非为整体目标牺牲个体选择权利的“理想国”。只有每个公民自由健康发展，拥有平等的权利，我们的社会才能实现稳定与和谐，才能继续进步。我们常说，国家好，大家才能更好。同样，大家每个人都好，国家才会好。

---

① (清)张廷玉等:《明史》卷七十七志第五十三食货一，中华书局1974年版，第763页。

② (清)张廷玉等:《清朝文献通考》卷十二职役考一，浙江古籍出版社1988年版，第824页。

从洞穴之喻看布鲁诺之死

刘楠琳　经济与管理学院

【指导教师评语】　作者选择《理想国》进行研读，重点分析“洞喻”理论中被困囚徒与出走囚徒的人物设定，并以此展现历史上众多死后成名者的人生困境，建议给世间“异类”多一些宽容。论文首先介绍“少数人”的困境，列举了“少数人”乔尔丹诺·布鲁诺和文森特·梵·高的史实；引用了荷马的话：“宁愿活在世上做一个穷人的奴隶，一个没有家园的人，受苦受难，也不愿再和囚徒们有共同的看法，过他们那样的生活”，说明洞喻与理型世界的关系；最后给出通向“理型世界的道路”：需要有“少数人”与“教育”。该文有层次、有深度，且引用了很多事例，生动易懂。（化学与分子科学学院　林毅）

纵观历史长河，似乎可以得出这样一个结论——伟大的总是悲剧的。不管是周游列国宣传政治主张却始终不得重用的孔丘，还是因捍卫真理而被教会烧死的布鲁诺，抑或早早呼喊时代病痛却被视为“疯子谵语”的尼采，都使我们想起一个词语——“死后方生”。生前潦倒，死后荣光，于是在多年后，孔丘变成了孔圣人，布鲁诺变成了鲜花勇士，疯子尼采变成了天才。生不逢时，像极了柏拉图洞穴之喻中那个走出洞穴的囚徒。当他第一次走出阴暗洞穴感受到刺目的阳光，当他走进了真实的世界并再也不愿意回到从前，当他兴奋地告诉被困囚徒们他的发现时，得到的却是质疑的目光、厌恶与嘲笑，甚至排挤与迫害。如果放在当代，又有什么办法可以改变这个伟大的悲剧？

一、“少数人”的困境

了解“少数人”困境，首先得定义这个“少数人”。少数与多数相对，而“多数”往往是指有着近似观念的一个群体，他们在数量和权力上占据着绝对优势，常常自觉或不自觉地决定着社会法律、道德、科学的标准。或曰，多数意指世人，芸芸众生。那么，少数则常以世俗的对立面表现出来，他们得不到太多的支持和肯定，往往生活于与现实格格不入的苦闷之中，更糟糕的情况是，他们会被称为疯子或者异端。从世人之大多数走向少数人的阵营，这个过程不是先天，也非必然。也许是特殊经历造就了天才的禀赋，从而上升到一种新的高度，在那里，他的灵魂看到了尘世中没有的东西。在看到“它”的那一瞬间，他便明白，那就是他毕生所追求的东西，那是真实。以柏拉图之洞喻来解释，它叫作“善的型”。

古今中外，都有“少数人”的影子。他们活着的时候也许无甚影响，也许背负骂名，死后却名留青史。当历史尘埃散去，他们的名字熠熠生辉。譬如布鲁诺、梵·高、尼采。

1548年，乔尔丹诺·布鲁诺出生。在那时的意大利，黑暗的中世纪现出些许黎明的曙光，资本主义萌芽掀起的文艺复兴与传统的教会激烈碰撞，尚且显得势单力薄。布鲁诺作为思想自由的象征，勇敢地捍卫和传播哥白尼的日心说，批判束缚人们思想的宗教教义和神学理论，在教会权力至上的中世纪欧洲，他无疑把自己推上了风口浪尖。在愚昧民众的眼中，地心说是亘古不变的真理，或者说，不管什么是中心，也无法改变他们从出生起、从祖辈起就一直延续的生活。于是，四处逃亡的布鲁诺站在世俗的对立面，被宗教裁判所判为“异端”，烧死在罗马鲜花广场。在他死后的400年才得到了罗马教皇的平反，然而他已经付出了生命的代价。

这是一个惨烈而极端的例子，也许更多人的困境在于内心的困境，虽不至死亡，却伴随一生。文森特·梵·高，荷兰后印象派画家，当代几乎无人不晓的历史名人，一幅画卖出天价。事实是，在他活着的时候从没有卖出过一幅画，自己眼中的珍宝在别人眼中一文不值，他昂扬的生命力和对艺术的执着最终消耗于生活的穷困潦倒。现实使他深陷精神困境，自杀而死。于是他说："我心里有一团火，路过的人只看到烟……我的冒险，不是靠主动选择，而是被命运推动……如果生活中不再有某种无限的、深刻的、真实的东西，我将不再眷恋人间。"①同时代的尼采又何尝不是这样！他是西方现代哲学的开创者，最早开始批判西方现代社会，然而他的学说在他的时代却没有引起人们的重视。"一颗太敏感的心，太早太强烈地感觉到了时代潜伏的病痛，发出了痛苦的呼喊。可是，在同时代人听来，却好似疯子的谵语。直到世纪转换，时代更替，潜伏的病痛露到面上，新一代人才从这疯子的谵语中听出了先知的启示。"②这是尼采的困境。天才与疯子的转换，他使你想到大自然的星空——"那最早闪现的，未必是最亮的星宿。有的星宿孤独地燃烧着，熄灭了，很久很久以后，它的光才到达我们的眼睛"。③ 这便是"少数人"的困境。

二、洞穴之喻与理型世界

在柏拉图的《理想国》一书中，有这样一个比喻：在一个地洞里，有一群从出生起就住在这里的人，他们的脖子和腿脚都捆绑着，不能走动也不能扭头，我们把他们称为囚徒。光线照进洞底，身后是矮墙，矮墙后燃烧的火光将一些假人和假兽移过的影子投影到他们对面的洞壁上。这是他们唯一能看到的东西，也是他们眼中完整而真实的世界。假如有一天，一个人被松了绑，他看到了后面的矮墙和头顶的阳光，他走出洞穴看到了太阳本身，在短暂的不知所措之后，他开始相信，这才是真实的世界。如果让他重回洞穴，他早已不屑于原本的规则，并会向那些囚徒讲述他所看到的真实的世界，当然，他们不会相信，如果强行把他们拉出去，他们也许会杀了他。这就是洞喻，是对人类社会的隐喻。

如果放到自己身上，你是否会感到惊奇？你所看到的习以为常的东西，可能是眼睛或者思维受到蒙蔽的假象，真理不断发展，我们人类也不断靠近

① 闺友：《每个人心中都有一团火，路过的人只看到烟》，2017 年 10 月 3 日，http://www.sohu.com/a/196182740_179356，2019 年 6 月 25 日。

② 周国平：《尼采：在世纪的转折点上》，上海人民出版社 2001 年版，第 1 页。

③ 周国平：《尼采：在世纪的转折点上》，上海人民出版社 2001 年版，第 1 页。

“理型的世界”。而在这个过程中，往往有少数人的牺牲。他们就像那个走出洞穴的囚徒，甫一见到“善的型”便已被完全征服，使他们相信“它确实就是一切正义的、美好的事物的原因，它在可见世界中产生了光，是光的创造者，而它本身在可知世界里就是真理和理性的真正源泉”①。

这时，“他会像荷马所说的那样，宁愿活在世上做一个穷人的奴隶，一个没有家园的人，受苦受难，也不愿再和囚徒们有共同的看法，过他们那样的生活”②。所以，我们能够理解布鲁诺的选择——从可知世界走向理型世界，纵使付出生命的代价。

三、通往理型世界的道路

我们没有办法让多数人都理解少数人，因为这可能是历史的必然，也是认识差距使然。但这并不代表着我们可以袖手旁观，出于感性或出于理性，“死后方生”可以是个人悲剧，却不能再成为社会悲剧。我们需要少数人，他们是走向真理路上的引路人，并且我们需要更多。

让他们敢于在自己的时代创作，本身也不仅仅是他们个人的事情，同时也需要社会的包容与理解。应该做的是，改变这个社会的心态。一个有活力和旺盛生命力的民族，应该有着开放和包容的心态，不论是对待新的事物还是旧观念的冲突。不论是否赞同，要让他们能够表达自己的想法，即使这个想法可能听起来荒谬至极。这并不难做到，也许会导致对社会的管控降低，但一个听话而僵硬的社会是会被淘汰的，譬如闭关锁国时的中国。另一个要做到则是教育。教育使人获得科学文化知识的同时，也使之有了更美好的品质和更高的境界，这并不是绝对的，但大体上存在这种规律。教育一方面使更多人有了前人知识的积淀并在此基础上创作出新的东西，这培养出更多的“少数人”；另一方面，良好的教育能有效提高国民素质，也同时提高了整个社会的活跃性和开放性，让新生一代更加懂得尊重知识成果和思想结晶。

---

① ［古希腊］柏拉图：《柏拉图全集(第二卷)》，王晓朝译，人民出版社2003年版，第515页。

② ［古希腊］柏拉图：《柏拉图全集(第二卷)》，王晓朝译，人民出版社2003年版，第514页。

浅析《理想国》中洞喻论在信息时代的体现与启示

胡骞　电子信息学院

【指导教师评语】 逻辑清晰，结构较为合理，言语兼具科学性与可读性。论证合理，事例翔实，选题合理，主题鲜明。对《理想国》中的洞喻论在当今信息时代的体现与启示有自己的思考，倡导在当今信息爆炸这一时代背景下，如何去明辨是非，惩恶扬善，并提出从唯物辩证法的角度来审视“洞喻论”，观点不偏激、不片面。(计算机学院　牛晓光)

在信息爆炸的时代，每时每刻都有信息浪潮向人们涌来。因此，快速筛选有效信息，正确分辨信息真伪，成为当代人必备的技能。但困难在于，信息往往繁多杂乱，更有许多自媒体混入其中，以流量为终极目标，广泛传播着未经证实且带有舆论引导作用的信息。洞喻论中“洞穴”这一形象就好似我们生存的信息世界。在现实生活中，我们都是被捆绑住身体的囚徒，那些来回走动的影子，就是媒体。媒体为我们表演什么，我们就看到什么，媒体最经常表演什么，我们就最频繁看到什么，以至于这些事件在我们眼中也越来越重要。因此，如何分辨出影子的真伪，以及如何走出信息囚笼，成为至关重要的问题。

一、洞喻论在信息时代的体现

1972年，美国北卡罗来纳大学的麦库姆斯和唐纳德·肖发表了一篇轰动整个传播学界的论文，提出了“议程设置理论”①。该理论认为媒体或许不能操控公众的所作所为，却能拉动公众的注意力。一般而言，媒体对一件事报道得越多，公众就会觉得这件事越重要，也就会对这件事越关注。简而言之，媒体并不能决定人们怎么想，却可以影响人们去想什么。这一点与洞喻论中囚犯和影子的关系极为相似：囚犯看到影子的频率越多，便越加觉得眼前的影子是真实的事物，而少有人认识到这只是媒体在背后“起舞”。

媒体偏向性报道使公众对事件产生曲解的事例已屡见不鲜：近日，某知名高校被曝出学生偷窃内衣事件，当事人“学姐”张贴告示，称已掌握照片证据，想要严惩偷衣贼，言语不乏激烈之词。尽管此事尚未被证实，可这张告示中的激烈之词与该高校著名双一流高校的名号让广大媒体嗅到了流量的味道。一时间此事为多方媒体大肆报道。媒体为公众铺好了思考的方向，即“著名双一流大学学生偷窃内衣”。公众在信息浪潮的冲击下纷纷谴责偷衣贼的罪行，却很少有人注意到此事还未被真正证实，况且无论事实如何，此事本应由双方于校内自行解决，但媒体的大肆报道不仅给当事人造成了困扰，更对该高校的声誉有所损害。在此事件中，公众在媒体的引导下走进了一个信息囚笼，一边对着所谓的偷衣贼发泄怒火，一边还调侃当事人“学姐”的激烈之词。更有人大发厥词，认为“双一流大学”也不过如此，却少有人能意识到，这是一件尚未有定论的事，更少有人知道，经该高校许多学生反映，学校内并没有与证据照片上相似的学生宿舍。为什么没有人了解呢？因为几乎没有媒体宣传。为什么媒体不宣传呢？因为这无法给他们带来流量。

二、洞喻论在信息时代的应用

任何事情都有两面性，需要辩证统一地看待。大部分媒体向流量看齐，扮演洞穴中的“影子”，混淆视听，控制思想，这是我们应当鄙弃的，也是迫切需要改变的。但如果将这一特点运用到正确的方向上，或许能带来积极的效应。例如，国家可以加强对媒体的把关，持续高强度地输出指定信息，可以缓和意见相左的群体之间的关系，达到促进社会和谐的目的。再如，可以利用议程设置理论的特点，完成一些知识的普及，如性教育、生死观等。当

① 郭镇之：《关于大众传播的议程设置功能》，《国际新闻界》1997年第3期，第18~25页。

然，上述特性也可能被别有用心者利用，以至于激化矛盾或者传递错误信息，因此，在应用的过程中需要媒体高度的责任心与有关部门的严格把关。

三、洞喻论给我们带来的启示

在信息时代中，每个人都不可避免地生活在信息交织的“洞穴”之中，没有人是所谓的全知之神。尽管不可能接触到完全真实的外部世界，“洞喻论”中的思想仍能带给我们一些启示，让我们看得更加深远，也让我们能更为从容的应对信息浪潮。

（一）对新观点与新思想持包容态度

人在面对与自身想法不同的观点，或是接收到全新的思想时，会下意识地排斥，这是再正常不过的现象，但这也有可能阻碍人类的进步。分享新观点、新思想的人也许只是胡言乱语，但也有可能是在分享他踏出某个洞穴之后的所见所感，此时公众若是如同洞喻论中其他囚徒那般，不经思考直接否定他的观点，认为这些观点皆为邪端异说，甚至绑架他、杀害他，那整个洞喻便到此结束了，人们也便失去了一个接触外部世界的机会。因此，面对新观点与新思想，应当用实践去检验其正确与否，而不是急于维护自身固化的知识体系，直接扼杀离开某个洞穴的可能。

（二）从辩证角度看待时代的信息潮流

信息所形成的“洞穴”是无形的，是肉眼不可辨别的，在你迈出洞穴时，也没有刺眼的阳光予以回应。那么我不禁思考，在某一特定的层次上，我们接触到的究竟是正确的知识还是虚假的幻影？我们究竟是生活在洞穴中还是太阳下？更深一步，若是有人想将你拉入洞穴，你如何辨别真伪？这一切都需要我们以辩证的角度看待。

日本是捕鲸大国，这是众所周知的事实，如果你只看公众号推文，而未加辩证思考，你很可能会痛斥这一行径，并认为投反对票的美国是在行“正义之举”。可你不知道的是：在 19 世纪时，美国曾是世界第一捕鲸大国，当时电力还未完全出现，鲸鱼油是非常好的燃料。并且，当时石油还未大量开采，美国所获得的鲸鱼油为工业革命提供了强有力的助推剂；当今鲸鱼数量的锐减也不单单是日本捕鲸造成的，更大原因是海洋污染使得鲸鱼丧失了生存环境。再者，日本捕鲸不单单是为了利益，更大程度上是因为鲸鱼对渔业生产的影响巨大，这一点对岛国而言更为致命。由此可见，若是从辩证角度看待问题，而非仅仅只做非黑即白的判断，我们能跳出相当一部分的信息囚笼。

四、结　论

洞喻论不仅在古希腊时期对哲学、教育有着推进作用，在信息时代仍有其指导价值。在信息潮流的冲击下，很难有人做到岿然不动，我们或多或少都会掉入“洞穴”之中，成为信息的“囚犯”。我们面朝墙壁，媒体在我们背后起舞，面对似真似假的影子，不说练就火眼金睛，但也要能够辨清是非。当代青年更应善于并乐于接受新观点、新思想，并以辩证角度审视之，方能走出一个又一个洞穴，看到从未见到的更为辽阔的天空。

由洞穴升至地面的距离

——浅谈《理想国》“洞喻理论”于当今传媒受众的启示

王沈琦　外国语言文学学院

【指导教师评语】　本文解读了《理想国》，从洞喻理论延伸到现实世界，揭示了总为事物的假象蒙蔽而看不到真实的人类认知处境，文章观点鲜明，有理有据，逻辑清晰，见解独到。(计算机学院　谭小琼)

“洞喻理论”出于古希腊先贤柏拉图的《理想国》，它和《理想国》第六、七卷中的“日喻”及“线喻”共同阐述的“灵魂转向”是柏拉图对于教育最终目标的期待。“洞喻理论”的具体内容是，假定有一些从出生起就被束缚、无法自由活动的囚徒，他们面向洞壁坐在一个洞穴中，身后依次排列着矮墙、火焰、洞口。囚徒们只能看见由一簇火在洞壁上照出的由他人操纵的木偶影子。别无选择地，囚徒们将始终认为眼前的影子便是所谓的“真实”。直到有一天，一位囚徒解除桎梏，看到了火光与木偶，得知了事物的真相。当他再向外走，走到阳光下时，又将领会到木偶与火光也不是事物真正的本质。由于不适应，这位囚徒不能够立刻直视太阳，而是要先通过太阳在水中的倒影来逐渐接纳新的世界，接受新的认识层次。待到此过程完成时，他才能直视太阳，领悟真理并非地上的任何事物，而是太阳与光明。在获得了此等高层次认知之后，为了能使自己的同伴也从“洞中”的影子解脱，他会回到洞内说服众人，走出“亲眼所见，亦非真实”的洞穴。

“洞喻理论”素来被用作描述对于真理的追求：让一个摆

脱桎梏的囚徒去体会洞穴和地面两个世界，并通过确认哪个世界为真实来达到人生和世界的澄明境界。将“洞喻理论”发散开来，在现代社会中，我们可将电影院喻为囚禁囚徒的山洞：人们眼中所见的画面都是他们身后的光和影投射出的人像与景物，观众们认为眼前呈现的影像便是所谓真实的事物。然而，影院外阳光照耀下的世界才是真实的。① 事实上，无论是洞中囚徒的困境还是电影院的“障目”效应，都与当今传媒和舆论对于大众的影响紧密相关。

近几年来，信息技术的高速发展和传播媒介的不断更迭，使大众接触信息的能力飞升，大众获取信息和资源的渠道也越变越宽，但与此同时，大众也更容易受到舆论导向的支配。我们可以看到，反转新闻、假新闻等层出不穷，甚至愈加泛滥。2013 年，“碰瓷”成为社会热词，与之相关的事件也在舆论场里变得高度敏感。同年 12 月 4 日，“北京大妈碰瓷外国小伙”事件掀起一阵巨大的舆论风暴。由于部分媒体捕风捉影的报道和既成印象的影响，几乎所有网友都指责大妈“丢脸丢到国外去了”。最后新闻出现了反转，证实的确是外籍男子无证驾驶摩托车撞倒大妈在先。然而，待真相公布之时，网络暴力对当事人的精神伤害已然造成，大众的价值判断也已被利欲熏心的媒体和别有用心之人裹挟而去。顺着舆论导向行动的人们，就像那些看着木偶的光影在墙上跃动的囚徒一般，他们认为自己掌握了真知，殊不知眼见的信息不过是经过剪辑与过滤的加工版、改编版罢了。

我们应当警醒的是，如今，媒体舆论所控制的范围已非仅仅局限在个人或者小群体，更是扩张到了人对于世界的整体想象。人的眼界、世界观等在信息环境的每一次更新中都在悄然变化，无声无息，这是可怕的。在一个社会事件中，媒体舆论对个人观念造成的冲击和改变很有可能影响其一生，这是应当警惕的。

1998 年上映的经典美国电影《楚门的世界》中，主人公楚门从呱呱坠地起所经历的人生百态其实都是经过精心设计的真人秀桥段，他努力生活，而全然不知自己是全世界最大的真人秀主角。现如今，我们的社会也如同“楚门的世界”一般，虽然我们身边或许并不存在人格化的“总导演”，但是整体化的资

① 王祎舟：《从柏拉图的“洞喻”浅析大众传媒中的受众》，《中国科教创新导刊》2011 年第 33 期，第 118 页。

本控制着无孔不入的传媒，决定着我们能看见、听见的消息。① 我们同样充分相信眼之所见、耳之所闻，但“新闻真相”的背后却有神秘的推手决定了新闻事件孰轻孰重，甚至每则新闻的每个细节是否被完整呈现，也从不在我们的掌控之中。所谓的“重点强调”和那些过了曝光高峰期而被淡化、遗忘的新闻，都具有资本可操纵性。当新闻的维度被人为地缩窄，大众的偏见和误解必然产生。

作为大众传媒的受众，群众无法主动要求信息源的真实，也不可能控制信息的处理进程。但幸运的是，挣脱镣铐、迈向洞口之路也由舆论操纵的漏洞铺就：通过亲眼见证事物真相、比对国内外文献和报道、揭露虚假新闻等途径及行动，群众能够初步获得分辨真假的基本能力。在面对想象中的真相与现实的差距的时候，许多人会用“三观崩塌”来形容——此时的人们正如同初次见到太阳的囚徒，而与太阳的熠熠光辉相似的是，真相和真理总是真实而灼眼的。适应“阳光”并接受它的方法，便是在媒体世界面前保持一份审慎，多留出片刻观察水中倒影，并做出理性的判断。

柏拉图的“洞喻理论”呈现了人类社会发展过程中的一幅严峻画面。囚徒恰似现实社会中的大多数人，这是一种总为事物的假象蒙蔽而看不到真实的人类认知处境。② 面对鱼龙混杂的大量信息，筛选和接受都显得尤为重要。群众需要在“习惯阳光”的过程中形成基础思维判断能力，确保在来势汹汹的信息浪潮中可以做出初步筛选，如此反复，在形成了较强的思维能力后，便能逐步进入理解太阳和真实事物的阶段。最后，获得真理与光明的人们还可以将自己的经验传授给更多暂时被蒙昧笼罩的囚徒们。在这个信息爆炸的时代，群众即使无法控制信息的传输过程，但其作用传媒的力量必定不容小觑。

---

① 郭松民：《〈楚门的世界〉：楚门不是别人，正是我们自己》，2018 年 12 月 13 日，http：//www. wyzxwk. com/Article/wenyi/2018/12/396850. html，访问时间：2018 年 12 月 15 日。

② 乔雪文、马昕：《试论柏拉图“洞喻”理论及其现实意义》，《青年科学》2014 年第 11 期，第 468 页。

论“出洞者”

黄蕾　弘毅学堂

【指导教师评语】 该生研读了《理想国》，对囚徒的出洞之旅进行了深入的思考，文章不仅仅停留于囚徒出洞的必然，而是把重心放在“回洞后的抉择”，比较了古今中外对待出洞者的异同，强调了正确对待出洞者的意义。论文陈述清晰明白，层次分明，采用了递进式的分析结构，逻辑性强，文笔流畅优美，引经据典，重点突出。（基础医学院　刘媛媛）

在柏拉图的《理想国》中，有这样一个人，他本是众多囚徒中的一名，从小过着被束缚四肢，眼中所见只有墙上的影子的生活。一日，这名囚徒终于挣脱束缚，到达外面的世界，看到了洞外的一切，明白了是太阳让他看到了一切，自己的原先所见只是幻影。于是，他回到洞内向其他囚徒苦苦诉说，却招致讥笑，最终落得被处死的下场。我不禁陷入沉思，出洞者的出洞之行是否值得，出洞者该如何面对其他囚徒的质疑，其他囚徒又该如何对待出洞者呢？

一、出洞——必然的上升之旅

许多人认为，那个出去了又回来，最终被其他人处以死刑的囚犯的原型是柏拉图的老师苏格拉底。由此可见，作者柏拉图对出洞者报以肯定的态度。

整个洞喻论的比喻是想说：其实我们所看到的整个物质世界就好像是洞穴中的影子，而我们就好像是洞穴中的囚徒。在这个可见的物质世界之上还有一个被称为“理型”的世界，这个“理型”的世界对应洞穴寓言中洞外的真实世界。① 出洞者就相当于“理型”世界的发现者，与洞内的其他囚徒相比，出洞者走在认知的最前列，是求知的化身。但是出洞之行——求知又怎会一帆风顺？它伴随着无尽的努力和痛苦。习惯了“影子世界”的出洞者面对洞外的世界会感到迷茫，太阳的光线会让他眩晕。但是，难道仅因如此，出洞者就不该出去吗？答案显然是否定的。“求知的过程是心灵不断从可见世界攀升到可知世界的上升之旅，最高的知识是用心灵的眼睛看到善的理型，是看见理想之光，这要付出巨大的辛劳。”②没有出洞者的付出，众囚徒的最高认知水平就永远得不到提升，世代蒙蔽在假象之前，徘徊不前。虽然出洞者的出洞之行没有改变其他囚徒的看法，即没有改变群体的平均认知水平，但是群体的最高认知水平却发生了质的改变。因此，出洞者无疑是一个丰碑似的人物。

二、回洞后的抉择

知道了真实世界的样子的出洞者不得不回去，回到那个人们习以为常生活的地方。面对他人对自己的洞外世界诉说的质疑，出洞者，这位已与众人格格不入的先知，面临着重大抉择——是坚持自己所见，不断向他人诉说外面的世界，告诉他们：他们眼前的一切都是假的，都不是事物本来的样子？还是缄口不语，不再四处宣扬，只装作大梦一场，重新过上自己明知是虚假的生活？

思想真的是相通的，在我们所熟知的中国经典《渔父》中就有类似的情形：“屈原既放，游于江潭，行吟泽畔，颜色憔悴，形容枯槁。渔父见而问之曰：‘子非三闾大夫与？何故至于斯？’屈原曰：‘举世皆浊我独清，众人皆醉我独醒，是以见放。’渔父曰：‘圣人不凝滞于物，而能与世推移。世人皆浊，何不淈其泥而扬其波？众人皆醉，何不餔其糟而歠其醨？何故深思高举，自令放为？’”③两者相类比，出洞者可以选择像屈原一样，“新沐者必弹冠，新浴者

① ［古希腊］柏拉图：《理想国》，引自桑建平：《自然科学经典导引》，武汉大学出版社2018年版，第5页。

② ［古希腊］柏拉图：《理想国》，引自桑建平：《自然科学经典导引》，武汉大学出版社2018年版，第5页。

③ 洪镇涛：《楚辞》，上海大学出版社2012年版，第180~181页。

必振衣；安能以身之察察，受物之汶汶者乎？”既然知道了世界的本质，就必须坚持真理。即便不被认可，即便面临的是嘲笑甚至死亡，也不可再“同流合污”；当然，出洞者也可如渔父所说，“与世推移”，既然自己不被认可且备受嘲笑，既然倘若再坚持下去便会有被处死的危险，便不妨顺从众人，缄口不语。显然在《理想国》中，出洞者选择了前者，如爱因斯坦即便被讥讽也要宣讲相对论，布鲁诺即便被烧死也要坚持日心说，他们的进步性都是不可否认的。

三、应如何对待出洞者

现在，我们来反观其他囚徒。他们质疑出洞者的叙述是可以理解的。毕竟，他们从小生活在洞中，认为眼前所见的影子便是事物存在的唯一形式，这种思想是根深蒂固的，是他们认为理所当然并习以为常的。当他们听到出洞者的叙述时，无疑像听到了天方夜谭，不可思议。但是对待异己者真的就应如此激进，嘲笑，辱骂，甚至将其处死吗？

我认为，这无疑是个人愚昧的表现，也是一个时代的悲哀。鲁迅笔耕不辍，试图用文字唤醒一个民族，但是那时的国人就好似用双手捂住了耳朵，毫不听取，执政者更是对其抨击、辱骂，这是整个民族的糊涂。试想，倘若每一个走在认知前沿的人都被封杀，那么人类必将走向末路，后果也不堪设想。所以，“海纳百川，有容乃大”，即便不愿吸取，也大可以冷静理智的心态，看其发展，如此才能促进一个群体的进步。

愿柏拉图的出洞者可以激励更多现代的人们，爬出身处地洞的桎梏，寻求理性之光，寻求善的理型的彼岸。

真与非真

——"洞喻理论"之内涵与现世意义

陈栩然　生命科学学院

【指导教师评语】 作者对《理想国》中"洞喻"理论进行了深入思考和相关拓展阅读，回顾了人类对"真"的追求历史，总结了求真对科学起源和发展的意义，具有一定的思想深度，逻辑清晰，文笔优美，可读性很强。（生命科学学院　杜润蕾）

追溯历史，在2000多年前的欧洲，广博而浩瀚的地中海孕育了开放包容的古希腊，也孕育了无数惊才绝艳的哲人。哲人之书传后世，智慧之光育众人，而柏拉图的《理想国》无疑是其中的佼佼者。因为《自然科学经典导引》这门课程，我邂逅了《理想国》。因为《理想国》，我与伟大的哲人有了一次灵魂的对话。身为"后之览者"，自是不禁"有感于斯文"。而本文便是我对于《理想国》中的"洞喻理论"的学习心得与个人体悟。

一、柏拉图的理型世界

洞里的人坚信影子就是真正的事物，而爬出洞的人可以看见真正的世界、真正的万物，以及带来这些美好事物的光。经典的"洞喻理论"巧妙解释了现实的可见世界与理型的可知世界。在柏拉图的构想中，我们用肉眼所看到的东西，甚至我们自己，都不过是在一个完美世界中那个唯一的、完美的事物的投影，由于完美的事物投影到现世的方式不同，故而我们所见的都是不完美的影像。而身为敢于追求真理的“出洞人”，便要积极去探寻那无数不完美的投影背后的完美的本质，进而再去探寻带来这一完美本质的本源——善，让自己的思维重归那个理型的世界。

不错的，柏拉图究其一生追求着理型世界，归根结底是在追求善。何为善？在柏拉图的解释中，善是“一切的正义的，美好的事物的原因，在可见世界中产生了光，是光的创造者，而它本身在可知世界里就是真理和理性的真正源泉”。① 在柏拉图的眼中，万物的本源在可见层面或许是无数哲人思考的火、水、土、气，但是可知层面的本源，始终只是善。也因为本源是善，可知世界的一切才能是永恒而完美的。善是理型世界的组成成分，因而身为理型世界中完美的人的投影，我们本质上也是由善组成的。由于有在理型世界看见善的记忆，不完美的我们的脑海中也会时常闪现出善的剪影，而仅是这些剪影，便足以让人们在现实生活中言行得当，进退有矩。

最值得探讨的是，柏拉图在“洞喻理论”的最后，还构想了“出洞人”返回洞穴后的景象。在洞穴之中，看见真实万物的智者会被当作异类，被压迫、被嘲笑。而当这位智者企图将人们拉出虚假的认知世界时，更会受到反抗，受到威胁。正如苏格拉底最终被一杯毒酒夺去了生命，布鲁诺因“日心说”消失在火海，传播真理的道路向来需要无数的殉道者。他们为真理之道坦然赴死，看起来犹如飞蛾扑火，但是在柏拉图的眼中，这是一个追求真知的人的必然选择。善的本质是期望扩散的，拥有知识的人唯有愿意将知识传播才能成为真正看到“善”的人。“他们的灵魂一直有一种向上飞升的冲动，渴望在高处飞翔。”②正因如此，他们不愿迁就世俗的沧浪之水，始终追求着真理，也渴望自己所见的真理可以泽被后世，德化众人。“亦余心之所善兮，虽九死其犹未悔。”(屈原《离骚》)智者为真理献身，也是如此。

二、洞喻理论对后世的影响

黑格尔指出：“柏拉图是具有世界历史意义的人物之一，他的哲学是具有

① [古希腊]柏拉图：《理想国》，引自桑建平：《自然科学经典导引》，武汉大学出版社 2018 年版，第 15 页。

② [古希腊]柏拉图：《理想国》，引自桑建平：《自然科学经典导引》，武汉大学出版社 2018 年版，第 15 页。

世界历史地位的创作之一。它从产生起直到以后各个年代，对于文化和精神的发展，曾有过极其重要的影响。”①洞喻理论展现的，是真理传播的困难和真理始终需要超越的事实。

所谓困难，是因为纵然每一个时代都有无数的“出洞人”企图探索自由与真理，依然会有无数的人，安然地坐在洞穴之中，沉湎于已知的世界中，拒绝接受新的事物。“日心说”的发现、量子物理的提出、文艺复兴……从科学领域到社会领域，所有的新鲜血液从注入到占据主导地位，都会带来新老交替时的激烈冲突。犹如免疫排斥反应会让新的器官和被移植器官者都承受巨大的痛苦，沉湎于过去的人与追求新事物的人都会经历相当长时间的痛苦，方能让所有人接受一个新的认知、新的意识形态、新的世界。

所谓真理需要超越，则是因为可见世界的虚假性、片面性。理型世界是完美而不可即的境界，因而当我们的科学长足进步，当我们的社会变得更加和谐时，我们不过是从一个极深的洞穴爬出，又定居于一个相对浅层的洞穴。在洞喻理论中，真理是相对的。所有已经发现的真理，在将人们拉出上一个洞穴之时，是一道代表善的光，而当人们进入了下一个洞穴，其便会成为新的枷锁——人们认为理所当然、不愿去更迭的所谓的“真理”，便是束缚人们思想与灵魂的枷锁。

基于《理想国》传递出来的思想，无论是在科学、社会还是政治领域，追求善的人从来不会为世人的反抗而畏缩不前，从来不会因发现一个真理而停止探索的脚步。正因为这种不懈的对完美的追求，人类才能从可见世界逐步向那个“理型世界”靠近。

三、基于视觉表象的研究对洞喻理论的再思考

从科学角度看，柏拉图所构想、追求的理型世界是不存在的，但是，这个世界上却存在感知世界与真实的世界——即我们脑海中所形成的，经过大脑处理视觉信号所得的世界和客观上存在的世界。那么，人们以眼所见的事物会不会是一个视觉的“洞穴”?

根据认知心理学研究，“认知主体所具有的知识结构能够对其面对客观事

① [德]黑格尔:《哲学史讲演录(第二卷)》，商务印书馆1982年版，第152页。

物的反应过程、决策及最终结果起决定性作用”。① 我们接收到的视觉信号是经过大脑处理后才得以成像的，而最终形成视觉记忆的图像更是会受到大脑进一步的深加工，基于认知主体，即我们自身的需求、知识文化水平、思想，将一项所见事物变成我们独一无二的所想事物。“一千个人眼中有一千个哈姆雷特”便是如此，每个人都基于自己的认知去处理视觉信号，又怎能获得相同的讯息？并且根据俞敏怡的研究，由于人的视觉中会出现多个物体的线条、图形、色彩的对比，而且人们常常会根据经验来判断事物，在特定的环境之下，还会形成视错觉，将客观的事物形态扭曲，变化，变成与真实情况极其不相符的所见事物。②

由此可见，我们所认为的“眼见为实”不过是洞穴中事物的投影，真实世界中的确实存在的事物究竟是什么样的，决不能单凭视觉就妄下定论，需要经过一系列的科学的观察。

哲人之书，智慧之光，不会因为历史长河的冲刷而失去它珍贵的内涵，且它的内涵会因为后世之人的不断发现和不断完善，变得日益包罗万象，日益完美。我自洞穴之中，看到了柏拉图写给庸庸碌碌的洞穴中的人的信函，知道了有这样一批人，试着从不同的路径，爬出一个又一个认知的牢笼，试着将所有安于现状的人们拉向更加接近光明与真理的地带。我开始试图成为这样的一批人——善于质疑，善于发现。我开始怀疑眼睛所见的究竟是不是真实存在的，我开始试图将从《理想国》中习得的知识，运用在生活的方方面面。不仅是视觉表象研究的洞穴，我相信，每一个研究领域，都能从《理想国》中发现研究的误区，获得研究的道路。

---

① 刘晓星：《基于视觉表象的整体视觉认知研究》，天津大学2013年硕士学位论文，第5页。

② 俞敏怡：《视觉传达设计中视错觉应用与表现研究》，《品牌研究》2018年第5期，第12~13页。

洞穴之外的科学桃花源

折雅轩　新闻与传播学院

【指导教师评语】“洞喻”是《理想国》最著名的隐喻，也是我们经典导读过程中重点解析的部分。正如一千个读者心中有一千个哈姆雷特，从不同学科的视角看去，一千个读者也会有一千种洞喻的映射。本文从文本内容谈起，激发我们不断求知求真。这个过程恰恰是以任何学科视角都能感受到的美。通过这门课的学习，能领会科学探索之美，能体会追随真理的快乐，这确实是通识课的主要目的。(基础医学院　罗丹)

在古希腊哲学留给后世的璀璨财富中，柏拉图《理想国》所具有的理性色彩无疑为科学版图添上了浓墨重彩的一笔。面对伯罗奔尼撒战争后日益衰落的雅典城邦和尖锐的阶级矛盾，柏拉图秉持着朴素而高贵的理性思想，对尚处于混沌中的城邦公民以及后世人们做出了原初的科学启蒙。参阅柏拉图原著之后，我们可以看出这部伟大的作品涉及多个领域，而其中对后世影响尤其深远的哲学思想及其孕育出的科学思想在世代发展中成了一片鲜活的桃花源。

一、洞穴喻：别有洞天，为科学中的真理立法

柏拉图关于洞穴的比喻之所以经典，是因为其中蕴含了无数种解读方式、对应关系和适用情境。其形而上的抽象概括性具有永恒而广泛的意义，根据黄俊松的研究，哲人用它来解释人存在的价值和不断进步的心灵追求，政治家将它作为“哲人

王”精英治国思想的政治建制模式,① 伦理学家从中发掘出人际关系乃至社会联系的依据，教育学家透过它窥探教育平等与正己育人的公正性，历史学家将它作为研究孔子“有道之世”的比照内容，基于不同视角和立场都会有不同的发现。而科学家能从中汲取到什么营养呢?

回顾柏拉图的洞喻论本身，假想有一群长期被囚禁在洞穴里的囚徒，他们的脖子被固定住，以至于只能看到面前墙壁上的映像。映像的来源是矮墙背后运动的人和事物，照亮它们的光源是一簇燃烧着的火焰，他们坚信自己所看到的就是真实的世界。而他们之所以是愚昧无知的囚徒，有三个关键的构成因素——被局限、被固定和不怀疑。与之类似，科学研究最忌讳狭隘的界限和停滞的眼光，这将成为阻碍科学进步的绊脚石。如果爱因斯坦局限于牛顿的经典力学并将其信奉为绝对真理，那便不会有狭义和广义相对论的惊人问世；如果达尔文信服欧洲教会所宣扬的上帝造人说，那么自然选择与物种进化的历程将被湮没更久；如果庞家莱没有提出“假设是科学进步的基础”，那么会有多少隐藏着的真理被扼杀在不接受质疑和假设的态度中?科学家是唤醒黎明的号角，是暗夜里的侦察兵，是勇于逃离洞穴、上岸去看看太阳的先锋，不局限于经验、不屈服于权势是迈向真理的第一步。

走出洞穴的人在看到真实世界的那一刻起，便踏上了被启蒙和被救赎的道路。太阳类似于最高的“善的理型”，善的理型通过被比作真理的“善”赋予可知事物以真理。这里的“善”可以理解为科学上的终极真理，然而，这种真理是真的存在的吗?或许答案是否定的。又或者，终极真理就像柏拉图所说的“善的理型”一般的太阳，人眼只能望见却没法触及。但是螺旋式上升的过程，正是科学一步步走出洞穴，进而寻找科学桃花源的旅程。

二、线喻：数学之美，寻找科学的理性渊源

《理想国》中对几何学和天文学十分重视，牛小兵和安维复的研究表明，其逻辑构建和内容依据也深受数理知识的影响。② 比如洞穴论，便是运用了几

---

① 黄俊松:《试论柏拉图〈理想国〉中城邦——灵魂类比的政治哲学意涵》,《世界哲学》2018 年第 6 期，第 49~57 页，第 157~158 页。

② 牛小兵、安维复:《柏拉图〈理想国〉数学在理想城邦建构中的意义》,《理论月刊》2015 年第 2 期，第 36~41 页。

何学中阴影和投影的相关知识，火光对物体的映射结果是人眼看到的东西，太阳光对“善”的映射结果是人的理智所感知到的真理。如果没有几何学中的阴影，也就不会有众多意象组合奇妙而自然的对应关系，不会有黑暗和光明的鲜明对比，深层的逻辑性也将无从体现。另外，在黑暗的夜里观察月亮和星光比在白天看到太阳和它的光线更容易，这一质朴论断体现了天文学的影响。必须用纯粹理性把握数的本质，用天文学规律研究运动中的立体图形形态，从阴影看到实体、用实体改变阴影，进而才有了逃离洞穴、回到洞穴、改造洞穴的一系列主观能动行为。而这些持续的改变便体现了柏拉图所提倡的由颠覆到解构再到建构的求知历程。

“线喻论是对洞喻论的理论延伸”①，将一条线段按照一定数学比率分为两部分——可见世界和可知世界，而这两部分又分成影像和实物、数理理念和伦理理念，对应揭示了人类思维和认识能力的线性上升过程。

除了洞穴论和线喻论，柏拉图的灵魂理论同样体现了数学比例平衡对灵魂和谐的重大意义。在前三个章节为音乐和诗歌立法的时候，柏拉图引用了毕达哥拉斯的灵魂三阶理论，即高音、低音、中音三位一体构成和谐的“一”。根据蔡韬的研究可知：柏拉图认为，激情、理性、欲望三部分构成了人的灵魂的全部。② 只有理性占据上风并且统领和规范欲望、激情的灵魂，才是高贵的、值得检验的灵魂。而人的灵魂只有以数学比例意义上的和谐与理性为前提，才可以作为构建正义城邦的基础。另外，柏拉图关于民主建制的设想也是建立在平均和效益最大的基础上的，因此他极度反对民主政治追求的算数平均，认为这将是多数人的暴政。《理想国》中的辩证法同样也是建立在数理逻辑上的，体现了最原始的科学精神。

三、认识：否定感知主义和不可知论，为科学的实证主义奠基

在柏拉图之前流行的感知主义和不可知论，是以普洛塔格拉为代表的智者学派的主张，他们认为人的感觉是超越一切的、引领一切的，“人是万物的

---

① 张金秋、赵若瑜：《刍议柏拉图〈理想国〉中的三大隐喻》，《学理论》2013 年第 21 期，第 69~70 页。

② 蔡韬：《柏拉图〈理想国〉中的灵魂学说》，《长江丛刊》2018 年第 12 期，第 184~186 页。

尺度”。这种只注重个别、偶然的现象而忽视自然内在规律的虚妄性主张难免陷入不可知的泥潭。而柏拉图提出的用理念去揭示必然的、本质的、无穷的知识，对于科学的发展是具有重大意义的。他一再强调可以通过走出洞穴、慢慢适应洞外世界的光明而获得认识的进步，就表明他的理念接近实证科学范畴。① 通过实际流程的观察、猜想、假设、实验、演绎推理等步骤，科学家可以用踏实的脚步走出洞穴的束缚，追随阳光的足迹，甚至飞向更遥远的“洞穴之外”——广袤的宇宙空间。

柏拉图提出了两个世界：可见世界与可知世界。可见世界是我们习以为常但未必真实正确的世界，可称之为“常识”；可知世界是我们原本陌生但客观存在的世界，可称之为“真理”。但这两个世界之间并无明确界限，因为人的认识是无限发展上升的，真理与否受到时代客观条件的制约，而这一过程就是真理匡正常识、取代常识的进步过程。比方说，哥伦布的美洲大发现是对更广阔世界的开启，爱因斯坦的相对论是对宇宙真理的接近，马克思的社会主义设想是推动人类社会进步的新引擎。几乎所有伟大的跨越都突破了可见世界的制约，在探索可知世界的旅途中，人类在逐渐靠近善的理型，也在逐渐穷尽生命的真谛。

诚然，或许你穷极一生终于到达的可知世界，只不过是你以为的“可知”罢了。但这绝不是求知的失败，恰恰是求知过程中心灵升华的结果，因为你已经拥有了一颗永远奔驰向前的心、永远不会停止跳动的心，它会跟随真理的步伐，闪烁在人类历史的星空。

① 尹兆坤：《作为通识教育的经典阅读——以柏拉图〈理想国〉为例》，《当代教育理论与实践》2017年第9期，第122~126页。

非光之艰，行之维艰

田甜　基础医学院

【指导教师评语】　本文在对《理想国》“洞喻”理论研读与分析的基础上，展开对学习、对人生的深入思考，论文文字优美，论证充分，个人感悟深刻，充分彰显了当代大学生“求知信念之定”的风采。(基础医学院　张德玲)

从古至今，柏拉图的“洞喻”理论一直是备受哲学家、学者、评论家乃至教育家关注的思想话题。深陷洞穴却不自知的囚犯、被迫离开的“逃脱者”、洞穴外的阳光……为何洞穴之谜会令众多思想家争论不休呢？争论的焦点便是洞喻喻何的问题。诚如一千个读者有一千个哈姆雷特，我们通过自己的思考以及借鉴他人的想法，也能有自己的一番见解和体会，而这将会对我们今后的学习生活有很大的指导作用，使我们受益终身。

一、火光与阳光

“洞喻”之中最耀眼、最独特，也是最富有争议的，就是喻体“光”的本体。光主要可以分为两类光，在洞穴中的火光，以及洞穴外的阳光。来源不同，作用不同，它们的性质当然也不同。

首先是洞穴里的火光，也就是柏拉图可见世界里的光。作为始终陪伴着洞穴中囚徒的存在，火光将墙后的物体及人一个个照射到囚徒眼前的墙壁上形成影子，而形成的影子，几乎构成了囚徒世界的全部。他们终日关注的中心便是影子的形态以及它们“发出”的声音，进而他们产生了有关影子辨别的选举。“而那些敏于辨别而且最能记住过往影像的惯常次序，因而最能预言后面还有什么影像会跟上来的人还得到过奖励。”①因此我们可以说影子对他们姑且算得上是生活的全部，而且是一种娱乐化的形式。他们不去思考影子的本质，甚至没有人对于所谓常识做出的判断产生怀疑。他们甚至开始将娱乐的能力作为荣誉的评价标准，乐此不疲。而另一种光——阳光，充斥在可知世界的每一个角落，在逃脱者的眼中，它将世间万物最真实的一面展现了出来，即使开始的时候他眼冒金星，以致无法看见任何事物。阳光笼罩着万物本身，使得它们清晰地展现在眼前，逃脱者也因此看清了事物的本质。

还有一个重要的问题，就是如何区分可见世界里的物体与可知世界里的物体，或者说，挣脱桎梏的人在洞穴外看到了什么。为了探究洞喻喻何的问题，我们需要将两个世界的物质组成实体化，并且进行比较。

先来看看可见世界和可知世界的构成。我认为，在可见世界中，洞壁上的影子代表人类的想象，虽然丰富多彩但是脱离实际；产生影子的东西，如各种动植物、人以及人造物等，代表影子的实物，这是一种信念，是想象背后更深层次的东西。在可知世界中，一切均为思想的对象，最基础的就是从许多个别事物抽象出来的形式、思想等，称为理念。与信念不同的是，理念是不可见的，必须借助善的理型——太阳才能看到。比如，只有在眼睛朝向太阳所照耀的东西的时候，它才会很清楚，不是模糊的影子。人的灵魂进入可知世界后，在知识和真理的照耀下，当他看到理念时，就能够了解它，弄清它。因此，在理念之上的，就是知识、真理——阳光，以及它们的源头——善的理型，也就是太阳。因此可知世界也是理性的世界。

思考我们现在所处的环境，不难发现，先哲们已经给我们创造了一个很好的可知世界，等待我们去探索和挖掘，阳光并不是那么难以触碰。既然可知世界如此优秀美好，达到它便能更加接近真理，那如何才能“爬出洞穴”，接近可知世界呢？学习知识就可以了吗？事实并非如此。

---

① ［古希腊］柏拉图：《理想国》，商务印书馆 2009 年版，第 278 页。

二、求知之艰与信念之定

从上面的论述中我们可以清楚地认识到，挣脱桎梏、走出洞穴的方法就是接受教育。仔细剖析逃脱者从离开洞穴到回到洞穴的过程，我们可以发现三个关键点：一是洞穴中的人产生挣脱桎梏的想法或冲动；二是他一步步爬出洞穴的生理和心理过程；三是他产生再次回到洞穴的想法。结合生活实际，我做出了以下分析。

洞穴里的人在挣脱桎梏，离开洞穴之前，所有主动或被动的行为、想法，都是一个叫作“教育”的人迫使他产生的。教育告诉他影子是假的，逼他认清真实的物体，硬拉他离开洞穴，教育对他的命运产生了极大的影响。对于我们学生而言，所能做的就是珍惜现在的学习资源，所能思考的就是如何规划通往可知世界的路，从而避免行进之时与目标南辕北辙。

柏拉图在《理想国》中写道：“教育实际上并不像某些人在自己的职业中所宣称的那样。他们宣称，他们能把灵魂里原来没有的知识灌输到灵魂里去……知识是每个人灵魂里都有的一种能力，而每个人用以学习的器官就像眼睛。”①的确，启智是我们学习过程中最高的要求，也是教育者想要达到的目的之一。譬如“自然科学经典导引”课程的建立，难道是为了学习科学领域的专业知识吗？以半年之短，要使我们涉猎如此广泛未免有些不切实际。因此，导引的目的在于启智，在于熟悉自然科学的思维方式，在于培养理性判断以及批判性思维的能力。教育同样如此，它是对思想、心境以及灵魂的洗涤。

自古以来，天道酬勤，学道酬苦，求知的过程永远都是艰辛的，这是灵魂上升的一个层次，不仅是大脑。其中的艰苦，除了知识的广泛与晦涩难懂，最核心的，应当是对学习初衷的坚守。最初，我们通过想象有了信念，在爬过那一条条陡峭的小路，在无数次被划伤皮肤后，信念是支撑我们继续走下去的动力。虽然它来自幻想，来自不切实际的东西，但是它让我们产生了不断向前、不断进步的动力，这就是它的不平庸之处。

然而，如今的我们，是否还记得最初的信念呢？我们仍在心中太阳光的

---

① ［古希腊］柏拉图：《理想国》，商务印书馆2009年版，第280页。

指引下，不断朝着正确的方向前进吗？之前了解到的关于“精致的利己主义者”的概念，让我沉思良久。其实，我们或多或少都有些“精致”，这无可厚非。为了谋求一份可靠的职业，为了供养家人，生计迫使我们“精致”。但是，我们应当时刻警醒自己，是否在只问利害、不问是非？是否在坚持大学的基本理念“独立之精神，自由之思想”？面对民族复兴的伟大重任，我们作为新时代的大学生责无旁贷。因此，我们更应该做出点真成绩来，让中华民族在强者迭起的世界民族之林中昌盛百年，经久不衰。

最后，关于回到洞穴的原因，我认为这是一种责任感与奉献精神。因为我们作为社会的有机组成部分，既然身处社会之中，就应当与“洞穴的同伴”同呼吸、共命运。而且这不应当仅仅出于纯粹的自我动机，更要将这种社会命运共同体的意识推而广之，引导政府在宏观层面上予以调控。

单纯从自然科学方面来讲，《理想国》系统地概括出，整个科学的发展进程就是不断探索真理的过程。现在仍有许多科学谜题等着我们去解答，尤其是和我们医学生相关的领域。前路漫漫，未来可期，相信我们终能探索到未知的真理。

国家公道与个人公正[①]

——对《理想国》中“城邦四美德”与“灵魂三部分”的思考

张茗贺　基础医学院

【指导教师评语】 作为两千多年前的古希腊哲学家和思想家，柏拉图在《理想国》一文中表述了很多关于国家治理、公平公正、伦理道德的问题，这些在现代社会中仍有很大的价值。作者从个人对自身发展、国家的发展出发，谈了自己的想法和体会，得出一个普通的人可以通过自身努力改变自己的命运，人民是国家发展进步的不竭动力的结论，较好地理解并思考了柏拉图该文中所蕴含的哲学思想。(基础医学院　熊洁)

一、柏拉图的城邦四美德

在《理想国》第四卷中，苏格拉底讨论了理想城邦的目的：促使城邦里所有人都能分享与他们本性相称的幸福。[②] 在讨论了财富和贫困能使人懒惰或低劣、音乐和体操训练能使人开明、人不应该自己立法而应该遵循阿波罗法等一系列问题后，苏格拉底最终建立了他的理想国。在此，他要开始寻找理想国中的美德存在于何处，这也就是他着力介绍的四美德：智慧、勇敢、节制和公道。

(一)智慧是用来考虑城邦内部及外部关系的学问

对于理想城邦的四美德，柏拉图最先开始探讨智慧。城邦

① 在《理想国》谈到有关国家、个人正义的话题时，英文文献对于希腊文献的翻译所用词皆为“justice”，多数中文译本翻译皆为“国家正义”与“个人正义”；本文在参考不同译本及笔者思考后，选取“国家公道”与“个人公正”的翻译，认为这样更切合实际。

② [古希腊]柏拉图：《理想国》，谢善元译，上海译文出版社 2016 年版，第 15 页。

之智慧，是能够带领国家走向繁荣富强的智慧，更具体地说，是能不断引领国家向前发展的知识。显然，这种智慧不能是关于农业、手工、建筑等的具体的行业知识。苏格拉底随后确认，这种智慧是存在于这个领导和统治群体里面的智慧，也就是统治者所属阶层的知识，是唯一一种能被称为智慧的知识。只有这种知识可以考虑整个城邦、考虑城邦内部各种关系以及考虑改善城邦与其他国家的关系，① 也只有这种知识能够带领国家不断发展。

(二)勇敢是通过教育保持对不同类型事物的信念

苏格拉底所谓的勇敢，是指保持一种由法律通过教育而制造的有关可怕事物的信念——什么以及哪一类的事物是我们该惧怕的。② 他用给羊毛染色成我们想要的、能够保持住色泽的例子来说明他所认为的勇敢：通过法律形式的教育(包括音乐和体操训练)，使他们能够牢固地树立该惧怕什么、不该惧怕什么的信念，这种信念可以牢固到不被任何娱乐、消遣所消除，这样士兵才能有大无畏的勇气保家卫国、杀敌抗战。同时，他也提到这种勇敢与天生鲁莽好斗有所区别：勇敢的品质是经良好的教育形成的，天生的、存在于野兽和奴隶身上的激斗品性则与之相差甚远。

(三)节制是自我做主与全体一致的优美秩序

苏格拉底的节制包括三个方面的内容。第一，是指自我能够以天性好的部分控制天性差的部分；第二，是指城邦中的优秀之人能够统治天生低劣之人，因为这样才能使城邦有序地运转；第三，是指能够让天性优秀和低劣的人在“其中哪一类应该在国家和个人方面占统治地位”这一问题上协调一致。③ 我们需要知道，节制与智慧和勇敢的运作方式不同。智慧只需要统治者拥有，勇敢只需要士兵拥有，而节制则需要每个人都能以一致的方式处理问题，尤其是能一致地表达对治理国家政策方面的意见。节制是一种优美的秩序，它是一种与和谐相关的协调统一。如果有任何城邦足以被描述为欢乐和欲望的

① ［古希腊］柏拉图：《理想国》，谢善元译，上海译文出版社 2016 年版，第 198 页。

② ［古希腊］柏拉图：《理想国》，谢善元译，上海译文出版社 2016 年版，第 200 页。

③ ［古希腊］柏拉图：《理想国》，谢善元译，上海译文出版社 2016 年版，第 206 页。

主人，是自我做主的，那这个城邦就当之无愧了。① 而能够在表达国家治理的意见上取得一致，那这个城邦在发展的问题上就不存在障碍了。

(四)公道是履行自己的工作与应有的美德

对于公道，苏格拉底认为“每一个人都履行他自己的职务”，这一原则就是公道。② 按照苏格拉底的观点，没有人可以占有本该属于别人的东西，或者被剥夺属于他自己的东西，这是他们做决定时的主要目的。由此，拥有自己的东西是公道。另一方面，如果手艺人的阶层、战士的阶层与统治者的阶层中人们的职能发生了错乱，例如手工艺者成为统治者治理国家，不同职能的人干自己不应该做的事，这势必引起国家大乱，显然，这就是不公道。苏格拉底总结：当善于赚钱的人、辅政者以及武士各自履行他自己的工作时，这就是公道，同时它能促使国家成为真正的国家。③ 于是乎，拥有自己的东西和履行属于自己的工作无可否认就是公道。④ 要使国家公道，就必须要做好自己的本职工作，履行自己应有的美德，这会是促使国家产生公道的重要力量。

在完成对城邦公道的探寻之后，柏拉图又将话题切换到个人层面的公道上来。在《理想国》第二篇中，苏格拉底与众人达成一致，先在城邦里寻找公道的性质，然后再在个人里检查并寻找它。⑤ 如果将在城邦中寻找到的东西引入个人层面并加以鉴别，只要没有异样情况，便可确定理想城邦中的公道。而在这里，柏拉图又引出了他的灵魂三部分学说。

二、柏拉图的灵魂三部分

由于城邦的公道是因为前述的三个阶层履行了自己的职责，并且由于三个阶层的人员有一些其他属性和习惯，城邦才变得节制、勇敢与有智慧，⑥ 我们想要探索理想国的公道是否正确，就必须去了解这些人是否有相同的“型”。

① [古希腊]柏拉图：《理想国》，谢善元译，上海译文出版社 2016 年版，第 205 页。
② [古希腊]柏拉图：《理想国》，谢善元译，上海译文出版社 2016 年版，第 208 页。
③ [古希腊]柏拉图：《理想国》，谢善元译，上海译文出版社 2016 年版，第 211 页。
④ [古希腊]柏拉图：《理想国》，谢善元译，上海译文出版社 2016 年版，第 210 页。
⑤ [古希腊]柏拉图：《理想国》，谢善元译，上海译文出版社 2016 年版，第 78 页。
⑥ [古希腊]柏拉图：《理想国》，谢善元译，上海译文出版社 2016 年版，第 212 页。

这意味着我们要去探索个人的灵魂之中是否有这三种“型”，这三种型与前面所论及的三元素名称或有不同，但却能体现出一个人的公道所在。苏格拉底通过严密的逻辑分析，推理出人具有三种独立的“型”：欲望、理智与激情，三者之间互相组合，便能对人产生不同的影响。

（一）欲望是感觉紧张和快感的力量，而理智是计算、判断和推理的力量

苏格拉底首先指出：欲望和理智是两种独立的力量。他首先确立了同一事物在同一时间不能对它本身做出相反行为的前提，紧接着便运用一个人很渴但不饮的例子证明了他的观点：欲望使人产生渴的想法，但人不去喝水，这是因为灵魂中的另一种型——理智在起作用。由此，灵魂中的两种型被自然而然地引了出来。

（二）激情是独立于欲望和理智，起配合作用的力量

随后，苏格拉底又对第三种力量——激情做了阐述。他仍然举了两个例子，来证明激情是独立于欲望和理智的：人在路过刑场的尸体时下意识地躲避，却又禁不住欲望的诱惑想一探究竟；婴儿呱呱落地，成长的过程只是靠着天性的激情茁壮成长，理智是很久以后的事了。所以，激情可以和欲望、理智相对抗，它是存在于人的灵魂中的第三种力量。

经过这样的论述，我们终于发现，在国家中存在的三样东西也存在于每个人的灵魂。以什么证明国家是公道的，就能用相同的方法证明人是公正的。既然国家公道是因为每个人履行了自己的职责，做了自己该做的事，那一个人的这三部分也在其位置上各起各的作用，这个人也就是正义的。

换句话说，当人的激情部分能够帮助理智对抗欲望时，这个人就是正义的；而如果激情与欲望合作来对抗理智，那人就会失去公正，最后走向毁灭。到此，公道的定义已在根本上被证实了：国家公道取决于每个人做了自己该做的事；个人公正取决于灵魂的三部分一直协调，国家的大治取决于人心。

三、两种学说在现代社会的实际意义

虽然《理想国》代表的是两千多年前的古希腊哲学家的思想，其在现代社

会中仍有很大的价值。

(一)个人应该能主导自己的发展

理智、欲望和激情三者并存于人的灵魂，并主导人的发展，这对于一个人的发展有很大的启发意义。仅仅对于一名学生而言，如果我们看看那些爱好学习，不断进取，努力向上拼搏的人，是否能将他们看成激情帮助理智战胜了消遣享受的欲望，不断向更高的水平迈进呢？再看那些整天沉迷游戏、贪图享乐、不思进取的人，他们又是否为激情帮助欲望战胜了理智，甘愿堕落、整天颓废而不做出改变呢？按照这样的解释是说得通的，这也为我们解决问题、促进个人的发展提供了一种新的思路：如果我们能理智地辨别我们贪图享乐、不该有的欲望，并且能找到合适的方法引导激情偏向理智，我们可以以更充分的理由、崭新的面貌对抗绝大多数诱惑，进而促进我们个人的成长。这是我们让自已变得更好的新思路。

(二)国家需要结合多种品质以保障发展

国家的四种品德是智慧、勇敢、节制与公道，智慧是推动国家发展进步的动力，勇敢是保护国家发展的坚实屏障，节制即和谐统一是保障国家稳步前行的基石，公道则是一个国家最理想、最应该有的样子。公道是最后的结果，而智慧、勇敢与节制则是实现这一结果的可靠保证。如果将其与我国现行的制度结合，智慧可以是马克思列宁主义、毛泽东思想、邓小平理论等理论思想，勇敢可以是四个自信，即理论自信、道路自信、制度自信、文化自信，节制则可以是坚持中国共产党的领导、坚持走中国特色社会主义道路这一原则。这几点结合在一起，描绘出了我国新时代发展的新蓝图，国家富强，民族复兴，我们正不断地走向理想中的“公道”。因此，这四点对于我们有一定的启示作用。

(三)四美德与三部分的不足之处

柏拉图的思想自然有其光辉的一面，但也确实存在一些局限性。比如，他的欲望仅能代表人贪婪的欲望，却不能代表一个人积极上进、谋求更好生活的欲望。人们可以让激情站在让自己变得优秀、生活变得更好这一欲望的边上，此时此刻，理智、激情、欲望三者并存，是由理智统领这二者，一起带领人走上发展的路径。再比如，按照柏拉图的思路，做到国家公道只需要人人做好自己的本分工作，人们不应该去做自己不该做的事。但我认为，当一个人有能力、有信心做好并已经在他的本职工作上做出成就时，他或许可以向着更高一层的方向迈进。而当一个人身居高位多年已作出很多贡献时，或许也可以做一个简简单单的普通人。我们只是需要在特定的时间做好自己的本职工作，并不代表我们一定要永远都坚守在一个岗位上。社会的发展需要新鲜血液的注入，不管是统治阶层还是手工艺的阶层，没有人会因为自己“天性应该做这个”就做，“不适合”就不做。一个普通的人可以通过自己的努力来改变自己的命运。而且，人民是国家的主人，国家的发展需要有人来统领，但国家的未来却不取决于某些人。尽管领导者的智慧在国家发展的过程中起了很重要的作用，但人民才是国家发展进步的不竭动力。

限于时间关系，笔者仅对城邦四美德与灵魂三部分做了简单叙述并谈论了相关看法，可能仍未深入、透彻地理解柏拉图所蕴含的深奥哲学思想，已经陈述的观点也可能存在错误。《理想国》一书详细叙述了柏拉图对于国家治理的思考与感悟，内容丰富，思想厚重。即便是在现在，《理想国》仍有巨大的学习价值。个人、社会乃至国家，都能在书中找到发展的可靠途径，实现自身的巨大提升。

人，善，真理

傅昭龙　经济与管理学院

【指导教师评语】　本文的标题《人，善，真理》较为博人眼球，文章是基于《理想国》的部分思想阐述的，全文结构清晰，语言简练，作者的个人积淀深厚，善于借助很多例子论述；同时，作者也具有一定的写作技巧，使用对比等方法。全文行文思路清晰，论述有层次感，结尾进行升华，很不错。(数学与统计学院　黄学英)

一、柏拉图的理念论

理念论是柏拉图关于理想和现实关系的思考。我们所见的世界是现实，但还有一个不可见但可知的世界，被称为“理型”世界。而在“理型”世界中存在的便称为“理念”，与之对应的，是现实世界的事物，它是理念的投影。

二、人是什么

有这么一个故事：柏拉图曾说，人是没有羽毛的两脚直立的动物。于是他的学生就去鸡棚里把一只鸡拔光了毛给柏拉图看——无毛，两脚，直立，动物。① 这是个有趣的故事，却引申出两个问题，柏拉图为什么要这么说？人又是什么？

人的定义确实比较难下，“无毛、两脚、直立、动物”是人的特质，但却不是人的本质。按照柏拉图理念的观点，人的

① ［古希腊］第欧根尼：《名哲言行录》，马永翔、赵玉兰、祝和军、张志华译，吉林人民出版社2011年版，第298页。

本质就是人的“理型”，它只存在于“理型世界”之中，可以被人们知道，但却很难描述，被描述出来的，只是具有人特质的投影。这甚至不是一种实物，而是一种抽象的概念。作为人的本质的理念，只是存在于“理型”世界之中。我们也许知道有这么一个东西，但没有一个人能够理解它是什么，因为没有人可以达到彼岸，所以柏拉图无法给出任何一种解释说明什么是人。也就是说，我们脑海中所认为的人的概念，只是人一些特质的总和，这也是对人的“理型”的一种认识。

马克思说：“人是一切社会关系的总和。”①这就是社会性，社会性是人类的本质属性。这对于马克思解释其哲学思想固然非常有用，但如果按照柏拉图理念论的观念，我们只能说，社会性只是人的特质，不一定是人的本质。事实上，研究表明，一些生物族群也有类似于人类的社会结构。人的本质在“理型”世界中，认知与思考只能让我们不断接近它，但永远也不能达到。

人是人的“理型”的投影，有两种途径来理解。

其一，把整个人类的总体看作人，就好像苹果，无论长什么样的苹果，都是苹果的“理型”所投影的，世界上的每一个人都是人的“理型”所投影的。人类不断努力、学习、艰苦奋斗的过程，即是不断上升、不断接近“善的理型”②的过程。

其二，把个人看作一种物，每个人是独属于其本人的“理型”的投影，而这个“善的理型”，则是每个人心中的完美的人，自身努力的过程便是不断接近“善的理型”的过程。

柏拉图理念的现实意义之一便在这里。无论是就整体还是就个人来讲，从现实世界接近理想世界的方法就是如柏拉图所说的“接受教育”，也就是我所说的学习和努力奋斗。

但其矛盾也在这里显现出来：人的“理型”是现实的人的追求，现实的人不断努力却永远无法达到“理型”，这是第一个矛盾所在。正因为永远无法达到人的“理型”，人类才可以不断努力发展，人才会不断地变得更加优秀。

第二个矛盾，“理型”是抽象的概念，人却是现实中的实物，人的“理型”

① 中共中央编译局：《马克思恩格斯选集》，人民出版社1995年版，第56页。

② ［古希腊］柏拉图：《理想国》，郭斌、张竹明译，商务印书馆1986年版，第270页。

是人所创造的，现实的人不能知道“理型”的人到底是怎么样的，可以知道它的存在，却无法去理解。而要解释这个矛盾，则要明白理念是如何产生的和善的概念。

三、理念的产生

理念是如何产生的呢？作为现代人，我们可以说，理念是柏拉图想出来的，这都是柏拉图的思考。当然，这可以成为一种答案，但这就失去了现实意义。实际上，对于理念的产生，柏拉图并没有给出一个直接的答案，他只是告诉我们，“理型世界”存在于彼岸，“理型”就在那里，好像它是本来就存在于那个地方的。

但并非如此，仍以苹果为例，现在有一个小孩，他还很小，之前并没有看过苹果的样子。他会问：“这是什么啊？”他的父母会告诉他，这是苹果。现在他知道了，他父母手上拿着的那种红色的物体是苹果。随着他长大，他看到了青色的苹果、大的苹果、小的苹果。现在你拿着一个苹果，你很确信(事实也如此)，他之前没有看过你手上拿着的苹果，但他还是知道，你手上拿着的东西，就是苹果。

这个例子说明了，在认知、学习、思考的过程中，我们首先知道的，其实是事物的特质，比如苹果的形状、颜色、味道等，然后通过经验的累加，不断了解事物各个方面的特质，这个事物的概念就出现在人的脑海之中，于是人可以通过经验和概念来判断事物。所以，总的来说，事物特质的总和就是事物的理念。理念由此产生。

四、善的概念

善在《理想国》中同样没有具体的定义，仅仅是说：“但是我担心我的能力办不到……但是关于善的儿子，就是那个很像善的东西，我倒很乐意谈一谈，假如你们爱听一听的话。”①关于善的描述，也只是那个所谓的善的儿子，也就是善的许多特质，比如美德、真理、知识等。善的本质又似人的本质那样，可知而不可理解。

① [古希腊]柏拉图：《理想国》，郭斌、张竹明译，商务印书馆 1986 年版，第 265~266 页。

但正如我们之前所说，事物的理念是事物特质的总和。由此来思考，善的理念就是善的特质的总和。那么这里又产生了一个矛盾，苹果的特质是客观的，但善的特质却是主观的，就像我们对于某些事情难以区分好坏一样，善的理念是特质的，善本身就会包括彼此矛盾、彼此冲突的特质，比如善的道德就有绝对主义道德和功利主义道德之分，它们是矛盾的。如此看来，善不是一成不变、永恒完美的事物，而是根据不同时代人们思想的矛盾，不断发展变化的。

所以这里我们就明白了柏拉图理念观的本质，理念是特质的总和，而柏拉图没有区分特质和本质，也没有区别人们脑海中的概念和“理型世界”中的理念。柏拉图真正意义上的理念，其实只是给事物本质说法的一个外壳，它是可知的，却无法理解，无法用言语说出来，因为一旦用言语描绘出来，便成为了事物特质的描述。而人们脑海中关于事物的概念，是关于事物的部分特质，比如，一个人知道苹果，但从来不知道苹果还有青色的，他不会说这是青色的苹果，但他可以通过猜测来判断这可能是个苹果。

所以现在可以解释人的“理型”的第二个矛盾，“理型”是人创造的，却无法理解，这是由于柏拉图理念观本质的矛盾，即真正的理念是事物的本质，本质是区别于其他事物的性质，它只能通过特质被描述出来，所以可知而无法理解。还有一个矛盾则来源于善本身的矛盾，善的理念是善的特质的总和，它本身是矛盾的，它包含着彼此冲突的特质。

五、真理与科学

除了人和善的分析，柏拉图理念对于科学也有其现实意义。在柏拉图理念论的观点下，科学知识的“理型”便是真理，是这个宇宙的法则。真理是不变的，是完美的，但是我们永远也不能判断，我们所掌握的科学知识是否为真理。真理无法被证实，一旦被证伪，它便不是真理。科学发展就是一种认知过程，是人类知识不断接近真理的一个过程。我们曾经一度以为我们掌握着真理，如牛顿力学，但事实也已经告诉我们，没有什么科学知识是绝对的真理，真理是永远无法达到的，科学便由此而发展。就像伽利略否认亚里士多德，牛顿力学也只适用于宏观、低速、弱力的场合，每一次对所谓真理的质疑，都是科学的一次发展。不用在意真理距离我们还有多远，因为我们本来便不能达到，保持着质疑精神，怀疑所有的“真理”，科学便能不断发展。

叹前人之明鉴，辨古今之差异

蒋涵琦　弘毅学堂

【指导教师评语】　作者在细读、慎思之后，从三个方面高度剖析和总结了读《理想国》所得。论文中所提出的许多观点明确、新颖、独到，整篇文章辩述有力，逻辑清晰，层次分明，语言犀利、流畅，撰写认真，是一篇优秀的结课论文。(基础医学院　罗凡)

一、于《理想国》行文思路窥探苏格拉底辩证之精巧

晚境的幸福、痛苦到底取决于性格还是财产？在苏格拉底的层层诘问之下，克法洛斯提出晚境的幸福究根结底取决于性格，财产的富足不过是促进人的德性，减少作恶的需要，以便老来安心罢了。而后，苏格拉底陷入他人有关正义的三大观点的争辩之中，他利用举特例“对疯子的债不可还且不必还”，引导人们思考生活中真实存在的却又不被人注意的方方面面——“国之统治者亦会犯错”“对于好坏的判断未必正确”，加上比喻、类比的方法“马之为马变坏”，指出这三大观点有失偏颇。

关于正义的定义，还未有定论。正如其所谓，倘若观察小事物较为费劲，转而则需观察较大事物。于是苏格拉底进一步讨论正义，从个人的正义转变到城邦的正义以及城邦所需要的人——护卫者。苏格拉底开始构建自己心中理想的城邦，试着确立诸神的法律，但在我看来，此时的他多少是想要宣传一种“善的专制”，对文学作品进行审查，完美化“神”的概念，为

他的城邦奠定“善”的大氛围。于是，苏格拉底开始逐渐转向人的方面，围绕教育、统治、财产、责任等方面探讨如何保证护卫者应有的德性，以促进城邦的正义。

于此间，善的城邦已经逐步完善。倘若说在城邦的建立过程中，苏格拉底的所为大抵是可以被我们现代的思想所包容理解的，那么将城邦的“善”与个人的“善”联系起来，将城邦的正义与个人的正义联系起来，在两者间均存在智慧、勇敢、节制、正义，并通过排除的方法找到正义并完成正义的探讨的思路却是出人意料的。也许柏拉图、苏格拉底一代的哲学家都有一种野心、一种自信，想要找到一个宇宙间的普适秩序，而这在今天看来是不可思议的。城邦的大体构造已经结束，苏格拉底开始在其中添加细节部分——妇女、孩童共有的具体措施及其好处，我们应当让哲人王成为护卫者。但苏格拉底却并不打算直接探讨正义，而打算探讨根源，演绎善的理念，并认为没有人能够在了解“善”之前充分了解正义与美。至此，其哲学体系、辩证思路的完整及精深深入人心。

最为精巧绝伦的是，苏格拉底利用相互呼应的三大比喻——“日喻、线喻、洞喻”，探讨善的理念，构造可知世界、可见世界、理型世界的大概轮廓。由此，引发出他对现有教育理念的看法，他认为现有教育是错误的，并从学科、如何选学科方面深入探讨了教育的问题。

“宇宙间的普适秩序”再次引发思考，四种政制对应着四种不同的人，有关正义的话题再次回归，并探讨哪一个更快乐，以善恶报应探讨灵魂不朽、死后生活的问题，引人深思。

书中苏格拉底的辩论和谈话是讲究技巧和逻辑的，他尝试着从不同的方面探讨同一句话的不同含义，并不只是在字面上寻找矛盾之处，他反复使用以大见小和生物类比的方法，令人叹为观止。

二、于《理想国》论述观点中看苏格拉底见解之独到

初读《理想国》，并不能充分理解其中的见解、蕴含的思想，只觉开阔了视野，平常经历的事情似乎未曾细想，但几千年前的苏格拉底的观点仍有其

现实意义，引人深思。

在浮躁奢靡的现代生活中，财富问题困扰着人类，财富是大家追求的，同时也是焦躁的来源。苏格拉底有一句话很妙："大凡不亲手挣钱的人，多半不贪财，亲手挣钱的人比别人有双重的理由爱财。"①的确，因为在他们的眼中，钱不只是有用的，还是他们自己的产品。这样的观点不仅仅对于钱财的理解是有用的，还可以被用于多方面，比如动物保护。有人提出，为何在大象濒临灭绝的同时，一些为人们平常食用所需的动物，如鸡、鸭，却有着"安稳的生活"。因为鸡、鸭等动物是家养的，是被每一个家庭所拥有的，被人们当作自己的产品，人们自然会考虑自己的利益，不允许别人过度消费。这同时也从另一个角度为我们提供了一种保护动物的方法——将部分动物私有化。这看起来荒谬，却也有着自己的价值和意义。

再者，就是苏格拉底等人关于正义的论述，我从未思考过正义原来有着这样多元化的理解，在我的心中，正义似乎定格在见义勇为等高尚、英勇的行为之中。哪怕色拉叙马霍斯等人关于正义的理解在苏格拉底看来是错误的，他们也从另一个角度为我们提供了一种关于正义的理解方法。其中色拉叙马霍斯的话，"一般人之所以谴责不正义，并不是害怕做不正义的事，而是害怕吃不正义的亏"②，更是与几千年后尼采的观点不谋而合。

国是最大家，家是最小国。一个国家最重要的是团结一致，有着共同的利益趋向。但是国由多个家庭构成，每个家庭都有着自己的利益，不可避免地会出现一些分歧。苏格拉底心中的解决办法是女人和孩子的公有化，每个父母都不知道自己的亲生孩子是谁，每个孩子都不知道自己的亲生父母是谁，这样城邦里的每个人都有亲戚关系，就可以在一定程度上减少利益的摩擦。对此，我并不深究这种方法的可行性，只是惊叹苏格拉底对于团结和利益的理解如此之深。

说来可笑，我至今仍不清楚自己未来的走向，也许正如苏格拉底所说的那样，现在的教育犯了一个很大的错误，那就是把教育当作向孩子灌输他们

① ［古希腊］柏拉图：《理想国》，张竹明译，译林出版社2015年版，第4页。

② ［古希腊］柏拉图：《理想国》，郭斌和、张竹明译，商务印书馆2002年版，第25页。

不知道的事物的工具，而不是把教育当作唤醒孩子心中已有的意识，也就是所谓天性。现在的教育的确是有点同质化了，以至于我们不清楚自己的独特之处，不清楚自己适合干什么、该干什么。我们在音乐、体育上受到的教育十分匮乏，从而对事物的捕捉能力和理解能力不足，在德性的培养上也有所缺乏。

三、于《理想国》阅读过程中辨别古今思想之差异

苏格拉底在城邦的构造中曾多次强调神的一致性和完美性，他认为所有有关神的文学作品都不能涉及邪恶的方面，不能说神在言语行动上对我们弄虚作假。这可能是因为他的宗教信仰，也可能是因为他需要给他的城邦奠定一个善的大氛围。但现在，我们往往会推崇不一样的观点，更是鼓励文学创作揭露社会中黑暗的一面。后来的文学作品也是大肆宣扬了无神论。很明显，在现在的人看来，“善的专制”并不可取，因为并不是文学作品宣扬善，人们的行为、思想就是善的。文学的进一步翻新，可能会成为人类思想浪潮上的一次跃进。再者，杀婴保种政策在我们看来是荒唐的，苏格拉底认为具有残疾、智力发育不完全等先天缺陷的人，无法为国家作出贡献。可是，正如他所说的那样，我们并不能准确判断身边的人的好与坏，在某种角度上，我们会把坏人当朋友，好人当敌人。同样，我们又怎么能轻易判断拥有先天缺陷的人就一定不能为国家作出贡献呢？

苏格拉底重视一个国家的和平与统一，他希望通过妇女和孩童公有化来实现这一点。但我却认为，这样一个国家会丧失该有的效率，因为如果国家是由一个一个的家庭组成，每个家庭、每个小孩间就会存在一定的竞争，适度的竞争往往会提高效率。如果完全公有化，就会缺乏效率，我国的发展史也在一定程度上证明了这一点，也就是完全公有化是行不通的。

四、总　　结

我们在阅读《理想国》时，一味反感其中的观点、行为是不对的，因为时代在改变，人类对于世界的认识也在改变，但《理想国》中所宣扬的城邦——

正义、勇敢、智慧、节制，也都是我们现代人所追求的。我们也许会质疑这样的城邦或者说这样的国家到底能否存在，但正如书中苏格拉底所说的那样，我们想象这样一个城邦，并不是想要完全实现它，而是要逐步接近它，正如我们不能要求正义的人和正义完全一样。

《理想国》教育思想的当代探讨

潘家皓　电子信息学院

【指导教师评语】 作者观点独到，结合柏拉图的《理想国》中对教育问题的论述，融入教育与哲学关系的思考，对人生的教育阶段进行了划分，进而剖析当代教育的理念和内容。作者认为高等教育之前应重视素质教育，尤其是正义感、音乐、体育等内容，而高等教育阶段才是实现人的心灵转向，类似“洞喻”中追求光明、追求理型世界的教育阶段，核心是培养理性的、批判性的思维，表明作者在学习经典后有了较深刻的思考和自我见解。论据充分，逻辑清晰，语言流畅，格式规范。（土木建筑工程学院　邹勇）

古希腊哲学家柏拉图的代表作《理想国》大约写于公元前390年，是人类历史上最伟大的哲学著作之一。柏拉图生于雅典城邦衰落的时期，当时的他对雅典的民主感到愤怒，他那令人尊敬、虔诚守法的老师苏格拉底，正是死于雅典乌合之众制造的集体暴力。也正是苏格拉底之死，给了柏拉图一个活生生的民主施暴场面，这使他认识到民主政治的弊端。所以他坚决反对民主政体，极力主张奴隶主贵族来把持国家政权。理想国由此而生。

一、《理想国》的教育思想

《理想国》探讨了哲学、伦理、政治、教育、文化等方面的问题，以建立一个系统而完整的方案。全书共十卷，其中，第二卷探讨了个人、城邦与教育问题；第三卷探讨了教育的艺术问题；第七章探讨了教育中的影子与现实问题。由此可知，柏拉图在《理想国》中也着重体现了教育的重要性。

精读全文，《理想国》中涉及的教育主要包括两大部分：一是培养城邦护卫者时涉及的教育，即护卫者教育；二是培养哲学王时涉及的教育，即哲学王教育。

所谓护卫者教育，也就是对护卫者的教育应先从音乐开始。而从音乐开始，也就是用或虚构或真实的故事来教育儿童。“尤其是对于幼小的孩子和柔嫩的东西来说，在柔弱阶段时最容易接受熏陶，你想把它们塑造成什么类型，就能塑造成什么类型。”①给儿童讲故事，让他们去经历，去体验。而与之同行的是体育教育。青少年必须接受体育锻炼，强健的体魄是高尚的灵魂的体现。体育增强体魄，音乐冶炼灵魂。

所谓哲学王教育，是为那些具有较高思辨能力的人提供的更高层次的一种教育。哲学王，即真正的哲学家。“具有良好的记忆力，擅长学习，豁达大度，优雅得体，亲近真理，有正义感、有勇气、有节制，如果这样的人去从事学习，一定是无可指责的。”②人只有随着年龄的增长，拥有了丰富的人生阅历，心智趋向成熟，才能进入这一阶段，而柏拉图正致力于培养这一类人才。

二、当代学前教育

对比当下，无论是东方还是西方，在任何社会背景下都十分重视学前教育。人生的不同阶段都有着与之对应的教育。小学、中学、大学甚至在社会上，不同的时段都有不同的任务，相应的也需要不同的教育。三到五岁时，我们在上幼儿园。这时的我们充满着对事物的好奇，而这时幼儿园老师传授给我们的并不是很深奥的知识，而是以故事的方法，将那些体现着高尚美德的故事讲给我们听，引导我们感悟与思考。这正是柏拉图所谓的音乐教育，用音乐来陶冶孩子的心灵。合抱之木，生于毫末；九层之台，起于垒土。对儿童心灵的教育，是其拥有正义感和高尚品质的基础，是后天进行更高层次

① ［古希腊］柏拉图：《理想国》，陶志琼译，中国轻工业出版社2018年版，第63页。
② ［古希腊］柏拉图：《理想国》，陶志琼译，中国轻工业出版社2018年版，第197页。

的教育的必经之路，即是哲学王教育的必备品。而那些悲惨的、邪恶的故事，则不宜向儿童传播。复杂的故事会使其变得浮躁，接受淳朴的音乐教育，就会养成节制的习惯。此时的儿童所听到的观点，会对他们产生根深蒂固的影响，此时的教育从本质上来说，是对心灵的纯化。这也是当代的儿童要进入幼儿园的目的、进行音乐教育的目的。

进入小学、初中后，孩子逐步进行体育锻炼，这就是到了柏拉图所说的体育、音乐教育相结合的阶段。“淳朴的音乐教育能使人心灵变得和平、自制，而朴素的体育锻炼能使人身强体健。”①这时的孩子已不是只会接受他人观点的孩子了，他们开始进行体育锻炼。柏拉图认为体育教育是贯彻一生的事情，健康的体质是饱满的心灵的物质基础。在当代教育中，劳逸结合始终贯穿于教育之路。只有学习而无锻炼，精神就会萎靡不振；只有锻炼而无学习，思想就会停滞不前。由此，这也对应于柏拉图的音乐教育与体育并重。

当代的学前教育是之后高等教育的基础。学前教育是对心灵的建设与培养，而高等教育的本质正对应于柏拉图所说的心灵的真正转向，而心灵转向的目标、过程、意义，正是建立于良好的学前教育之上。

三、当代高等教育

区别于九年义务教育，我国高等教育培养的是具有理性与批判思维的综合性人才。他们具有一定的天赋，经过后天的教育与锻炼，尤其是高等教育的培养，将拥有诚实的品质，追求真理，憎恶虚伪，热爱学习，以满腔热血在社会中实现自己的价值。这一过程看似只有简单的学习与锻炼，实则不然。这一阶段实际上是通过教育来实现心灵的真正转化。这里的心灵转化，指的是精神的深化，通过思考、感悟，将所学知识转换成实际的行动。

《理想国》的核心是洞穴隐喻，其中那位挣脱桎梏的人，正像是个发现了太阳下的光明世界、发现了真理与善的人。出于自己的使命，他毅然返回洞穴。然而那些被束缚在洞穴中的同伴局限于自己狭隘的眼光与视野，认为所谓的真理简直是天方夜谭。他们或许根本就不知道自己的“所见”只是一种表象，而不是真正的“知识”或“真理”。在当代教育中，那些囚徒是谁呢？正是

① ［古希腊］柏拉图：《理想国》，陶志琼译，中国轻工业出版社 2018 年版，第 102 页。

正在经历高等教育的我们。在接收教育过程中，我们常常以直接的经验、事物的表象而去否认真理，我们正如洞穴中的囚徒，嘲笑、否认那个重返洞穴的人，认为他才是真正的囚徒。这个时候就需要心灵的真正转化：想要真正获得知识和真理，就必须挣脱束缚，勇敢地站起来，转化固有的思维，转移习惯于看阴影的视野，面向阳光，将灵魂从可见世界转向可知世界。

“人们的学习能力早已存在于他们的灵魂中。正如在整个身体不能转动的情况下，眼睛无法从黑暗之处转到光明之处一样，掌握知识的工具也只能借助灵魂的整体转向，从一个变化纷呈的世界转向一个客观存在的世界，并且逐渐学会看到客观的、最光明的事物和最好的事物，换言之就是，善的事物。”①在当代教育中，这种转换需要我们具备较好的辩证能力。而我们接受高等教育的目的也正是要完成这种转化，成为这个社会乃至这个时代的精英，就像那返回洞穴的人，用自己的实际行动反馈社会。

四、教育思想的启迪

我们当代的一整套教育系统正是《理想国》提出的教育方式的一种折射。从接受教育到成为哲学的掌握者的过程是一个漫漫征途。“吾十有五而志于学”，青年时的音乐教育，启蒙心灵；“三十而立”，具有阅历与能力，掌握哲学精髓，实现心灵的转化；“五十而知天命”，用所学真理馈赠晚辈，造福社会。这样的分段教育，让我们从无到有，从懵懂到深刻，从理解到运用地掌握知识和真理。

① ［古希腊］柏拉图：《理想国》，陶志琼译，中国轻工业出版社 2018 年版，第 231 页。

从《理想国》看正义的“在与不在”

沙莎　新闻与传播学院

【指导教师评语】 这是一篇很好的论文。作者选择了《理想国》中关于“正义”的部分进行深入阅读和解析。全文立意新颖，行文流畅清晰，深入浅出，穿插足够丰富的个人见解与社会认知的讨论，并在最后结语提出正义因我而存在的观点，一气呵成。全篇论文结构完整，格式规范，内容紧凑，强烈推荐为优秀论文。（基础医学院　王燕舞）

公元前4世纪，古希腊社会面临着“城邦危机”，经济与政治经历着解构与重组，社会价值观也因此被重新洗牌，从而涌现出许多风格各异的对正义的解释。在此背景下，柏拉图在著作《理想国》中解构了城邦中的非正义观念，建构起自己的正义思想。在《理想国》这本书中，十分引人注目的是其中孕育着新生的社会环境，这种环境与中国近百年的发展环境颇有相似之处：从半殖民地半封建社会，到如今进入决胜全面建成小康社会、加快建设社会主义现代化强国的新时代，中国的社会经济发展水平不断提高。但与急速发展相伴随的是部分社会价值观缺位的问题：面对2岁女童小悦悦被两车碾压，18名路人视而不见、漠然离去；重庆公交车上无人阻拦殴打司机的女乘客，导致车辆翻出护栏，车毁人亡……“好人难当，冷漠一点更轻松”的社会氛围，使正义成本太高成为令人困扰的现象。面对这些问题，有人惋惜正义感的失位，呼唤社会风气的变革，也有人不屑一顾，认为正义本身就不适应现代世界的发展要求。

显然，正义在当下面对着困境：既然正义对人并无必然且可实现的利好，追逐正义的过程中自己又可能受到伤害，那么人们还有什么理由继续选择正义呢？从本质上看，因为正义道德本身的主观性与非强制性，它是否注定具有极强的理想主义色彩？本文中，笔者将尝试对《理想国》中部分关于正义的讨论进行梳理和分析，从而探寻上述问题的答案，探究希腊哲人先贤的精神世界。

一、洞穴预言：引入正义的动机与代价

探究由《理想国》中的“洞穴预言”开始。

该预言中，最初人们一起生活在一个山洞中，被锁链拴住，面向墙壁。在山洞内有火光，通过火光映照在山洞的投影，人们可以跟影子聊天，听到周围人的声音。此时，其中一个人挣脱了锁链，走出了洞穴，看到了阳光和真正的世界。在面对自己在河里的倒影时，他终于意识到一直以来自己都在和影子说话。当他感知世界的过程结束，他将面对回到山洞里和留在山洞外的选择。

在这个故事里，除非出于责任感和正义感，主角没有任何理由回到山洞。因为与促狭的山洞相比，外面广阔的世界可以给他带来更多，从收益最大化的角度，他应该离开。即使他回到山洞，作为唯一知情者，他也将面对沉默的螺旋，需要承受被人看作傻子并谩骂讥讽的风险，从风险衡量的角度看，他也应该离开。

既然如此，如果他依然选择回归山洞，那么关于正义背后的动机、代价、结果都值得深思，这些问题在《理想国》中均被探讨过，下面我们深入来看。

二、欠债还债：关于正义的衡量

在《理想国》中，正义是否具有功利性是关于损益的理性考量。

会计学中有一个基本原则叫作“有借有贷，借贷相等”，旨在追求总量的平衡性。那么正义呢？在《理想国》中，苏格拉底与商人克洛法斯有过一段对话，后者曾提出正义就是“欠债还债”，且总结说：“正义就是把善给友人，把

恶给敌人。”对此，苏格拉底质疑道：“如果欠了疯子一把刀，要不要还他？”① 如果归还，使得疯子拿刀伤害自己或他人，这似乎不能被称为正义；如果不还，“欠债还债”的正义是否还成立？由此可见，正义并非绝对的借与还，由于对象不同，人们实现正义的手段具有差异性。

但在我看来，问题并未得到解答，因为世界上很多东西并不能被量化。例如，爱是世界永恒的语言，出于爱，父母可以照顾子女一生，情侣之间可以无条件相互依靠。如果爱是关于等量的借与还，那爱显然是不符合逻辑的。正义亦可类比，那些受匿名资助而获得受教育机会的贫困儿童，岂不是可能一生都受困于未完成的正义，这样的正义意义何在？对于知恩不报的人，该如何加以惩罚？如果不正义的人没有良知就无法被处罚，正义就只能停留在对有道德的人的约束，对坏人无效。

综合以上两点理由，基于“欠下与归还”这一债务式逻辑的正义观念似乎行不通，因为生活的许多正义具有某种不求回报的天然属性，是一种反功利主义的坚守。

三、“高尚是高尚者的墓志铭，卑鄙是卑鄙者的通行证”：正义的代价与选择它的理由

不求回报的坚守固然高尚，但如果坚守的结果总是不尽如人意，人就会活在煎熬中。在《理想国》中，色拉叙马霍斯说：“正义的人就算没别的损失，他自己私人事业也会因为无暇顾及，而弄得一团糟”，“最不正义的人就是最快乐的人”，“不愿意为非作歹的人也就是最苦恼的人”。②

为了回答这一问题，苏格拉底提出了三种关于善的理念：第一种善，是我们乐意要它，而且不管它的后果，比如狂热的爱情。第二种善，是我们为了它本身，也为了它的后果，比如明白事理、努力上进等。第三种善，类似赚钱的技术，我们并不在意过程，只要结果实现，我们就爱它。苏格拉底认为正义是三种善里面“最好的”：人们既爱它本身，也爱它的后果。

但是，这种观点真的具有普适性吗？我们经常看到，一些正义却碌碌无

① ［古希腊］柏拉图：《理想国》，刘申丽译，台海出版社2016年版，第12页。
② ［古希腊］柏拉图：《理想国》，刘申丽译，台海出版社2016年版，第31页。

为的人，在看到违背道德的好处后，选择放弃自己曾经坚守的正义，最终获得世俗意义上的成功。正如格劳孔在《理想国》中所说：“一般人可不这么想的，他们认为正义是一件苦事。他们拼命去干，图的是它的名和利。至于正义本身，人们是害怕的，是想尽量回避的。”正义并没有高尚者想象得那样被人重视，也不能为坚守的人带来什么，无论如何衡量，人们都找不到选择正义的理由。这种观点催生出苏格拉底对色拉叙马霍斯的回应：“色拉叙马霍斯正是因为把所有这些看透了，所以才干脆贬低正义而赞颂不正义的。”①

四、人总是囿于自私的天性：正义是人性中高尚的光

经过上文的论证与分析，我们不免得出一个不友善的结论：自私才是人性永恒的话题，正义被排在取悦自己的后一顺位。在《理想国》中，格劳孔给出了一个结论：“一个正义，一个不正义，我们给他们各自随心所欲做事的权力，然后冷眼旁观，看看个人的欲望把他们引到哪里？我们当场就能发现，正义的人也在那儿干不正义的事。人不为己，天诛地灭嘛！”②也就是说，天下熙熙，皆为利来，天下攘攘，皆为利往。为利益算计、为保护利益相互倾轧是人类社会永恒的规律，为了欲望，正义可被舍弃。

至此，不得不讨论人的本质与正义的存在形式问题。

然而遗憾的是，在《理想国》这本书里，我们只能读出正义的某些性质，却无法对它的存在本身得出结论。在书中，正义是非功利主义的，某种程度上源于人的天性和本能，被看作心灵的德性：即便因此而蒙受损失，缺少了就不能称之为人。这种解释只是将正义放于人与人的本质区别上，实际上依赖于苏格拉底对于“人”的判断，并不具有普适性，也没有得出正义究竟为何物的最终结论。

五、结语：正义因“我”而存在

《理想国》可能让对正义有所期待的人失望，因为直到最后，作者也没能用理性、完整的逻辑告诉我们坚持正义一定是对的。在书中，正义以天性的

① ［古希腊］柏拉图：《理想国》，刘申丽译，台海出版社 2016 年版，第 31 页。

② ［古希腊］柏拉图：《理想国》，刘申丽译，台海出版社 2016 年版，第 96 页。

形式存在，是神圣庄严的精神信仰，带有理想主义色彩。

然而，正义仍是苏格拉底一生的准则："如果正义遭人诽谤，而我一息尚存且有口能辩，却袖手旁观不上来帮助，这对我来说，恐怕是一种罪恶。"①苏格拉底坚持了自己的正义，最终为了保护城邦丧失了生命，正义在他身上闪现出了人性的光芒。

在我看来，这也许就是正义的真谛：它或许并非适用于每个人，于每个人含义都不相同，但是正义绝不是虚妄的。对于每个人来说，坚守的其实是一种自己内心的正义。这份正义不一定适用于他人，却是坚持者自己的信念。如果每个人都能守住自己内心的正义，世界就会因为这些同质不同形的正义的存在而正气长存。

① ［古希腊］柏拉图：《理想国》，刘申丽译，台海出版社 2016 年版，第 44 页。

柏拉图思想与儒家思想的对比

康新宇　物理科学与技术学院

【指导教师评语】 论文对比了柏拉图思想与儒家思想，从思想源流、统治者选取上分析了其相似性，从等级划分、社会规范侧重点、阐述形式上分析了其差异性。论文内容丰富，语言流畅，逻辑清晰，观点鲜明，论证充分，尤其关于侧重性差异的论述让人印象深刻，是一篇优秀论文。(物理科学与技术学院　郝中华)

引　言

柏拉图所生活的古希腊向来被认为是现代西方科学的发源地，而柏拉图与其老师苏格拉底、学生亚里士多德被称为"西方三圣"，他们的思想又是古希腊文化中的精华。众所公认，诸子百家中对中国文化影响最深远的当属儒家，而儒家学派的开创者是孔子。若将孔子的儒家思想与柏拉图的思想做一对比，当可求得关于东西文化差别研究的一些新思路，这也是本文的写作目的。

一、关于相似性的比较

(一)思想源流

若要对柏拉图思想与儒家思想进行比较，就不得不考察两种思想产生的源流，因此需回溯它们的产生背景。如果考察柏拉图与孔子这两位哲人的生平，我们会发现他们的个人经历有着惊人的相似性。

柏拉图出生于公元前427年伯罗奔尼撒战争期间，十六岁时因受指控而逃出雅典，20岁跟随苏格拉底学习，八年后见证苏格拉底之死，此事对他产生极大影响，40岁左右时建立西方最早的高等学府——阿卡得米学院。其在一生中为实现政治理想曾三访叙拉古，最终却都以失败告终。仕途的坎坷使他最终专心于学术，为后人留下了皇皇巨著《柏拉图对话录》和一位杰出的弟子——亚里士多德。

孔子生于公元前551年的春秋后期，少时贫贱，长而好学，一生颠沛流离，先后居于鲁、齐、卫、宋、郑、陈、蔡、楚诸国欲有所作为，最终却均未能一展抱负。晚年回到鲁国，删《诗》《书》，定礼乐，修《春秋》，首开私人讲学之风，有弟子三千，贤者七十二。孔子于公元前479年去世，享年73岁，有记录其言行的《论语》传世。

通过比较可以发现，这两位哲人都出生于社会大变革时期，且都在青年时对政治充满热情。然而，在当时的社会现状下，无论是雅典“三十僭主”的专横残暴还是春秋末期的礼崩乐坏、诸侯征伐，他们的理想追求注定难以实现，他们为之所做的诸般努力也注定是徒劳。一种意识形态的产生大多会受到所处环境的催化，个人经历的坎坷和对社会现状的不满，促使他们提出了建立一个理想中的完美社会的主张，以及为达成这一主张所需的种种方法。在柏拉图，这种主张体现在他对话录的《理想国》《政治家》和《法律》等篇目中；在孔子，这种主张体现在《论语》中对尧舜时代的称颂和《礼记》中对大同社会的构建上，并最终升级为“平天下”的儒者最高理想，可以说贯穿于整个儒家思想。

由此可见，尽管所处时代相差一个世纪，但由高度相似的个人经历和时代背景，我们可以大致认定他们二人学说的起因和终极目的近乎吻合，这大概是二人思想中最显著的一个共同点。

(二)统治者的选取

在统治者的选取上，《理想国》与儒家思想同样有着惊人的相似性。柏拉图倡导哲学家与国王相结合的理念，他认为，“人类只有在两种条件下才能遇上太平盛世：或者是那些正确而真诚地奉行哲学的人获得政治权力，或者是那些握有政治控制权的人在某种上天所作安排的引导下成为真正的哲学家”。① 与此相似，在儒家思想中，有“内圣外王”之说，如儒家盛赞的帝尧和帝舜，他们既是九州之长，手握无上权力，又在德行上是一个“完人”。因此，他们所统治的国家才成为儒家思想中理想社会的典范。但是，如理想中完美无缺的统治者是不存在的，因此二人梦寐以求的社会只是只存在于理想之中的乌托邦。

二、关于差异性的比较

(一)等级划分的差异

柏拉图思想中有明显的等级划分，而且这种等级差异是与生俱来的。他认为，天生应为统治者的人被造物主注入了金，保卫者被注入银，而生产者则被注入了铜和铁。② 尽管他也承认有时生产者的结合也能产生被注入黄金的统治者后代，但从这种理论出发，毕竟限制了单个个体在生命进程中的阶级改变。若生而为生产者，则终生只能做生产者，唯其如此才能保证社会秩序的稳定不变。

然而，在儒家思想中，衡量等级的准绳是道德。《论语》中用德行将人的等级划分为圣人、君子与小人，但孟子有人性本善的论断，“人皆可以为尧舜”，而尧舜是儒家所推崇的圣人。因此，在儒家的看法中，可以通过后天的努力完善自己，提高道德水平，进而提升自己的阶级地位。因此其等级制度是有浮动可能性的，给了个人更多的发展空间。

(二)侧重性的差异

柏拉图在《理想国》中由个人的正义问题发端，引出城邦的正义，进而提出了一整套管理城邦的方法，范围极广，小至家庭、婚姻、生育等关乎个人

① 李耀玉：《孔子与柏拉图“人治”思想之比较》，《西南政法大学学报》2003 年第 6 期，第 109~111 页。

② 王菁菁：《柏拉图与孔子的正义观：比较与启示》，《行政与法》2013 年第 6 期，第 79~82 页。

的问题，大到统治者、社会制度、男女平等等社会问题。在论述时，侧重于对这些管理条例的阐述与对合理性的解释，而个人的道德素养仅仅作为一种实现理想城邦所需的必要条件出现在他的思想中，全书并无过多笔墨对此进行论述。受这种思想影响，后世的西方世界管理社会的主要方法就是制定准则，通过既定的安排来得到秩序，因此更容易走向法治社会。

反观儒家思想，其将论述的重点聚焦在个人的道德修养，认为只有社会主体的道德修养达到一个较高的水平时(例如在《礼记》中所描述的“人不独亲其亲，不独子其子”与“货恶其弃于地也，不必藏于己；力恶其不出于身也，不必为己”)，理想中的社会才能真正实现。受这种思想影响，在中国社会中，秩序更多地建立在人们的整体道德水平上。调节小型的社会矛盾时主要依赖于个体之间的互相协商，方式和结果都较为灵活。如果不是面临生命和财产安全等较大的问题，诉诸法律将被视为处理问题时最后才使用的手段，且被认为是不大光彩的(“必也使无讼乎!”《论语》)。

(三)阐述形式的差异

整篇《理想国》以对话为叙述形式，通过苏格拉底与众人的对话，指出他们观点中的不当之处和逻辑错误而引出主要论点，同时在与众人的言语较量中不断生发，形成柏拉图心中理想城邦的整体蓝图。在此过程中，实现个人正义与城邦正义的条件井井有条，概念与概念之间少有重合，呈现出整个理想国构建中完整而严密的逻辑基础，由此可见柏拉图完美而优雅的理性思维。众所周知，第一个提出三段论的哲学家是亚里士多德，也是他第一个搭建了完整的自然科学体系。而他是柏拉图的学生，由此可以得出一个合理的推测：在一定程度上他的理性思维受到了老师柏拉图的影响。这种理性思维直接或间接地推动了以追求准确、精密为特点的西方科学的产生。可以毫不夸张地说，于两千年前由两位哲人奠基的理性思维，深刻改变了人们的思考方式和处理问题的方法，其影响至今都具有现实意义。

在儒家思想中，对理想社会条件中必需的“仁”“义”“礼”“智”“信”与“道”等概念的阐述条目繁多，且阐述之间互有重合，加大了理解的困难性，必须对其整体思想综合看待，才能窥得全貌。

三、结　　语

以上即为对《理想国》思想与儒家思想所作比较，在当今社会发展当中，两种思想都有其不容忽略的现实意义，因此，我们应当根据本国现状，对两种思想取其精华、去其糟粕，进行合理的运用。

理型世界与“道”

——关于东西方思维方式的比较

吴彦青　电气与自动化学院

【指导教师评语】 全文一气呵成，文笔流畅，格式规范。文章有深度、有新意。通过对代表西方哲学的“理型”和代表东方哲学的“道”的产生背景、实质、对社会发展的影响多个方面进行对比，深刻分析了两种哲学产生的必然性和自洽性。全文反映了作者扎实的文化基础、独立的思考能力和认真的学习态度。(动力与机械学院　余亮英)

在学习《理想国》时，我对“理型世界”和“洞喻理论”仍感到疑惑，为什么要构建这样一个奇怪的装满了囚徒的山洞模型？为什么要认为可见世界是可知世界的不完美映射？通过老师的讲解，我明白了，洞喻理论展现了人类理性的理解能力，也体现了柏拉图对真理的追求。理型世界便是真理，是柏拉图心中真正的完美的存在。我不禁想起了“道”——我们中国人心目中世界的本源存在。我认为，通过比较道和理型世界，我们可以认识东西方哲学的差异，以及东西方思考方式的差异。

“道”和“理型世界”可做比较，首先是因为二者都是对世界本源的认识。《道德经》中有云：“道生一，一生二，二生三，三生万物。”道先于一切产生，是世界的本源。《理想国》中则说：“这个囚徒居住的地方就好比可见世界，而洞中的火光就好比太阳的力量。如果你从洞穴中上升到地面并且看到那里的事物就是上升到可知世界……我在梦境中感到的善的型乃是可知世界中最后看到的东西，也是最难看到的东西……”①即可知世界才是真正的存在，是本源。另外，两者的认识也有相似性。道只有一条，万物却顺道而行。而可知世界中最深处的是善型。可见，东西方的祖先们都认为世界的本质是简单的、和谐的，并且越接近本质越简单，本质甚至应该只有“一”条才对。值得一提的是，苏格拉底最终看到的是善型，而我们中国所认同的是仁道，都以美好的东西作为本质。

道与理型世界讨论的问题及其得出的结论是一致的，但在接近本源的过程中，道和理型世界有不同的侧重点，也有不同的实现方法，这就导致了东西方思维方式的不同。

在落脚点方面，道把自然规律统一，即把世界的本质收缩为一个点，可谓大道至简。然而，“道可道，非常道。名可名，非常名”。道作为一个字是明确的，但是道的含义无法捉摸，也琢磨不透。我们只知道它无处不在，我们能感受到它在起作用，却看不见它也摸不着它。理型世界则没有把世界收缩为一点，而是在完美的事物处停留下来。比如，全世界的苹果都是不完美的，但它们是理型世界中完美苹果的映射，完美的苹果即真实的存在，然后由这些理型世界的完美事物进一步勾画善的型。而另一方面，理型世界也可以看成是与现实世界平行的存在。

道承认规律的客观存在性。在事物产生之前，道就有了。无论世间万物如何变化，道都蕴于其中，不发生变化。无论事物本身如何，我们总能想到其中道的存在。水往下流、重物下落、国家兴衰、造化神秀等，都是道的功劳，这是相对唯心的观点。理型世界则更侧重于承认事物的客观存在性。在洞喻理论中，洞中各种器物被火光照射而在洞穴后壁上留下的阴影，在真实的世界中都是真实的存在。所以比起规律，理型世界更是对现实物质的凝练升华，是相对唯物的观点。

于是，东西方的思维方式也就产生了不同。在道的观念影响下，中国人认为道是既有的，却又是不可捉摸的。因此，更重要的问题在于如何顺应道、

① ［古希腊］柏拉图：《柏拉图全集(第二卷)》，人民出版社 2003 年版，第 514 页。

利用道，这是应用方面的观点。所以中国人更趋向于关注整体的变化发展，在其中体会道的存在，并加以应用。当东方人看到自然界的种种自然现象时，思考的往往不是这个现象是什么，而是这个现象体现了什么道理。因此，我们往往从格物致知的过程中收获许多人生和社会治理的道理，我们的文化在人文学科方面有着更辉煌的成就。然而，对于火药爆炸、磁石吸引这些自然现象本身，我们更加注重如何利用它们为我们服务，而不是思考为什么。也正因为如此，我们古代的技术成就相当发达，我们有四大发明，我们的农历十分精确，但是却没有科学。

而在理型世界理论的影响下，西方人会从相对个别的事物出发去接近理型。西方之所以会出现水本原说(泰勒斯)、火本原说(赫拉克利特)、原子说(德谟克利特)、“万物皆数”(毕达哥拉斯学派)等观点，是因为这些观点在很多方面都可以自洽，于是便可以自成学说。但这并不合理，“万物皆数”就很奇怪，如果只想数羊，羊总是一头一头的，在这一点上，数学是善型的体现的观点就会让人觉得很有道理，同样的分析也适用于亚里士多德的冷热干湿与水火土气的关系，都是看似美好但禁不起推敲的结论，这是因为他们所分析的经验太过狭隘简单，而且中国人也很能理解，所谓“道可道，非常道”嘛。事实上，也正因为不是全面的提炼概括，这些学说的争鸣看起来是没有意义的，但这恰恰给它们的融合留下了空间。相对而言，中国提出的既清楚又模糊的道的观念看起来就高明许多，因为我们直接同时承认了自然的简单性和复杂性。当水往下流、国运昌盛、景观奇崛时，我们就会说：“这是道啊!”而当世道混乱、天灾降临、事业失利时，我们就会说：“这是违逆道的结果。”虽然我们不知道“道”是什么，但全部事情都能说通，因此中国人在历史上并没有过多因为世界的本质元素而困扰。但从现在来看，不窥视道的本质，是过于不求甚解了。相较之下，西方人的做法更值得肯定，他们奋力去接近理型，追求善型，他们愿意对自己所处世界的原本样子产生怀疑，想要用理性打破精神的束缚。也许会不停地碰壁，但这也正是积累的过程。现在，我们能用科学这一强大的武器去认识我们的世界，正得益于西方人这一源自两千多年前的思考。

回想柏拉图对洞喻理论的描述，人们都是黑暗洞穴里的囚犯，这是不是对人的无知和被束缚却不自知状态的真实写照？想要逃出洞穴，却要被逐渐增强的外部光线刺激得眼花缭乱，因而这必须是有足够追求和足够坚强意志的人才能从事的神圣的工作。而一旦到了外界，看到一切都是那么美好，这能不激起人们对追求真理、享受智慧、沐浴快乐的极大热情吗？再有那象征真理的太阳的照耀，总会让追求真理的人感受到温暖和升华。这应该就是柏拉图理论透露出的对追求真理的无限热情，这种热情也是科学探索的最初且最强大的动力。

相对的，中华民族的民族精神则是强调精神境界，追求理想人格；注重个人修养，强调道德践履，更多强调的是如何完善自身，适应社会生活。东西方的追求是不一样的。那么向外追求科学与向内探究内心孰优孰劣呢？应该说，两者没有优劣之分，都是人类宝贵的精神财富。

首先，纵观历史，无论是从《理想国》《几何原本》，到相对论、量子力学，还是从先秦的《论语》《孟子》，到文天祥、林则徐，无论是西方文明还是东方文明，都创造了辉煌的成就。如果主宰东西方民族的这两种哲学思考是错误的，那就不会有如此精彩的人类文明，所以这两种思考方式从客观上来说都是无比成功的，延续千年的它们至今仍是我们的思维基础和知识宝库。

无论是西方的思考还是东方的思考，最终都是为了同样的东西——美好而简单的本质(善型和道)，因此它们的目标一致，条条大路通罗马，我们永远不能以偏概全地说哪条路比哪条路更优越，因为追寻真理的道路注定崎岖而艰难，人类进步的道路注定布满荆棘，无论哪种思想都有可能会绕弯路、走歧路。

从理论上说，向外探索科学的思考是我们开辟未来的道路，只有永远意识到理型世界与我们的遥远和它的美好，人类才不会止步不前；同时，向内探求内心，去认识我们自己、我们与他人的关系，才能体现出人类所独有的社会性的优越，才能使人类的社会更加稳定，种族更加具有凝聚力，同时，人们的认识水平也能跟得上物质世界的进步，从而不会让精神陷入空虚。因此两种思考缺一不可。

所以，对于身处当下的我们而言，想要推动人类历史的发展，就应当把两种思维结合起来，既不能简单地认为西方的思维方式优于东方的，而将传统思维全部抛弃，也不能认为我们的传统思维方式比西方更有深度，就拒绝学习。而是要兼收并蓄，真正融合人类的思维精华，让我们以更自信的脚步踏上追求理型世界的征程。

浅谈“哲人王之治”的不可行性

刘祁琪　经济与管理学院

【指导教师评语】 论文主要阐述了对柏拉图的《理想国》一书的阅读思考，围绕原著中关于“哲人王之治”的主题，从多方面阐述了“哲人王之治”在现实意义下的不可行，并通过两部文学作品进一步分析了自己的观点。论文格式规范，重点突出，阅读和分析有一定的深度和广度。(测绘学院　李妍)

经过本学期对《自然科学经典导引》的学习，我选择了现代自然科学的源头之作——古希腊哲学著作《理想国》进行阅读。在课程学习中，我们对它的“洞喻”理论进行了深入的学习，而我本次的课程论文，将选取在《理想国》第八章中提出的柏拉图心目中一种最为完美的政治制度“哲人王之治”为主题进行探究，讨论这种曾经被较为严密地论证过的政治制度在当今时代现实与文学作品中的可行性。

一、《理想国》中“哲人王之治”的提出

尽管在本文的结论下，“哲人王之治”有其自身的局限性，但是不得不说，在柏拉图自身的论证体系之下，“哲人王之治”有其自身“值得被提倡”的背景与基础。

首先，“哲人王之治”讨论的是在城邦危难之际的政治制度的选择。即使在国家运行完善的情况下，“哲人王之治”讨论的也是对一个国家的动摇与颠覆。当城邦失序之时，一个如柏拉图所定义的那样神圣而又自带光环的哲人是唯一能够打破失序状态和对其进行科学改造的“天选之子”。即使城邦运行

完善，在“哲人王”的认知下，有更好的社会秩序可以建立，城邦急需改造，理想国亟待建立，这时“哲人王之治”的政治制度也是最符合这样的时代背景设定的。

其次，“哲人王之治”的提出背后有柏拉图在前文中所铺陈的哲学假设。在《理想国》一书中，对于灵魂肉体的二元论“灵魂高于肉体”的阐释，决定了人对理型世界的认知局限性。在柏拉图的思想中，肉体属于可感世界，而灵魂属于可知世界。在课程中对“洞喻理论”的学习中，我们也得知，人们在可感世界中逐渐通过教育等方式，努力地挣扎着接近可知世界的过程，是灵魂上升的过程。这样的哲学思想基础，决定了柏拉图认为世界的真理是存在的，即最佳的政治制度是存在的。而鉴于大部分城邦市民的认知显然是有限的，于是只能成为“提供意见的人”。这时，再提出“哲人王之治”的概念，是足以自洽的。

最后，柏拉图在“哲人王之治”政治制度的核心——“哲人王”的遴选上作了详尽的阐述。在《理想国》的六、七两章中，柏拉图详细讨论了统治者哲人王应当具备的素质。哲人王是智慧、善与正义的化身。他是挣扎出“洞穴”并了解过理型世界的人，或者至少他是城邦里认知最接近理型世界的人。他具有强烈的改造城邦的意愿，为了人类的未来而努力。在柏拉图的神谕理论里，哲人王是“金制之人”，是社会阶层里毋庸置疑的最高层。因此，对哲人王的严格定义，使这样的政治制度有实施的可能性。

二、现实意义下的不可行

然而，鉴于“哲人王之治”的提出具有其自身特定的局限，我认为“哲人王之治”在现实意义下不可行，论证如下。

首先，在现代科学较为发达的当下，对于唯物论的坚信使人们难以接受二元论的存在。也就是说，这样的哲学基础在一定范围的人群眼里是不牢固的。因此，我们难以理解那个理型世界的存在。在中国的教育中，对于政治制度的常规评价常常是“历史是螺旋式上升的”，我们不太能够认同“存在最佳的政治制度”这一观念。每个人都是历史的行路者，我们的当下是明天的历史，或许回望过去，我们可以比较何者更优，但是我们难以判断或者察觉所谓“理型世界”的政治制度。因为它本身难以存在，那么这个世界上唯一可能“了解”和“见过”这种优越的政治制度的“哲人王”的威望便难以建立。“哲人王之治”的建立难以实现。

其次，“哲人王”的遴选方法脱离“神喻理论”便难以实施。“哲人王”的遴选有其自身现实层面的不可行性。显然，人们无法窥知参选的哲人王的内心是否向善、是否正义、是否一心改善世界，哲人王成为统治者的主观层面要求难以被验证。此外，成为哲人王的要求是具有最高的智慧。但是，一个人宣称自己拥有最高智慧是不可信的，此时就必须有人来做出认证与评判。而这个做出评判的对象，显然至少是与哲人王本身的智慧相当的，这就违背了哲人王的定义。而如果被最多的市民所认可智慧的人就可以做哲人王，就必须论证多数人一定是正确的，而少数人一定是错误的，这可能会带来“多数人的暴政”，这当然也是不正确的结论。苏格拉底本身就是在这种以教会为“哲人王”的政治制度底下被公投处死的，这难道还不足以说明多数人暴政的不可行吗？因此，基于哲人王主观意愿与客观能力层面的认证都难以实行，我认为脱离“神谕理论”的“哲人王”遴选是不具有可行性的。

最后，哲人王的智慧一方面源于对“洞穴”外世界的了解，另一方面，他一定是符合城邦人民的认知与习惯的，将其命令基于人们的习惯发布，这很像法理学概念中的“自然法”。如果说“哲人王之治”是柏拉图时代针对城邦失序的背景提出的政治制度，那么现实告诉我们，现行的“法治”是能达到甚至超越他所想要的较为理想的社会状态的。甚至，当“哲人王”以“法治”的形式颁布命令，城邦也能更有序。因此，我认为现代社会下，法治是另一种可替代，或者是超越“哲人王之治”理念的更为优化的政治制度。

三、文学作品所反映的不可行

讨论完现实层面的“哲人王之治”不可行，有人也许会疑问，这本身就是基于书中的古希腊城邦背景所提出的政治制度，何不仅仅从他背后所蕴含的政治理念的价值层面去探讨？于是我联想到两本曾经阅读过的文学作品，乔治·奥威尔的《1984》和赫胥黎的《美丽新世界》。

《1984》中的老大哥(The Big Brother)的形象似乎就像是书中世界里的哲人

王。在大洋国里，老大哥是被认为具有最高智慧的人，他制造新语，划分敌我。然而，描绘出的世界是令人不寒而栗的。有人说这是由于选错了哲人王，哲人王之治的结果不会必然导致极权政治。然而，谁又能判断，人们不论以何种方式遴选出的哲人王，不是暗藏极权思想久矣的统治者呢？

《美丽新世界》中的阿尔法（α）是天生的统治者，让人不禁联想到柏拉图的“神谕理论”里对哲学家“金制之人”的评价。赫胥黎笔下的世界是极为制度化的，严谨的制度下每个人都拥有“按理说”的快乐。然而，即使哲人王为我们制定出了“完美”的制度体系，人们又能真正感到幸福快乐吗？所谓的文明社会真的可能在“单”元思想的“哲人王之治”下诞生吗？这至少是存疑的，这与我们在现阶段所追求的“多”元世界是极其相悖的。

因此，就以上两部文学作品而言，它们部分暗示了“哲人王之治”的政治制度下可能导致的结果，是一个我们不那么想看到的世界。因此，从价值理念层面上，“哲人王之治”也不可行。

四、“哲人王”的提出的其他意义

尽管本文讨论了“哲人王之治”的不可行，但是对于柏拉图提出的政治制度，我仍然认为有许多经典和思想极具现实意义。比如，他强调通过“教育”来培养统治者。尽管在当今社会，教育的意义已远不止于培养统治者，但是这更说明了教育的重要性和这一观点的超前性。在我更为认可的法治社会里，教育对于法治社会的建立也是不可或缺的。诸如此类的至今被人们所认可的思想的深远意义是显而易见的。

《理想国》作为古希腊哲学的经典，作为人文社会科学和自然科学共同的启蒙与源头，令我不知不觉陷入了对许多本质问题的思考。这一学期对于自然科学经典的学习，令我徜徉在科学发展史那曼妙的海洋里，感受着古代和近现代的时代领跑者们的魅力，令我受益匪浅。

理念论之泛思

周易　弘毅学堂

【指导教师评语】　本文分三步，逐步深入地阐述作者对于《理想国》中柏拉图的理念论的理解与思考。在对理念论的概念和思想进行了说明后，进一步阐述自己对于理念论与科学的关系的看法，认为理念论于多样性中寻求不变性，为科学研究提供了一种科学思考范式。最后作者表达了对当代科学发展的期望。(计算机学院　王玲玲)

"假若存在这种世界历史轴心的话，它就必须在经验上得到发现，也必须是包括基督徒在内的所有人都能接受的那种事实。这个轴心要位于对于人性的形成最卓有成效的历史之点。"①在雅斯贝尔斯所谓的轴心时代，世界各地的思想哲学几乎同时大放异彩，孔子和老子等是中国哲学集大成者，而柏拉图则是希腊或是西方的代表人物。其宏伟之著作《理想国》应运而生，此书囊括众多领域，思想广博而精深，蕴含了理念论、灵魂论、回忆论等重要哲学思想。在此，我想通过自己目前浅薄的学识和阅历阐述对理念论的思考，并从三个方面展开：理念论之理解，理念论之思想，理念论与科学。

一、理念论之理解

什么是理念论？简单来说，其是指所能感知的事物存在一个真正的理型，这个理型是完美的，是至高的，是善。在柏拉

① ［德］卡尔·雅斯贝尔斯：《历史的起源与目标》，魏雄楚、俞新天译，华夏出版社 1989 年版，第 7 页。

图眼中，世界可以分为理型世界和物质世界，即可知世界和可感世界，并采用“日喻”“线喻”“洞喻”三个比喻来说明此理，其中最著名的洞喻理论将可感世界中的事物比作影子，可知世界中的真理比作产生影子的实物，这样就能很自然地理解现实世界实则是理型世界投射而成。正如美有多种多样之形态，花有姹紫嫣红之美，人有俊丽潇洒之美，宇宙有浩瀚磅礴之美，但这些是本质的美吗？并不是，我们会发现这些仅仅是理型的美的“影子”，这些“影子”扰动了我们的感官，使我们产生快感或是美感，但归根结底，这些都是众多美的外延所对应的唯一的美的理型产生的作用。由这个例子我们可以看出，对于理念论的理解，一个方面在于，对于千千万万某一事物的外延表现，存在将其归纳为唯一的理型内涵或是客观真理的可能。需要补充的是，理念论的含义过于精深，实则反映了柏拉图的客观唯心主义，而本文只就其上述方面来论述，即真理和现象的投射关系。

二、理念论之思想

那么，柏拉图为什么能提出理念论的思想呢？换言之，对于我们刚刚得出的对理念论的一种理解，这种理解是否具有可信性呢？这种可能性是否存在呢？首先我们给出两个公理，再对问题展开论述：(1)世间万物存在多样性；(2)多种多样的事物可以具有共性。对于第一点，其多样性指的是同一类别事物所包含的子事物的多样性，比如柏拉图在书中提到的床。上帝造的床是理型，木匠可以造出各种各样的床，这些床或是大小不一，或是材质不同，或是颜色相异，但都是床，都是床这一类别事物所包含的子事物，而椅子则是另一类别的事物。此外，抽象意义上的事物也是如此。比如正义，柏拉图要求正义是城邦的公民各司所职，那么木匠制造质量上乘的桌椅板凳是正义，守卫者殚精竭虑维护城邦的安全是正义，立法者站在公民的立场上制定法律也是正义，柏拉图便是以正义的理型和正义的外延建立起了他的乌托邦。至于第二点，事物的共性可以是直接感知而得亦可以是思考归纳而得。可感知到的比如冷热，冰是冷的，冬天是冷的，海拔高的地方是冷的，到最后人类以温度这一尺度共性来衡量冷热。思考归纳所得的共性指的是事物的规律或是真理法则，人跳起会回到地面，射出的箭会向下落，苹果会从树上掉下来，牛顿发现他们看不见、摸不着的共性是引力。

基于这两个原则，我们可以做的一件事叫类归。柏拉图把它称为：灵魂的上升，从假设上升到原则，完全依据“类型”来获取系统的进展。① 但是，洞穴中的囚徒上到洞外的理型世界，看到太阳的全貌，看到影子背后的真理和善，这个过程能实现吗？答案是肯定的。多样性和共性为类归提供基础，美的形态千千万万，正义的形态多种多样，都可以归纳为对应的特征；万物的运动千奇百怪，也可以通过类归找到共性——牛顿运动定律。所以不论是表观特点还是原理，都可以通过类归，将多样性化归为共性，这个共性就可以理解为柏拉图所谓的理型或是善，因为它是唯一的、客观不变的真理。并且类归这个步骤也是完全可以实现的，这正是哲学家和科学家的职责。

以此观之，从某种意义来说，理念论这种思想是一种认知世界的方式，通过找寻万物的理型，来发现影子背后的真理，从而将世界上形形色色的事物及其行为联系起来，实现大到宇宙星体的运行，中到地球上的万物生长，小到每个分子、原子的振动的真理统一，这便是理念论思想的意义所在。

三、理念论与科学

让我们再来思索另一个问题：《理想国》明明是一本关于柏拉图如何构建乌托邦的哲学书籍，为什么要划分到自然科学经典导引中来？其实上文已有暗示，柏拉图构建乌托邦的思想核心就是理念论，而这种思想也很好地与科学相契合，甚至可以用来协助科学思考。我们已经证明，理念论思想所表达的将现象归结为真理是可能的，这也是其意义所在，那么这种思想的一个应用价值就在于推动科学发展，更确切地说，提供了一种科学思考范式——寻找变化中的不变性。

科学之美在于其微言大义，即简洁深刻，用最少的假设解释最多的现象，追求理型即追求真理，寻找完美理论的过程也就是在不断接近理型、接近至高的善的灵魂上升的过程。一切现象都是可感世界中的影子，而科学真理则是可知世界中的理型。一条真理包含了所有与之相关、由之衍生的现象，而真理本身无法由感官得知，必须通过理性思考得到。在变化纷繁的现象中藏

① ［古希腊］柏拉图：《理想国》，董智慧译，民主与建设出版社 2018 年版，第 222 页。

匿着不变的真理，科学家的工作正是要把这种不变性、共性找出来。

理念论的思想在物理学中体现得极为明显，物理学的一大宗旨就是发现守恒量(也就是我们所谓的变化中的不变)，能量是守恒的，动量是守恒的，角动量是守恒的。而且，物理学的定律并非平权，而是有层次之分，力学中的胡克定律、热学中的物态方程、电学中的欧姆定律，这些都是经验定律，而各领域中的基本定律则又高一层次，牛顿定律是力学的统一定律，麦克斯韦方程组是电磁学的统一定律，但这也只限于一个物理学分支，那更高的法则是什么？是对称性原理(也就是我们所谓的变化中的不变)，方才所提及的三大守恒定律实则对应了三种对称性，能量守恒定律反映时间平移不变性，动量守恒定律反映空间平移对称性，角动量守恒定律对应空间旋转对称性，而时空的对称性囊括了更为广博的物理变化，是更高、更本质的真理。爱因斯坦在其晚年致力于得出统一场论，即把已有的理论再进行一次大综合，得到更加根本的理论。种种事实表明，按照这个思想去类归自然界的规律，所得到的结果是自洽的，是圆融的。科学的思想，科学的方向，恰恰与理念论如出一辙，可感世界的山洞中，有着千奇百怪的影子，充斥着各种各样的科学现象，科学家们就是其中一部分好奇的囚徒，挣脱了桎梏，不断向着光亮进发，不断找寻理型，不断发现真理，而对于科学而言，这个过程是无穷尽的，理型的背后有着更完美的理型，真理的背后有着更博大的真理，发掘那唯一的永恒不变的吞吐万物之变化的终极理型正是科学之巅峰。

理念论对于当下时代的科学发展同样有指导意义。我们正处于大数据时代，信息爆炸时代，计算机科学、人工智能迅猛发展的时代，这意味着更加多元的交互方式，更加多元的信息现象，而我们要做的就是按照理念论所说的，找到现象背后的统一规律和真理，开创一个新的时代。

最后想说，“如果确实还存在这么一个时期的话，那么这个新轴心要位于对科学的发展最卓有成效的未来之点”，我希望这个时期就是我们现在所处的时期，不断追求现象背后真理的时期！

对亚里士多德哲学体系的反思

谌辰　哲学学院

【指导教师评语】 文章分析了亚里士多德《形而上学》构建的哲学体系，具有深刻的逻辑思辨的学术探讨深度，语言朴实，却观点鲜明、条理清晰、论据充分。首先肯定了亚氏哲学的优秀性，是“活生生”的哲学，但是又从逻辑思辨中找出其阐述是静止的、机械的而非活生生的、辩证的思维形式，因此存在内部矛盾，接着分析了因哲学的发展而使其存在矛盾是不可避免的事情，最后给出了避免这种内在矛盾的方法。虽然有些词语及表达略有生涩，需反复多次阅读才能明确，但不妨碍其成为一篇关于哲学的逻辑思辨的好文。(基础医学院　郭雯君)

亚里士多德在《形而上学》这本著作中，构建了一个包罗万象的哲学体系。有人说，亚氏的思想如同一个蓄水池：前人的思想精髓作为水源被其尽数容纳，而反思的力量又促使水源从这个蓄水池中不断流出。的确如此，亚氏的哲学思想由于这种集大成者的特点而具有前人无可比拟的优越性。同时，它又包含了致命的矛盾——正是这个内在矛盾才使后人得以在亚氏打下的哲学根基上继续进行思辨的耕耘，开出了无数美丽的思想花朵。本文主要讨论以上两个问题。

一、亚氏哲学思想的贡献

列宁在《哲学笔记》中曾指出，亚氏的哲学充满着素朴的、活生生的东西，“到处都是辩证法的活的胚芽和探索”①。在笔者看来，列宁之所以对亚氏的哲学体系做出上述评价，是因为亚氏的形而上学体系，造就了哲学史上的第一次大综合——它以目的论贯穿整个世界，综合了精神哲学和自然哲学。其中，被改造过的理念或形式，具有“努斯”的能动性。而自然哲学的自然观也经过扬弃，构成了一个逐级递升的世界体系。因此，在亚氏那里，整个世界就是一个活生生的、具有内在动力的有机体系。这就是亚氏对整个哲学史所作的最大贡献。接下来，我们就具体地考察亚氏哲学这个“有机体”的超越性质。

我们首先考察亚氏对一般和个别关系的论述。亚氏在《形而上学》第一卷第九章②中针对柏拉图理念论进行了精辟的批判，其主旨可以归结为对理念和感性世界相割裂的批判。亚氏指出，柏拉图将一般和个别分离开来，实际上就把一般本身个别化，把它也变成了一个具体的东西。这样，为了使两个截然独立的世界结合到一起，柏拉图就求助于“分有”说和“摹仿”说。可是，在《巴门尼德篇》中，晚年柏拉图借巴门尼德之口，用一个二难推理否决了“分有”说，又用“第三者”的无限倒退证伪了“摹仿”说。最后，连他自己都不得不叹道：“如果分别出自在的本体，如理念，困难是多么大。”③

亚氏根据形质论，提出一般和个别应该相互结合的思想。亚氏认为，个别就是一般，而一般寓于个别之中。亚氏的一般，实际上已经具有了形式的意味，即具有能动性的动力源。一般作为形式，是质料的目的，这就使一般在个别事物生成以前作为目的而存在，在生成以后作为形式而存在。这样，理念世界和感性世界、一般和个别就达到了一种合乎逻辑的有机统一：它既扬弃了赫拉克里特的朴素性、笼统性，也扬弃了柏拉图的绝对对立。

此外，亚氏关于潜能与现实的学说也充满着辩证法的智慧。这一理论，实际上就是对四因说的进一步发挥。亚氏从实体生成的动态视角来分析形式和质料；在潜能与现实学说中，亚氏在综合的层面上又回到了动态发展的过程。

---

① 《列宁全集》第55卷，人民出版社2017年版，第313页。

② [古希腊]亚里士多德：《形而上学》，商务印书馆1959年版，第26~34页。

③ 北京大学哲学系外国哲学史教研室：《西方哲学原著选读（上卷）》，商务印书馆1981年版，第99页。

首先，亚氏关于潜能和现实的学说实现了自然哲学和精神哲学的动态统一。自然哲学研究的“四根”“种子”和“原子”都是一些构成具体事物的材料。然而，单凭这些材料是不可能造成世间万物的，因此，自然哲学的还原论具有极大的漏洞。而精神哲学研究的重点则是作为万事万物之根本目的和根本动力的理性精神“努斯”。亚氏将精神哲学的目的论作为主干，吸收了自然哲学的质料理论，把质料理解为潜在的东西，把形式理解为现实性，在动态过程中阐明了万物的生成，以及形式和质料的有机结合。

其次，亚氏对于运动的理解引人注意。亚氏说：“我称潜能的这种实现过程为动变。”①可见，运动本质上就是从潜在到现实的发展过程，就是事物自身由低级到高级的飞跃和突破。这个定义的高明之处就在于，它不仅是一种有机生成的运动发展观念，更内在地包含了机械论的运动观本身。机械运动观把运动理解为一物由于另一物的推动而产生的位移，仅仅涉及空间关系的变化；而亚氏的运动观则包含了发展的观点，在考虑空间关系的前提下，更是引入了时间的序列。当然，这种运动观是目的论的。例如，他把物体的位移理解为物体受内在目的驱使而移动位置的过程。这种目的论的运动观只能是一种朴素的辩证思想，还不能对机械论实现真正的扬弃——当然，这个话题要留到后文来详细讨论。可见，亚氏的有机论运动观蕴含着丰富的辩证思维的精华。

不难发现，亚氏的哲学由于扬弃了对立两派的思想精华而显得生机勃勃。这就是列宁所说的亚氏哲学“活生生”特点的绝佳例证。

二、亚氏哲学体系的内在矛盾及其扬弃

纵观亚氏的哲学体系，我们发现，亚氏的逻辑学和本体论之间存在的是一种朴素的统一。既然说是朴素的统一，那么它就蕴含着分化甚至分裂的趋势。那么，为什么说这种统一隐含着不可避免的分裂呢？我们现在就来分析这个问题。

我们发现，作为亚氏哲学体系重要一环的逻辑学体系中并没有“努斯”精神的影子。亚氏将各种判断或命题划分为四类：肯定和否定的判断、全称和

① ［古希腊］亚里士多德：《形而上学》，商务印书馆 1981 年版，第 251 页。

特称判断、简单和复合判断以及模态判断。观察第一对判断类型，我们发现，亚氏实际上表达了这样的意思：对于处于某种状态中的某个事物，只能断定它具有某种属性，而不能断定它既具有这种属性，又不具有这种属性。

可是，这种对事物性质的断定，带有浓厚的机械论色彩。首先，既然事物只具有某种“正面的”属性，那么实际上潜藏在事物内部的“反面的”属性就从根本上被抹杀了，事物就变成了一块不可分割的“铁板”，不具有任何的内在矛盾。其次，作为否认事物辩证矛盾的逻辑结果，建立在这种基础上的形式逻辑，其阐述的思维形式的结构和一般规律也只能反映事物机械静止的状态，而不是“活生生”的、辩证的运动和发展。也就是说，事物的质在亚氏的理解中是一成不变的。

同时，我们也发现，在亚氏的本体论和宇宙论体系中，形式逻辑在大多数时间也是“不在场”的。除了从语言和逻辑中引出实体概念以外，亚氏对实体本质的分析、对宇宙万物的生成的理解都没有严格地运用形式逻辑的推理方法，而是运用目的论来构建一个层次分明的宇宙论体系。这一点在我们不再赘述。

值得注意的是，亚氏的逻辑学仍与本体论有着千丝万缕的联系。但是，这种联系不同于现代形式逻辑与辩证逻辑之间的那种有机的联系，而是一种朴素甚至显得多余的“联系”。这是因为，在亚氏哲学体系中，不存在一个联系逻辑学和本体论的逻辑桥梁，因此它们之间的任何联系都是一种朴素的直观，只不过是亚氏本人在观察当中形成的一种可贵的猜想。正因为如此，后世的哲学家干脆清除了这种感性直观的“联系”，走上了本体论和逻辑学相分离的道路——这种分离的趋势在康德那里达到了顶峰。

既然在亚氏的逻辑学体系中没有“努斯”精神，在本体论和宇宙论体系中也难见到形式逻辑的身影，而且本体论和逻辑学的联系又是如此脆弱，那么亚氏哲学体系的内在矛盾就显而易见了。亚氏的本体论和宇宙论是一个生机勃勃的有机系统，而这里的形式逻辑体现出一种明显的机械论色彩。因此，这个看似无所不包的完美体系实际上蕴藏着解体的必然性。

那么，亚氏的哲学体系为什么会陷入这样的矛盾中呢？为什么说，在亚氏的本体论和逻辑学之间没有一个逻辑的桥梁呢？

从哲学发展的内在逻辑上看，自然哲学的结构性自然观将机械论的自然观推向顶峰，认为一切原子的机械运动都遵循着绝对的必然性；另一方面，精神哲学将目的论的宇宙论发展到极致，认为一切事物都由作为最高目的的精神力量“努斯”吸引着向上超越。亚氏作为古典时期希腊哲学的集大成者，自然地将这两种截然相反的理论扬弃在自己无所不包的形而上学体系当中；而哲学的发展尚未提供真正解决这两者矛盾的条件。因此，亚氏哲学体系出现这一根本矛盾也就是不可避免的事情了。

从哲学理论的逻辑上看，亚氏所以会陷入这样一个矛盾，是因为他没有用辩证的矛盾扬弃“努斯”，使作为前一对客观范畴之反映的形式逻辑与辩证逻辑统一起来。在“努斯”统治之下的本体论和宇宙论，根本就没有“逻各斯”存在的余地。也就是说，“努斯”这种具有能动性的理性精神很难与“逻各斯”这种代表着规范性、稳定性的理性精神统一起来，世界的超越性力量很难与世界的规律性力量结合起来。

那么，如何解决和超越这一对立，使得事物的超越性和事物的规定性在更高的基础上得到统一呢？只有将事物由潜能发展到现实的内在原因归结为实证的确定的内在矛盾，将形式归结为矛盾的展开、矛盾的自为化以至于对矛盾双方的扬弃、超越，才能解决亚氏“生机勃勃”的本体论和“死气沉沉”的逻辑学之间尖锐的矛盾。

这种辩证的矛盾何以解释事物的发展和超越呢？又何以合乎逻辑地代替亚氏的目的论呢？关键在于，辩证法指导下的形式逻辑，不是一成不变的形式化体系，而是承认事物具有内在的矛盾，并且认为事物的性质由矛盾的主要方面决定。随着外部条件的变化和矛盾双方的斗争，矛盾双方或互相变位，或“同归于尽”，实现事物质的飞跃。这样，形式逻辑的规律就被扬弃在更高的辩证逻辑之下了。形式逻辑所反映的，不过是事物处于相对静止状态下的基本规律。倘若把它归结为事物运动变化发展之链上的一个环节、一个阶段，并指出它过渡到下一个环节、下一个阶段的内在根据，① 那么形式逻辑本身的真正含义也就异常清楚了，它也就不会与本体论截然分离，甚至造成尖锐的对立。

① 马佩：《辩证逻辑》，河南大学出版社 2006 年版，第 20 页。

从亚里士多德“四因说”解读当代鬼畜文化

倪雨绮　法学院

【指导教师评语】　本文解读了《形而上学》，从亚里士多德的“四因说”角度，剖析了当代青年亚文化中的鬼畜文化，启示大家认清鬼畜文化本质，文章观点明确，结合实际，内容新颖，逻辑清晰。(计算机学院　谭小琼)

一、亚里士多德的“四因说”

“四因说”是亚里士多德在其《形而上学》一书中对古希腊早期自然哲学的理论总结与升华，是亚里士多德对事物本源的深刻理解。“四因说”即为形式因、质料因、始动因、目的因。

形式因指事物是通过何种形式构成的，即为构成事物的形状、特征、颜色和本质。形式因是构成某一事物最基本的原理。质料因指事物的构成，即构成事物的基础。动力因指促进事物发生运动变化的原因，是引发“质料”不断发生变化的推动力。目的因是事物存在的目的，是事物发展的终极目标。①

亚里士多德认为“形式因”与“质料因”是难以割裂的，否则世间万物就难以具体存在。而从某一事物构成发展到具有某种形式的过程就是“动力因”，通过“动力因”最终完成了该事物形式的转变，这就实现了其“目的因”。②

① 杨阳：《从亚里士多德“四因说”解读慕课的本质内涵》，《中国成人教育》2016 年第 9 期，第 30~32 页。

② 李章印：《对亚里士多德四因说的重新解读》，《哲学研究》2014 年第 6 期，第 67~74 页。

二、鬼畜文化的“形式因”——源起

鬼畜文化的“形式因”指的是网络社交媒体的兴起以及如 AcFun（简称 A 站）、哔哩哔哩（bilibili. com，简称 B 站）等年轻人交流平台的出现。所谓“鬼畜”，指的是一种剪辑率和声画同步率极高的视频形式，以达到一种洗脑或爆笑的效果。

“鬼畜”的出现源于 B 站一个名为《最终鬼畜蓝蓝路》的视频。该视频对日本麦当劳形象广告中麦当劳叔叔的一些话语、手势等问题进行讽刺戏谑，以此来娱乐大众。①

由于计算机的广泛普及以及信息全球化的热潮，视频弹幕社区的出现为广大青年的社交以及展现自己的技能提供了很好的平台，这为鬼畜文化的扎根成长提供了肥沃的土壤，最终形成了青年的狂欢热潮。如果失去视频剪辑网站的平台和媒介，鬼畜文化将难以快速传播，也难以逐步晋升为受当代青年追捧的文化热潮。

三、鬼畜文化的“质料因”——构成

鬼畜文化的“质料因”作为鬼畜文化的载体与内涵，即为相应的鬼畜视频、表情包、网络流行词汇等。人们通过对娱乐热点以及相应素材的挖掘和创造性加工，创造出为社会大众普遍接受并广泛传播的输出产品。

早期的鬼畜作品注重挖掘动漫或影视等视频作品中的笑点，比如《情深深雨蒙蒙》中的雪姨敲门“开门呐开门呐我知道你在家”，《三国演义》中诸葛亮对王朗的“我从未见过如此厚颜无耻之人”导致王朗摔马身亡，或是在印度小米发布会上雷军带着浓重家乡口音的英语讲话“Are you OK?”，等等。虽然旧鬼畜视频的热度依然不减，甚至时常被拿来炒冷饭，但随着近年来流量的兴起与造势，其主要关注点逐步转向了对明星名人符号的挪用，如 freestyle《大碗宽面》的吴亦凡，以及沸沸扬扬的蔡徐坤打篮球事件等。大家不再局限于某一视频，而是以某些红黑参半的明星作为主题，深挖明星的爆点。而例如赵

① 王蕾、许慧文：《青年亚文化视角下的网络“鬼畜”文化——基于迷群文本生产的研究》，《编辑之友》2018 年第 2 期，第 69～73 页。

本山小品中的“改革春风吹满地”、《回家的诱惑》中洪世贤的“你好骚啊”、《巴啦啦小魔仙》中游乐王子的“雨女无瓜”等，也是网友对于旧有视频的解构和再塑。

四、鬼畜文化的“始动因”——发展

鬼畜文化的发展与青年的现实需求相呼应，伴随着网络文化发展而得到提升，同时，鬼畜文化还有其自身特质值得深究。由上可知，鬼畜文化的发展呈现出独特的姿态。

如果我们要了解鬼畜文化的发展动力，就要明确鬼畜文化的生产动机。首先是up主的自我能力与自我价值的展现。视频剪辑能力的高低决定着up主能力的优劣，也许有些人在生活中是默默无闻的存在，学习工作能力都不突出，甚至处于末流，但是在网络世界，他们依靠对剪辑以及鬼畜文化的热爱，制作愉悦自己和他人的作品，在获得他人赞誉的同时也使自身无法在现实生活中获得的满足感得以实现。其次是虚荣心的满足，对于一些up主而言，他们只是想通过剪辑视频与朋友交流，但仍不难发现，有很大一部分up主更注重虚荣心的满足，有很多up主跟风制作有相应热度的作品来骗取网友的关注度，成为网络红人来发家致富。再次是情感的宣泄，有些up主在现实中可能是比较内向的人，不擅长与他人交流，负面情绪难以释放，于是通过“鬼畜”的方式来排解烦恼与忧虑。最后就是社交的需求。在鬼畜区，up主们能找到很多志同道合的朋友，借此扩大自己的社交空间，增进友谊，相互交流促进剪辑技术的提升。

五、鬼畜文化的“目的因”——目标

鬼畜文化的发展必然有其根本原因及最终目的。从浅层次而言，鬼畜文化带给青年的是文化解构的快感。用荒诞的形式，建构出具有全新意义的文本，从而达到强烈的反讽效果。特别是利用多种吸引眼球的重复、暂停、闪动模式，以视听的多种感官模式，进行颠覆性的创造，为观众带来全新的视听体验。这种模式最大限度地发挥了创造者的自主意识与主观能动性，同时也展现了青年的个人价值观念。

然而，从深层次探究，不应忽视的是鬼畜文化也被定义为青年亚文化的一种，和丧文化一样是对主流价值的颠覆。鬼畜的核心是戏谑与反讽，利用视频、表情包等视觉媒介，来表达自己对成年文化或是对父辈文化理念的对抗。青年以狂欢式的文化消费来使自己沉迷于对主流权威的突破，来享受世俗快乐，这具有明显的后现代性。后现代性的一个典型就是荒谬。鬼畜将严肃或是符合主流价值观的题材经过重新加工组合，集合成搞笑、无厘头的鬼畜作品，颠覆原本正经严肃的内涵，与现实存在巨大反差，从而引发观众更多的笑点。制作者用解构的方式去破坏已有的主流文化体系，是为了批判、颠覆其整一性，通过造就巨大落差来消减主流文化的严肃性，撼动主流文化的根基。

六、总　结

在亚里士多德“四因说”的理论背景下，我们较为清晰地理明了鬼畜文化的内涵。鬼畜文化作为一种乌托邦式的戏谑方式，虽然使青年们暂时摆脱现实的焦虑，沉浸于欢乐与荒谬之中，但是助长了青年消极生活、贪图享受的不良风气。鬼畜文化可作为生活的调剂，为受到一些挫折与压力的年轻人排解忧愁，这未尝不可，但并不能以此为借口，逃避现实。同时，鬼畜文化也因现代不良网络文化的扭曲而被商业化、利益化，由此远离其初衷，进而导致一些利欲熏心、只求一夜爆红的 up 主侵犯他人著作权、肖像权等来博眼球。只有我们认清了鬼畜文化的本质，才能有效合理利用鬼畜文化，实现其应有的价值。

亚里士多德的善是一种具有现实意义的幻想

朱宇昂　文学院

【指导教师评语】　作者细读《形而上学》后，以“善”为论述对象，对其进行深入剖析：第一，亚氏的“善”作为本体的形式，与柏拉图的“善的型”同出而异名，都是人思维的创造物，是人类凭借对事物的认知得出的事物的理想形式，具有主观主义色彩和崇拜理性知识的自恋倾向，因而具有幻想性质。第二，亚氏的“善”，体现人的憧憬、愿望、精神追求；善的原则既可以用来解释自然秩序，也能促使人类鉴别人造物、欣赏自然界并藉以与自然万物和谐共生，还可以规范人自身。因而善又具有现实意义。第三，亚氏“善”的形式终究是人思维的产物，必然有其不确定性，因而亚里士多德创造了观念中的“神”——潜能完全实现的不动的推动者，作为至善的象征。进而使得“追求善的行动”成为人在信仰驱动下的自觉行为。基于以上论述，文章得出结论：亚氏的“善”，具有幻想性质与现实意义的双重特征。我们必须理解：事物的自我实现，始于对善的信仰，终于善与理性的合一。如此才可避免对善的盲从，也才能很好地思辨“善”与“神”的异同。

该文立意有很好的理论价值和现实意义。同时该选题有一定的难度，但作者的论述观点明确，逻辑清晰，语言精练，原创性强，格式合乎规范。足可见作者的认真、严谨与较厚的哲学功底，佳作不可多得。(资源与环境科学学院　钟赛香)

亚里士多德在《形而上学》中解释事物变化的原因时，用到了目的这个概念。认为“目的与本善，是一切创生与动变的终极”,① 即一具体事物发展变化不是随意的，而是由目的所规定、被目的牵引着的。从目的与形式的关系来看，目的包含在形式中：形式是内在于物质的抽象范式，是事物动变的目的。形式也被称作事物的本体。② 本体有着至善的属性：“世间万物都有了目的而各各努力以自致于至善〈极因〉。”③

亚里士多德的善，不过是柏拉图的理念在思维逻辑上内在于事物的另一种表达;④ 作为本体的形式也和柏拉图的“善的型”同出而异名，都是人思维的创造物，是人类凭借对事物的认知得出的事物的理想形式，具有主观主义色彩和崇拜理性知识的自恋倾向。

一、善是人自我安慰的手段和自我迷恋的依据

善之所以能作为善被提出，是因为有不善的衬托。在亚里士多德看来，在事物获得它最终的形式之前，理想形式就作为善的象征先验地存在了；同时，该形式又是一事物未来将要成为的样子。言外之意，整个世界的变化发展过程就是不善的事物向一个它永远也达不到的善的形式发展的过程。这过程的动力就是被称作“一事物被另一事物动变之源(或被自己动变如被另一事物动变)”的潜能。

那么，趋善就被解释成一切事物的本性，使它们成其所是。这在时间上是向前的：随着时间的推进，事物向着成为一种善的形式，不断地发生变化。在逻辑上却是向后的：回归本体，变为理念中它本来的样子。我们要追问，如果善只能是人类思维的产物，是人类在观念世界里对万物发展做出的主观主义规定，而不是客观存在变化呈现出的样子，那么，目的论也不过是亚里士多德的自作多情——一方面，他专注于用目的论把世间万物的变化都解释

① ［古希腊］亚里士多德：《形而上学》，吴寿彭译，商务印书馆 1981 年版，卷一章三(983a31-32)。

② ［美］加勒特·汤姆森、马歇尔·米斯纳：《亚里士多德》，张晓林译，中华书局 2014 年版，第 72 页。

③ ［古希腊］亚里士多德：《形而上学》，吴寿彭译，商务印书馆 1981 年版，卷五章二(1013a25-26)。

④ ［意］托马斯·阿奎那：《亚里士多德十讲》，苏隆译，中国言实出版社 2003 年版，第 52 页。

成在同一秩序下①、向着共同内藏于自身的那种形式变动，把物拟人化了；另一方面，那被称为形式的，是人类头脑里构想出来的事物的完美的样子，具有幻想性质。形式，是人们对具体世界中不完美的事物感到失望之后的自我安慰的手段。无数的自然物之中被抽象出无数的形式，这些形式在观念中构成一个“空中花园”，人们自满自足自恋之情②依据这个“花园”而得到排遣。

二、善的现实意义

（一）善体现在人对人造物的鉴别和对自然物的欣赏

善既然是人的幻想，就一定也体现人的憧憬、愿望、精神追求。追求善的人一定懂得鉴别人造物和欣赏自然物。鉴别人造物，是由于人造物分劣等与优等，有的粗制滥造，也有的制作精巧，而后者更接近至善和美德。优秀的艺术作品就是人造物的一种典范，是使人性通向神性的语言，是由理念过渡到现实的桥梁。③ 优秀的艺术家同时也是鉴赏家，他们自始至终跟随着内心的善的指引。另外，鉴别也是创造的必要条件。品味高的人，在创造活动中也能尽善尽美。

欣赏自然物出于这样的原因：尽管自然物的发展变化极其复杂，但是人出于对最高最佳的神明的信任，愿意相信总有第一原理隐藏于变化之中，因而人对自然充满好奇；又因为自然的第一原理常常隐而不显，人类难以穷尽对它的认识，所以人对自然应抱有敬畏之心。既好奇又敬畏，若即若离，只远观而不亵玩，用理智把握自然万物的动变秩序并顺其行事，并不妄加干涉自然物的产生、变化和发展，这就是欣赏的态度。懂得审美欣赏而非仅仅功利地利用自然物，才是尊重自然，才能使人与自然万物和谐共生。

① ［古希腊］亚里士多德：《形而上学》，吴寿彭译，商务印书馆 1981 年版，卷十二章十（1075a13-25）。

② ［意］托马斯·阿奎那：《亚里士多德十讲》，苏隆译，中国言实出版社 2003 年版，第 52 页。

③ ［意］托马斯·阿奎那：《亚里士多德十讲》，苏隆译，中国言实出版社 2003 年版，第 51 页。

(二)求善促使人为自身定下法则①

善的原则既可以用来解释外在客观世界，也可以规范人自身。善的原则用在人自己身上，分为两大法则：一是遵循自然秩序的法则，二是多加自省的法则。

为了解释自然秩序，亚里士多德认为存在“致动而不被动的永恒事物”，即欲望和理性。“欲望所求为虚善〈外表事物〉，理智所求为真善〈真实事物〉。”②欲望作用于肉体，理智作用于灵魂。遵循秩序就是使理性思考驾驭本能欲望，使其在一定范围内活动，既不使肉体丧失生机，又保持灵魂的清醒。这样方能快活惬意③、获得自由④。自省是人的思想涉及人自身的活动，因为“若以理性为至善，理性〈神心〉就只能致想于神圣的自身”⑤。多加自省方能把握知识、脱离低俗、守护心灵、亲近神明⑥。

三、对善的诘难与信仰善

善的形式既然是人思维的产物，就必然有其不确定性。当善成为一种信仰，这种信仰对象本身的可靠性便值得怀疑。单一事物的形式是不是一成不变的？不仅仅是无生命的自然物与人造物，还有社会中的人，人的思维领域里的思想，会不会各自有一个始终统一的形式，被最高的善统帅着？

在事物追求善的形式伟大发展历程中，存在两种情况：一是事物发生突变以适应新的形式的目的性要求获得重生(比如人的弃恶从善)，二是事物没

① ［古希腊］亚里士多德：《形而上学》，吴寿彭译，商务印书馆1981年版，卷五章二(1013b25)。

② ［古希腊］亚里士多德：《形而上学》，吴寿彭译，商务印书馆1981年版，卷十二章七(1072a29-30)。

③ ［古希腊］亚里士多德：《形而上学》，吴寿彭译，商务印书馆1981年版，卷十二章七(1072b15-19)。

④ ［古希腊］亚里士多德：《形而上学》，吴寿彭译，商务印书馆1981年版，卷十二章十(1075a13-25)。

⑤ ［古希腊］亚里士多德：《形而上学》，吴寿彭译，商务印书馆1981年版，卷十二章九(1074b34-35)。

⑥ ［古希腊］亚里士多德：《形而上学》，吴寿彭译，商务印书馆1981年版，卷十二章九(1075b9-11)。

能完成突变而走向消亡(比如人思想上的麻木守旧)。① 事物发生突变的前后，属于它的形式是否发生变化？事物走向消亡之后，它的形式还是否真实存在？

这些问题都体现着善这个概念的模糊性，其根源在于形式的非连续性，以及形式既内在于形态各异的具体事物，又欲保持自身统一形态的逻辑困难。善因此似乎成了不可靠的。要想坚定对善的信心，就有必要创造一个观念中的“神”作为至善的象征，才能使善被人所信服，追求善的行动才能成为人在信仰驱动下的自觉行动。“生命本为理性之实现，而为此实现者唯神；神之自性实现即至善而永恒之生命。因此，我们说神是一个至善而永恒的实是，所以生命与无尽延续以至于永恒的时空悉属于神；这就是神。”②事物的自我实现，始于对善的信仰，终于善与理性的合一。信仰善必须以出于理智的对善的诘难为前提，把二者统一起来，才能避免对善的盲从。

四、结　　语

对于《形而上学》中的善，要从其幻想性质和现实意义两方面进行理解，不能有所偏废。认清其幻想性质，才能拒绝对善的盲从盲信，坚定地信仰和追求善；理解其现实意义，才能让善从理论进入现实，成为人思想和行动的指引。

哲学是求真，也是趋善。追求智慧的人在求真求善的漫漫长路中不仅锻炼着认识能力，向理性弥高处仰望；也完善着人格，向人性的永恒光辉处攀登。

---

① [意]托马斯·阿奎那：《亚里士多德十讲》，苏隆译，中国言实出版社2003年版，第56页。

② [古希腊]亚里士多德：《形而上学》，吴寿彭译，商务印书馆1981年版，卷十二章七(1072b27-31)。

乙　编

物理世界

透过《西方科学的起源》探究古希腊文化对西方科学的影响

吕润洋　外国语言文学学院

【指导教师评语】 本文透过对《西方科学的起源》的深入思考，探究了古希腊文化与社会对西方科学的影响，文章内容充实，论据充分，观点鲜明，建议语言更简洁些。（计算机学院　谭小琼）

古代希腊文明是西方文明的源头。从公元前800年开始，在爱琴海的诸多小岛上就诞生出了人类历史上最辉煌的文明之一——古希腊文明。随后，这里涌现出诸如苏格拉底、柏拉图、亚里士多德、泰勒斯、毕达哥拉斯等人类先贤。他们的思想相互碰撞、结晶，影响深远，时至今日，古希腊文明的遗产依然让我们受用。尤其是在科学领域，古希腊先贤为我们留下了众多理论和科学方法，直到今天依然在很多方面指导着我们的科学研究。

科学的繁荣必然有多方面原因。美国著名未来学家 Alvin Toffler 在《科学与变化》一文中指出："科学不是一个独立变量，它是嵌在社会之中的一个开放系统，由非常稠密的反馈环与社会连接起来。它受到其外部环境的有力影响。"①因此，探究古希腊科学繁荣原因离不开古希腊当时的社会背景和文化环境。本文将着重自此切入，将古希腊神话体系、古希腊悲剧文

① ［比利时］普里戈金、［法］斯唐热：《从混沌到有序：人与自然的新对话》，曾庆宏、沈小峰译，上海译文出版社1987年版，第7页。

化这两项古希腊社会与文化的重要组成部分作为出发点，分别尝试分析其对当时的科学的诞生和发展，以及对后世西方科学的影响。

一、古希腊神话对科学的影响

古希腊神话诞生于公元8世纪前，主要以口口相传的形式传承。其体系极其庞大复杂，其中大部分内容是当时的人们对难以理解的自然现象的解释。在古希腊神话中，几乎每一个自然界的事物都有一个与之对应的神灵。万物之伊始是混沌之神卡俄斯(Chasm)，之后诞生了大地之神盖亚(Gaia)、黑夜之神纽克斯(Nyx)、光明之神埃忒尔(Aether)等。太阳和月亮被视为神，是忒伊亚(Theia)和许帕里翁(Hyperion)的后代。风暴、闪电和地震并不是非人格化的自然力量不可避免的结果，而是被视为神所意愿的壮举。①

这种神话思维方式是古希腊时期的人们最主要的认知世界的方式。数个世纪里，它们一直处在希腊教育和文化的中心位置，不可能不对希腊思想产生影响。人们所使用的语言和意象显然影响了他们所感知到的实在。② 林德伯格对古希腊神话的论述正说明了这样一种神话体系对人们思考方式和认识世界的方式的影响，这些影响为其后科学在古希腊的生根发芽培育了土壤。

首先，古希腊神话的内容蕴含了人类对自然界的朦胧的认识和探索，实际上是人类在有限条件下对解释自然现象的尝试。人们通过想象出来一个掌控自然规律的神灵的世界，将所有的自然现象无所不包地纳入其中，所有的现象都可以在这个神话体系中得到合理的解释。并且，这个神话体系是在被不断地修改、添补的，也因此，古希腊的人们可以借助这一体系不断地认识周遭的世界。在这一过程中，人们通过对世界上各类现象的解释，逐步地为自己培养了思考的习惯，对于世界的诞生、对于万物的运转规律等的思考。相比于神话体系带有的感性、迷信、愚昧的色彩，依托于神话体系形成的思考的习惯则散发着人类的理性的光芒。正是有了对世界的好奇、对世界的思考，古希腊文明才能很快地走出神话思维的桎梏，迎来理性、科学的繁荣。

① [美]戴维·林德伯格：《西方科学的起源》，张卜天译，湖南科学技术出版社2013年版，第23页。

② [美]戴维·林德伯格：《西方科学的起源》，张卜天译，湖南科学技术出版社2013年版，第25页。

因此我们必须承认，古希腊神话体系在不断的创作过程中实际上为整个民族播下了思考的种子，并在数百年之后生根发芽。

其次，古希腊神话体系中也蕴含着逻辑理性。相比于北欧神话、埃及神话以及中国古代神话的散乱、不成体系，古希腊神话有着完备的逻辑支撑以及文字记录。例如《伊利亚特》和《奥德赛》两部史诗作品以及公元前8世纪就成书的《神谱》。借助于文艺作品，古希腊神话虽然体系庞大但绝不至于杂乱。神话中的每一位神灵都有完整的身世和独立的分工。例如在创世之时，大地盖亚首先生出了与她大小一样的布满星辰的天空乌拉诺斯，生出了绵延起伏的山脉，居于山林水泽的女神纽墨菲(Nymphs)常常在此出没；大地还生出了波涛汹涌、永不枯竭的海神庞拓斯(Pontos)。[①] 由此可大致窥见，古希腊人在对各种神灵形象进行创作时保持了神与神之间的关系和他们所代表的自然界事物之间的关系的统一。这种拥有严密逻辑的神话体系为古希腊人的语言和思考提供了逻辑形式上的范式，也为后世自然哲学即科学的研究者提供了必不可少的工具——逻辑思维。

另外，古希腊神话中众神的形象也对其后科学的诞生产生了影响。古希腊诸神都有一个很鲜明的特点，就是带有很强的“人性”。在神的身上能够找到许多人类的影子。在他们的神话体系中，众神并不是全知全能、完美无瑕的，而是有着或多或少的缺点，这样不完美的神的形象就大大削弱了人对神的恐惧。同时，神又代表了自然界万物，因此，人对自然事物和自然现象的敌视感和恐惧感并不那么强烈。相反，人们越来越敢于平等地审视身边的世界，也就能够更加客观地思考一些自然现象。与之形成鲜明对比的是基督教、佛教、印度教等宗教中的神的形象，这些宗教中的神是近乎全能的、完美的、威严的，因此，万事万物的存在都是神的旨意，因而也都是完美的，在这种话语体系的熏陶下，人们会渐渐丧失对自然世界质疑和思考的能力。因此，从这一角度来讲，不完美的神的形象，促使古希腊人更多地对世界发问，思考一些科学的基础问题。

同时，因为神的形象并不完美，一些人就开始思考“完美”的形式应该是

① [美]戴维·林德伯格：《西方科学的起源》，张卜天译，湖南科学技术出版社2013年版，第23页。

什么样子。既然世界存在不完美，那么就应该存在一个在现实世界之上的完美世界，或者是超越现实世界而存在的规律和世界本原。在追寻“完美”的道路上，柏拉图提出了“理型世界”的存在，泰勒斯认为水是世界的本原，德谟克利特提出了原子论，亚里士多德提出了“存在之为存在的一般科学”即形而上学。这些思想正是古希腊科学思想的精华，也为后世科学研究者提供了许多的科学方法和研究经验。

由此可知，古希腊神话由于自身特点，不仅为古希腊文明带来了发问和思考的习惯，也同时带来了富于逻辑性和理性的思维方式，这对于后来古希腊乃至西方世界科学的产生和发展功不可没。

二、古希腊悲剧文化对科学的影响

古希腊悲剧文化直接脱胎于古希腊神话。悲剧内容最开始以酒神受苦为主，后来也有改编自神话故事或是基于神话故事的创作。古希腊悲剧在类型上主要属于“命运悲剧”，贯穿着命运观念，命运凌驾于人、英雄乃至众神之上，甚至连宇宙之王——主神宙斯也对之感到恐惧。希利斯·米勒认为，公元前5世纪的雅典人对于“daimon”(令人困惑不解的神力)与“ethos”(人的性格)的关系的特定构想是古希腊悲剧的基石。① 这种“天人矛盾”是古希腊悲剧作品中最富有典型意义的冲突，作品中的角色和命运之间的斗争——人类知其不可而为之的不屈精神和始终无法战胜命运的无奈悲情构成了这类作品最主要的主题，也奠定了它们的悲剧基调。在古希腊悲剧中，命运犹如高悬在主角头顶的“达摩克利斯之剑”，具有神秘莫测、不可忤逆的必然性。

这些悲剧作品的意义绝不仅限于引发一时之同情，而是有着更为深远的超越性的意义。武汉大学哲学学院赵林教授在《神旨的感召：西方文化的传统与演进》中曾言，(古希腊悲剧)“表现了一种深刻的思想，它意味着某种抽象的、未知的、超验的本质概念，是成熟了的古希腊文学的灵魂和内在逻辑，并最终演化为古希腊哲学中的本原、必然和逻各斯”。也就是说，悲剧中蕴含的命运观，促使古希腊智者们得以在冲突更激烈的戏剧舞台上直面天人之辩，从理性层面思考这种超越客观世界的事物，对世界的运转、人生的意义、存

① 何琛、朱晓文：《古希腊悲剧的命运观》，《宁夏师范学院学报》2015年第2期，第49~52页。

在与价值等问题展开思考，也就演变出了后来的哲学和科学。

三、小　结

古希腊自然哲学是西方科学的最初形态，它不仅是西方科学的胚胎，也为后世科学研究提供了众多的思维方式和理性批判的精神。这些内容贯穿西方科学史的始终，成为西方科学最本质的特征。可以说，没有古希腊自然哲学的积淀，就不会有近现代西方科学取得的巨大成就。而古希腊哲学诞生于古希腊特定的社会环境和文化土壤，在这样的环境中，古希腊神话、古希腊悲剧文化都对自然哲学的产生和发展产生了影响，正是有了这些多维度的塑造，古希腊自然哲学和后世的西方科学才得以有如此璀璨的成就。

跳出“自视甚高”的局囿

——浅析“哥白尼原则”的人文意义及现实价值

张博瑾　文学院

【指导教师评语】 文章探讨了哥白尼原则在人文领域的适用性，并运用哥白尼原则对多个社会问题进行了分析，得到了有价值的结论。表现出作者不但认真学习了本课程，并将通识课程上所学内容与自身专业领域相结合，为人文社会领域一些问题的分析提供了新的视角。(物理学院　乔豪学)

一、引　　言

《西方科学的起源》一书提到，中世纪西方人认为地球是宇宙的中心。这一融合了亚里士多德主义及神学思想①的宇宙观在“日心说”发表之后受到了巨大冲击。在研究中，哥白尼将地球视作一颗普通行星，使之不再居于特殊的天文学地位。这种摆脱特定研究前提的探索方式所蕴含的科学原则在20世纪中期由数学家、天文学家邦迪归纳成一个极具哲学意味的概念：“在宇宙间，地球并不处于中心的优越地位，人类也不具有一个特殊的观测者的身份。”后来，它被扩展为“在宇宙间没有一个观测者有特别的位置”，② 即“哥白尼原则”。以往学界在研究这条原则时，仅从它推动天文学发展、引发一系列科学

① ［美］戴维·林德伯格：《西方科学的起源》，王珺、刘晓峰、周文峰、王细荣译，中国对外翻译出版公司2001年版，第251~254页。

② 汤双：《“哥白尼原则”之争》，《博览群书》2012年第7期，第36~40页。

革命的角度[①]分析其价值。而笔者认为，“哥白尼原则”在人文领域依然具有理论适用性，并能为解决当今人类社会的一系列问题如阶级壁垒、霸权主义、环境危机等提供一个科学的理念。笔者将在阅读相关文献的基础上，通过联系现实，对“哥白尼原则”的人文意义进行综合分析。

二、探究“哥白尼原则”的人文意义及现实价值

（一）“哥白尼原则”对特殊格物视角的批判

“日心说”未发表前，“地心说”因其较强的解释力及宗教后盾主宰着人们对宇宙的认知。[②] 它将人类居所——地球“圣化”，使人始终居于“宇宙中心”的特殊位置来探索宇宙，阻碍了天文学的进步。

而“哥白尼原则”主张“在宇宙间没有一个观测者有特别的位置”，针对的就是以此为代表的天文学研究中的思维惯性。这种“惯性”来自于经验、权威迷信、思维惰性、偏见以及莫名优越感，其外在表现是特殊的格物视角。

如果将这一原则中的“宇宙”小化，简单理解为地球内部由人与人、人与自然的种种关系构成的世界，将“观测者”的外沿扩大，定义为不拘职业身份和社会身份的“人”或者是“人”的集合，那么，此时的“哥白尼原则”便超越了天文学领域，指向人文层面。在这一语境中，“位置”一词具备了隐喻意义，象征着人类体察世界的视角或是思考主客体关系时的自我定位/身份认知，对于“特殊位置”的否定，也不再局限于人类观测宇宙的活动，而转向人的社会观、自然观。

接下来，笔者将用“哥白尼原则”观照人类社会和人与自然的关系来进一步阐发其人文意义，说明其现实价值。

（二）以“哥白尼原则”观照人类社会

根据笔者规定的前提，每一个“人”或“人”的集合都是小化了的“宇宙”的

① 周德红、吴以义、陈敬泉：《哥白尼日心说的建立何以是一次科学革命》，《科学》2014 年第 5 期，第 3~9 页。

② ［美］戴维·林德伯格：《西方科学的起源》，王珺、刘晓峰、周文峰、王细荣译，中国对外翻译出版公司 2001 年版，第 253 页。

“观测者”，而本节的观测对象则是“宇宙”中的人类社会(包括具体的社会成员和抽象的社会族群)。它包含两个空间维度：一个以文化心理认同为基础，是某个国家/民族内部构建的社会。在研究这一维度时，笔者侧重于分析阶级壁垒与地域差距。另一个以文化的多样性为特征，是不同国家/民族构建的社会。在研究这一维度时，笔者侧重于分析不同文明间的矛盾冲突。

1. 同一社会内部：“同理心”的建构与“建设者”使命的担当

这里同样有两个观测维度：其一，在同一地域按照社会阶层的分化纵向考察；其二，根据地域的差异横向考察。人的生存状态及价值观念是这两个维度共同的观测对象，资源分配的差异是这两个维度共同的观测结论。因此笔者不再从两个维度分别剖析同一社会内部人们在体察社会时将自己置于“特别位置”的行为。

笔者由于知识局限，不敢妄言所谓“人类社会发展的普遍规律”来展开论述，因此只结合平日对中国社会的所感所思进行分析。如今的中国社会充斥着“焦虑感”。“引智引才”战略折射出“地域焦虑”，反映出欠发达地区人力资源不断流失的严峻现实。《寒门状元之死》《你的同龄人正在抛弃你》等兜售“成功学”的文章格外吸睛，恰恰体现了“阶级焦虑”。笔者认为社会既得利益者在接触处于欠发达地区和较低社会阶层的人时所流露的优越感是焦虑产生的原因之一。他们鲜少考虑资源分配的差异对社会成员价值选择的影响，只是将自己置于社会话语体系中心这一“特殊位置”，用自身的生存状态和价值观念覆盖观测对象，缺乏对其他社会成员的境遇的“同理心”。于是，“地域歧视”“出身歧视”等一系列社会鄙视链产生了。诚如将地球置于“特殊位置”无法促进天文学进步，社会的“观测者”将自己置于“特殊位置”也无法促进社会公平。如果人们只是高高在上地讥嘲，不肯作为注重实干的“建设者”，给予他人更多的机会来追求同等的生命质感的话，社会不公的情况只会加剧。

故“哥白尼原则”在同一社会内部的运用其实是呼唤从社会资源争夺战中胜出的一方能以一颗同理心观照“出局”一方的生存状态，并作为一个“建设者”贯彻社会正义理念。

2. 不同社会之间：“文化相对主义”的积极意义

文明间的互动往往充斥着偏见。从 19 世纪的“文化进化论”到第二次世界大战时期纳粹的“反犹主义”，再到当今的霸权思想，所谓“先进文明”的缔造者往往因获得了同其他文明形态的比较优势而强行介入某一文明的发展进程，甚至基于一种“救世主”思维，希望“清洗”所谓“落后文明”以达到保持人类种群优越性的目的。这种充斥着自我感动的畸形“使命担当”不仅给人类造成了一系列深重灾难，如殖民、屠杀、种族歧视等，也将“先进文明”的受益者直接置于人类福祉代言人的特殊位置，抛弃了“存在即合理”的文明观察视角。

人类学家厄博斯曾针对“西方中心主义”提出了“文化相对主义”，主张客观、公正地审视不同民族的文化，承认各民族文化发展的特殊性。① 笔者认为，如果用“哥白尼原则”处理不同文明间的关系，其最终指向地应是这种具有积极意义的“文化相对主义”。当人们不再以一种傲慢的姿态对自己并不了解的文明妄加评论甚至企图同化的时候，“尊重人类文明多样性”才不会是一句空洞的口号。发展有先后，但文明无贵贱。

(三)以“哥白尼原则”观照人与自然的关系：可持续发展的必要性

作为现代社会发展的重要理念，“以人为本”对我们而言并不陌生。它原是对功利主义的回应，对人文关怀的呼唤，却被用于论证人类征服自然的合理性。达尔文在《物种起源》中通过“生命树”理论阐发了“万物共祖”思想，② 使人类不再是《圣经》所言的“万物管理者”，③ 而仅是一种普通的生命形态，作为自然的一部分而存在。前人在这一问题上对“简单”美学的执着反衬出我们的心态之复杂、狭隘。当人类基于自身利益去估量其他生物的存在价值、违背自然规律、掠夺自然资源时，其实是将自然看作奴役对象，强调满足自身需求的重要性。这种“供养-被供养”的关系认知，何尝不是人在“观测”自然时，将自己摆在“万物之主”的“特殊位置”上的明证？

因此，“哥白尼原则”其实为我们提供了一种处理人与自然的关系的方式。如果我们能用它来纠正对“人本位”的误读，就可以化解发展与环保间的矛盾。笔者认为，近些年《巴黎气候协定》的签署以及“绿水青山就是金山银山”这一

① 王进波：《文化相对主义评述》，《美与时代(下)》2017 年第 2 期，第 64~65 页。

② [英]达尔文：《物种起源》，谢蕴贞译，科学出版社 1955 年版，第 58~91 页。

③ 中国基督教三自爱国运动委员会、中国基督教协会：《圣经》，南京爱德印刷有限公司 2007 年版，第 1 页。

发展理念的提出，就是人在体察自然时对于自身“特殊位置”的主动放弃。这与“哥白尼原则”是相合的。

三、结　论

综上所述，“哥白尼原则”在人文范畴的运用，是让人不要将自身“特殊化”，进而摆脱“自视甚高”的错觉给体察世界带来的局囿。同一社会内部占据了较多资源的群体不应作为强化阶级观念的意见领袖输出“焦虑”，发展较快的文明不应陷入一厢情愿的道德自洽，干预其他文明的发展，人类也不应在克服了自然崇拜后，又将自己树立成“偶像”。当社会公平、文明冲突、环境危机成为这个时代难以回答的宏大命题时，“哥白尼原则”的人文意义无疑有其现实价值。笔者希望通过自己的阐发，为这些问题的解决提供一条新的思考路径。

科学之源，求真之本

舒力　生命科学学院

【指导教师评语】 论文就什么是科学和古中国是否有科学两个问题进行了阐述，提出了“以科学发展为首要，辅以技术突破”的观点。全文一气呵成，文笔流畅，格式规范，论据充分，观点鲜明，引文也很清晰。（动力与机械学院　余亮英）

“科学是什么”是一个一直困扰着人们的问题，许多科学家想对此给出定义。古希腊的“科学”指一切有条理的知识和学问以及普遍性的真理，它将科学视为洞见。柏拉图的科学是善的理型、理性之光；亚里士多德的科学是关于原因和原理的知识，是值得我们去寻求的智慧。数学家认为科学是数的组合，物理学家认为科学是宇宙的奥秘，生物学家认为科学是生命机理。科学在不同情况下定义不同，但无论何种定义，科学的本质始终不变，即探求真理。

在《西方科学的起源》一书中，戴维·林德伯格也曾就“科学是什么”这个问题作出回答，他认为“科学”一词的含义应分情况而定，历史学家在研究古代“科学”时需要一种更为宽泛的定义，它可以使我们不仅关注理论与结果，更关注理论背后的研究方法，这样有助于我们理解现代科学事业。于是以此为据，林德伯格教授认为书中描述的时期存在科学。这本书包含宇宙论、数学、天文学、医学、哲学、宗教等方面的知识，内容之广令人惊叹。阅读这本书可以使我们对科学发展的脉络有一个清晰的了解，对理解科学事业的本质有很大帮助，同时我们可以从古人的探索中寻求智慧与科学方法。书中作者解答了为什么近代科学产生在欧洲等一系列问题，由此引发了我的思考：首先，什么是科学？其次，中国古代是否有科学？上述两个问题都需要回归到科学的定义上。科学的本质是探寻真理，它不是人们创造出来的，而是一直存在，只待人类探索罢了。科学的本质是无用的，这里的无用指的是科学的目的不是为了实用，这也肯定了科学的无功利性。我们一般将功利性解释为追求功名利禄，以实用为目的创造利益。由此可见，科学是无功利性的。人们研究科学是为了拓宽认知，科学是由好奇心驱动的对未知世界探索，它是深奥而纯粹的。科学推动世界发展不是依据它所创造的经济效益，而是因为它提高了人类对自然的认知程度，这是思想而非物质上的财富。

科学萌芽于古希腊哲学，这是源于古希腊的理性精神。古希腊时期科学发展快速，自由的求真态度为科学发展孕育了肥沃的土壤，理性的学术精神为科学进步提供了强大的助推剂。古希腊知识分为三类，经验知识、技艺知识和演绎知识，其中科学就属于第三类，它的特征是非实用性和演绎推理。正是因为古希腊的自由学术造就了几何学、天文学等自由学术的典范，所以说古希腊是科学的发源地。

这中间其实暗藏了一个问题，中国古代是否也有科学呢？古代不少先贤圣人探索自然奥秘，在数学、医学、物理学等方面作出巨大贡献。墨子可谓中国“科学”之父，《墨子·经上》有言：“端，体之无序而最前者也。”“力，形之所以奋也。”这些观点不正是现代科学的基本理论吗？那它们能被称为科学吗？我认为这需要分为不同情况。若采取宽泛的“科学”定义，这些当然属于科学，它反映了人类对现象的原理探讨，但若采取狭隘的“科学”定义，这些都不属于科学。它们只是对某些现象的归纳总结，而没有形成一整套的理论知识。同时，墨子及其所创立的墨家学派求真理、爱科学、利天下、尚法仪，它所倡导的义利统一的技术功利主义将科学功利化，不符合科学的纯粹性。由此可知中国古代没有纯粹的科学，但我们不能否认古代科技兴旺为中国近代发展作出了伟大贡献。清华大学吴国盛教授也明确地肯定这一说法。

古代不乏人才和自然资源，为什么却没有科学呢？我认为这与中国的政治制度与历史变革有很大关系。一方面，中国人不够重视科学。在先秦诸子百家中，儒、道、法诸家均视科学技术为末道或不屑为之，而儒家思想是中国古代社会遵循的主流思想，这就导致科学的发展不为社会所推崇而受阻。同时中国古代与西方交流不足，当西方科学蓬勃发展时中国科学发展仍停滞不前。另一方面，中国人的功利思想太浓厚。从古代开始文人学习为争取官名，知识不被世人重视，更不用说科学。当中国科学发展程度远远落后于西方时，两次的西学东渐又加深了科学的功利性。为了恢复国家生产力，举国欢呼“科学技术是第一生产力”，古代将科学与技术融为一体，这不是更突出了功利化科学吗？同时帝王统治下的古代社会人们思想被禁锢，自由的科学精神被压迫，科学发展十分困难。

我们一方面反思古代无科学的原因，另一方面要意识到现代科学的地位及发展情况。如今国家变得越来越强大，科学发展仍是国家发展的关键一环。国家政策正在向推进科学发展方向倾斜，国家应推行改革创新，鼓励原创型研究，科研人员应减少科学研究中的功利化色彩，增加探求真理的动力。《西方科学的起源》中有一句话概括得十分准确：科学致力于理论知识而技术致力于科学应用。我们应以科学发展为首要，辅以技术突破，这样才会促进人类进步。科学从哲学中来，回归到真理中去。

论《原理》"力"概念存在的必要性与重要性

姜之树　国家网络安全学院

【指导教师评语】 姜之树同学的结课论文一如他在讨论课上的发言，总给人思辨的力量。作者提出问题，然后条分缕析，最后水到渠成得出结论。文章行文流畅，逐层深入，很容易地将读者带入作者的思维，随之一起思辨起来。积极思考，发现问题，努力求真，这不正是导引课的宗旨吗？当然，如果作者能将文中省去的某些求证过程补充完整，其思辨将更有力，其结论将更趋于理型世界。(资源与环境科学学院　彭善枝)

诺贝尔物理学奖得主弗兰克·维尔泽克曾写道："在我的学生时代，经典力学是最让我费神的一门课，这常常让我觉得很奇怪，因为我在学习那些通常被认为更难的一些的高级课程时，并不觉得有什么困难。现在我想我已经找到答案了。这是'文化冲击'的一个例子。从数学的角度，我希望得到一个运算法则。结果我遭遇到的是一些完全不同的东西，实际上是某种'文化'。"①

当我们仔细回顾初中时期第一次接触物理的时候，我们会发现这的确是物理学习比较令人费解的一部分。为什么？

作为理科生，当我们在学习自然科学知识时，我们往往更希望用已有的知识或者实验数据，通过逻辑推理或证明去得到一个新的定理，这样显得有理有据，不但能说服别人，更重要

① Wilczek F：《公式 F=ma 中的力从哪来？》，黄娆译，曹则贤校，《物理》2005 年第 34 卷第 2 期，第 93 页。

的是能够说服自己，能够让自己很好地知道这个新知识的来龙去脉，从而更好地理解与接受这个新知识。如《几何原本》中的定理都由公理或已经证明的定理严格推理证明得出，又如法拉第电磁感应定律的确在实验中可以观测到相应的现象。这些定理定律在了解了证明过程或者实验数据之后都是容易让人接受的。

但是当我们把目光转向牛顿第二定律的 $F=ma$，仔细回忆，我们发现这个定律既不是由某些已有的定理公理推证得出，也没有实验数据来支撑。这就导致我们在无法用已有的证据来支持和理解这个定律。这就是经典力学让人费解的重要原因。而且这也同时说明我们不能由 $F=ma$ 这一公式来证明"力"这个物理量的存在，因为公式本身就不是一个站得住脚的定理。

那么既然不能由 $F=ma$ 这一公式得出力的存在，我们再将目光转向 F 本身。方程的右边质量和加速度都是可以测量的物理量。但方程的左边 F——力，或许在人们固有的观念中是一个自然而然应当存在的物理量，但当我们真正去思考力到底是什么的时候，我们却会发现这是一个相当虚无缥缈的物理量，力到底是什么？

为此我们应当追溯"力"这一概念是如何产生的。在牛顿之前，人们早已可以直觉地感受到"力"这一模糊概念的存在。在我们举起一个物体或拉动一根绳子的过程中，我们自然而然地意识到"力"的存在。"力"这一概念源自人们在使物体运动状态或形态发生改变时自身产生的一种意识。这种意识站在现在的生物学立场来解释是来源于肌肉伸缩时产生的神经刺激，但是人们无法通过这种意识来具体地衡量这个所谓的"力"究竟有多大，无法给出一个具体的值去说明某一个"力"的大小。因此，人们所说的"力"这一概念仍旧是模糊的，"力"只是空有一个名字，而无具体的度量，只是一个形而上的概念，也就更不足以成为一个独立的物理量。

结合以上两点，我们一方面不能从牛顿第二定律中得到力这一物理量，另一方面也不能从力这一概念的来源中得到力这一物理量。因此牛顿第二定律 $F=ma$ 方程的左边 F 根本就不是一个已有的物理量。与其说牛顿第二定律是力等于质量与加速度的乘积，不如说是"令"力等于质量与加速度的乘积。也就是说牛顿第二定律只是一个定义，甚至也不能称为公理，因为它没有实际的现象去支撑。它只是简单地将力 F 定义为质量 m 与加速度 a 的乘积。

那么既然力这一物理量不是本身存在而是由牛顿定义而产生的，那么我们来看这一定义是否有存在的必要性。

事实上，物理发展到现代，力的概念在许多基本定律的高级表达式中并不存在，薛定谔方程、量子场论的任何合理公式、广义相对论的建立等都不需要用到力这一概念。① 举一个更加贴近高中生或非物理专业大学生的例子。牛顿第二定律给出 $F=ma$，然后再给出牛顿第三定律相互作用的两个物体之间的作用力和反作用力总是大小相等，方向相反，作用在同一条直线上，表达式为 $F=F'$。其实这两条定律只需要一个动量守恒即可解释。在“力”这一物理量所存在的其他地方，其实也可以直接由其他一个或几个定理来替代。由此可见，牛顿定义的这个“力”，其实也不是必须存在的，即便是将其从物理领域中移除，物理大厦依旧会完整而屹立不倒。

既然如此，力的概念是否就应从此从物理学的大厦中移除？用罗素的话来说：“它的出现也许毫无道理，但并不奇怪。”②力这一概念虽然看起来有些多此一举，但它的确能用，甚至还有些好用。用弗兰克·维尔泽克举的一个例子来说：“实际上我们不希望穿越广阔的希尔伯特空间，归一化消除紫外发散的灾难，解析延拓那些由有限步骤定义的欧氏空间里的格林函数，然后计算发现覆盖了电子云的核子组成原子，再聚集起来构成固体……所有这些只是为了描述两个弹子球的碰撞。”③力这一概念虽然只是一个方法论性质的工具，我们可以将其从物理大厦中移除，但是它依然有着相当重要的用途。“力”好比是物理大厦中的楼层示意图，帮助人们更好地去了解这栋大厦。缺少了力，尽管不会动摇这栋物理大厦，却会让人们理解与运用物理的难度增加。一方面，“力”这一概念早已在人的观念中根深蒂固，它本质上是一种古人开创后逐步形成的文化，我们不必移除它，相反，顺着这个概念人将更容

① Wilczek F：《公式 F=ma 中的力从哪来?》，黄娆译，曹则贤校，《物理》2005 年第 34 卷第 2 期，第 93 页。

② Wilczek F：《公式 F=ma 中的力从哪来?》，黄娆译，曹则贤校，《物理》2005 年第 34 卷第 2 期，第 95 页。

③ Wilczek F：《公式 F=ma 中的力从哪来?》，黄娆译，曹则贤校，《物理》2005 年第 34 卷第 2 期，第 94 页。

易地去接触物理世界。另一方面，在一定程度上，“力”这个概念还能起到一些简化作用，人们应该更愿意用 $F=GMm/r^2$ 来计算引力，而不是用广义相对论。

综上所述，最终我们得到这样的结论：“力”这一概念在物理学中不是必要的，但却是十分重要的。

科学哲学体系的演进与方向

黄龙　计算机学院

【指导教师评语】　本文列举了科学哲学史上的几个重大发现，视角独特，观点有新意，表达清晰，有一定的广度和深度，格式较为规范。(国家网络安全学院　滕冲)

在牛顿的《自然哲学之数学原理》中，牛顿写下四条“哲学推理规则”。此处不对其中内容加以赘述，但是我们可以从中看出牛顿的科学哲学发展观的基本观点：通过观察和实验获得可靠的结果，通过归纳和总结得出事物的一般性规律，视为事物的一般属性，然后把一个个知识点编织到自己建立的知识体系上。以上是牛顿在科学研究中遵循的朴素的科学哲学上的方法论。那么，科学哲学到底是什么？这门科学并不是研究具体的科学知识，而是在思考人类科学到底是怎么发展的，以及为科学发展提供方法论。接下来，我们以牛顿的观点为导引，纵观 20 世纪的科学哲学演进进程中产生重大影响的突破，讨论一下科学哲学到底该往何处发展。

一、波普尔的“可证伪性”

我们一直在讨论什么是科学，我们很可能认为只要是能够被证实的预测就是科学，因为我们信奉“眼见为实”，因为它就是实实在在发生在眼前的事。但是，只要是能够被证实的预测或理论真的就是科学吗？有很多的封建迷信、算命瞎猜得到的结论也有可能被证实，难道我们就把迷信当作科学吗？显然是不可能的吧。那么，科学与伪科学的边界到底该定在何处？

英国科学哲学家波普尔给出了他的答案——真正的科学应该是可证伪的，而不是只能被证实的。“可证伪性”是指一个理论一旦被提出，它就一定要有被推翻的可能，也就是人们必须要有切实可行的能够将它证伪的方法和手段。这样的理论，才值得被认真对待。比如，某人声称因为他家的下水道堵塞，明天某只股票一定涨停。这就是一个很典型的不可证伪的预测，因为我无法得知这两者之间到底有没有关系。波普尔的“可证伪性”理论一经提出，科学哲学的发展就向前就推进了一大步。首先，这个理论指出了科学的边界问题，“他的实际主张是：划界标准 = 可证伪标准+辨别方法”①。其次，这个理论更重大的意义是提出了一个全新的真理观，那就是任何科学理论都有可能出错，随时都有可能被推翻，我们要做好准备，因为所谓的绝对真理将不复存在，剩下的只有推翻的假设。同时，这个理论也在启发我们的认知方式，即真正需要注意的问题是那些可以被证伪的理论，那才是真正有价值的、值得研究的课题。

二、库恩的“范式”理论

上文我们讨论了“可证伪性”这一个概念，但是单纯使用这个概念来解释科学的边界问题存在着不足之处。按照这个理论，一旦一个理论被证伪了，那它就再也和“科学”二字没有什么关系了。比如，人人都知道“水往低处流”，但是，一个人指着向上喷涌的喷泉说：“这你怎么解释？”你会和他争论：这是因为有地心引力！他会笑着跟你说：你在狡辩！“水往低处流”明明已经被证伪了！你也会产生疑问，到底“可证伪”理论出了什么问题呢？这个时候，一位美国科学哲学家托马斯·库恩提出了另外一个理论“范式”。简单来说，“范式”就是一个共同体成员所共享的“价值观和方法论”②。库恩认为，科学的发展过程，不是一个一点点逐步精进的过程，而是更像一个个“范式”的不断迭代。一个新的范式被提出来之后，就是为了解决现在解决不了的问题，

① 吴奎豪：《简论波普尔理论对当代哲学和社会的影响》，《辽宁师范大学学报(社会科学版)》2001 年第 2 卷第 24 期，第 5~7 页。

② 张莉：《库恩范式理论的方法论意义》，西北大学 2008 年博士学位论文，第 2~3 页。

但是随着时间的发展，渐渐出现一些这个范式无法解释的问题。人们一开始的解决方案并不是推翻整个范式，而是在这个范式当中不断修补，也能解决不少的问题。直到有一天，问题多到了一定程度，人们才开始思考是不是现有的范式从根本上出错了，这个时候新的范式应运而生。我在本文开头提到的牛顿的四条“哲学推理规则”，其核心的思想就是要在实验观察和逻辑推理之后，总结知识点，得出一个自己的范式，并且尽量地用现有的事实来证实和强化现有的理论。在库恩看来，一个新的理论被提出之后，首要的任务并不是急着用“可证伪性”来推翻它，因为一个理论刚开始一定是不成熟的，很容易找到反例，这样做就没有太大的意义。更重要的是寻找证据来证实它。为什么这个理论指出了“可证伪”理论的不足呢？很重要的一个原因，就是证据是带有主观性的，用主观性的证据来解释一些新兴的理论，估计什么理论都会站不住脚。更进一步地，库恩的“范式”理论更重要的意义在于阐释了科学的发展过程，那就是表面上利用现有的范式的材料，但本质上是新的范式的迭代与进化，是世界观和方法论的完全革新。

三、拉卡托斯的“科学研究纲领论”

上一个小节我们提到科学到底是怎么发展的，然而我们也许还忽视了一个重要的问题，就是任何一个理论的解释力都不太可能是万能的，尽管目前这个理论对大多数问题的解释是更简洁的、更有说服力的，但是并不代表其他的理论解释力全无。这就引出了我们的又一个理论——拉卡托斯的“科学研究纲领论”。拉卡托斯是匈牙利人，他的这个理论更像是把波普尔的理论和库恩的理论结合起来，他认为库恩的说法有道理，但是波普尔的想法也要批判继承，因而它引进了一个新的概念“科学研究纲领论”。拉卡托斯认为所有的利用都运行在自己的“纲领”①之内，彼此之间不是你死我亡的关系，而是此消彼长。拉卡托斯认为，所谓的科学，不过是被主流认可的理论，但是不能否定非主流理论的效力。它们之间不是互相革命的关系，而是呈此消彼长的

① 冷英、莫雷：《拉卡托斯的科学纲领方法论对学习理论研究的启示》，《自然辩证法研究》2003 年第 3 卷第 19 期，第 23~27 页。

态势，甚至可以相互影响。也就是说，一种理论被提出，它有可能衰退，但很难被彻底摒除，因为“存在即合理”，不管理论的真实性被证实了多少次，但是这个与理论相反的理论仍然存在，并且它一直在寻找机会证明自己，等待翻盘的机会。这一理论的提出，看上去好像又模糊了科学的边界，但是这个理论给我们提供了理解别人的错误的同情心。例如地心说和日心说的争论，在当时的知识背景和历史环境下，除去宗教迫害的因素，或许日心说的解释力远远没有地心说的解释力强。由此我们该认识到一点，没有任何一条理论是最强大的，它只是运行在它的纲领性中。

四、费耶阿本德的“非理性因素”

在多数情况下，我们都认为科学是理性之光，只有经过理性思考才能产生科学的结论，无论是经验上的还是规范化的。但是我们似乎忽略了一个非常重要的因素，那就是科学家们思考时的灵感。就像阿基米德在洗澡时想到了浮力原理，凯库勒在睡梦中梦到了苯的化学结构；牛顿被苹果砸了头，想通了万有引力；弗莱明没有按照操作规程清洗实验室的设备，才意外发现了青霉素；爱因斯坦干脆直接了当地说过，在研究中他相信直觉和灵感。所以，奥地利科学哲学家费耶阿本德认为科学创新中想象力比方法更加重要，真正实质性上的科学突破都来源于灵感和直觉，尽管后续的深入研究要理性思考、规范操作。他把这个理论称为“方法论的无政府主义”①。他并不是否定方法论的作用，毕竟人类社会发展到今天，文明高度发达，不得不说方法论作出了重大贡献，他的理论真正的价值，就是肯定了非理性因素的作用。

五、结　　论

回归主题，我们列举了科学哲学史上几个重大的发现，目的在于得出一个结论：不论是什么形式的科学哲学理论，是更加重视方法论，还是更加重视分理性因素，最重要的是还原科学创新的完全的“本来面目”，越能全面解

① 刘文旋：《费耶阿本德的科学方法论》，《教学与研究》2000年第9期，第1页。

释科学发展历程的理论，就越接近世界的真相。我们追根溯源，刨根问底，无非就是想看到世界原来到底是什么样。科学哲学的发展，终极目的就是揭开世界的神秘面纱。“科学就其容量而言，是不枯竭的，就其目标而言，是永远不可企及的。”①

① 陈慧：《小麦的一生》，《动漫界：幼教365》2017年第22期，第49页。

英才的思维

段晟安　电气与自动化学院

【指导教师评语】 能够选择《浅说》已经充分展示了勇气和自信，对主人公的认识和崇拜也是论文的主旋律，有较多的个人认识附加。（水利水电学院　苏凯）

1905年，奇迹性的一年，分子大小、粒子运动被测量，量子思维的推广应用自此而始，狭义相对论论文发表于斯，广义相对论的火种也点亮于此。人类的手脚从此伸向了双向开阔的领域，目光从此能够深入原子夸克、广至黑洞宇宙。1921年，因在光电效应上的杰出贡献，爱因斯坦被授予诺贝尔物理学奖，却因为相对论的复杂与争议性，被要求在获奖感言中只字不提。出于环境变故及拮据生活，急需资金的爱因斯坦遵从了规定，却也无法自控地在紧接着的演讲中凭出色的介绍，用相对论将瑞典国王迷得神魂颠倒。相对论确实是抽象艰深的，多少人敬而远之，许多试图深入者也望而却步，而爱因斯坦本人却能以通俗而严谨的语言讲得生动形象，讲得扣人心弦。

爱因斯坦本人定然也是以清晰具体的思维在考虑宇宙的，他的探索必然总是伴随着期望和惊喜，因此他会在推导完成后由衷微笑，能在讲台上自然地传达这份本只属于科学工作者的幸福。爱因斯坦的书就像他的讲话和信件一样，语言精简而不失亲和，是无数手稿和论文凝结成的优雅的句子集合。巨著《相对论》本已是一本不"巨"的小书，爱因斯坦以朋友间商讨的语气介绍了本该规范教导的公式方程；而《狭义与广义相对论浅说》（以下称《浅说》）在我看来就是一本去掉大部分方程而更加精简、更加亲切的《相对论》，较具科普性质，它更像是一次跨越时间、空间的思维对话。我想，这就是看破宇宙间最快速、最广阔、最普遍、最永恒后的爱因斯坦认为唯一可行、超越四维空间的人类活动吧——思维空间。

洛伦兹变换的推导和应用我之前已有接触，这本《浅说》也不能再介绍更多深层的数学上的东西。而阅读爱因斯坦的原著(虽然是翻译)依旧让我感受到不能从教辅和视频中感受的东西——伟大科学家的思想历程。爱因斯坦在16岁就思考：人跑得和光一样快会看见什么？当精通了麦克斯韦方程组后，多年前的随想便自然而然跳了出来。革命产生于矛盾，而这不可调解的矛盾着实开启了物理学新一轮的大革命。

有人说，时空变换下保持不变的科学，就是力学。爱因斯坦当年不太可能听过这样的话，而他也确实一直有着相似的信念——“方程是永恒的”。伽利略推翻了地心理论，而承其衣钵的牛顿却没能消除地球参考系的独立优越性，这在20世纪，尤其那个叛逆性极强的时期是显然不可容忍的。爱因斯坦大胆提出一个新的体系，他将两种看似矛盾的公理强行纳入其中，看似投机取巧，实则是冲破盲区的曙光。通过狭义相对论，爱因斯坦能够完成那个物理学最高尚的目标——万物普适性，尽管还存在着漏洞。他一举推倒以太大厦，指出洛伦兹身兼前瞻性与守旧性，让电动力学的推论拓展到全体公式，这当然也明显指出物理的共通性并在后来促进了广义相对论和大统一论的发展，这本来用于转换参考系的做法终于意外地涉及了时间和空间，也让广义相对论的基础(四维坐标)有了影子。

狭义相对论的优越性是显而易见的，而智慧的爱因斯坦立即发现了其中的缺陷，并着手解决阻挠普适理论最后的障碍——力场。广义相对论的推导起源于狭义相对论中速度与时空变化的关系(由此让人不禁联想：在已经存在洛伦兹的收缩假设和庞加莱的光速不变的情况下，20世纪总能有其他科学家总结出狭义相对论；而广义相对论，不满足于狭义相对论沾沾自喜并能延伸其思想加入高斯坐标和黎曼空间，这是仅属于爱因斯坦的天才。如此看来，让爱因斯坦首先发现狭义相对论而赋予他充分的思维基础实乃人类大幸)，爱因斯坦抓住了加速厢体这一闪而过的灵感，本能地联系起惯性与引力，终于能够把加速系也纳入一般系中。在这里，爱因斯坦用了大量篇幅来论证惯性质量与引力质量相等，在入门者看来 $m=m$ 这理所应当的句式却被爱因斯坦借用了多个场景、论证多个运动分解状态才被他认为完整地解决。这种严谨的推导历程在《浅说》中还多次出现，由此看出，正是这种精益求精的自证逻辑才导致了相对论的诞生。爱因斯坦从洛伦兹变换的形式中就极其敏感地看出了一种数学运算中的不变性，这也正如开普勒和巴尔末的数学涂鸦，预示了一个新的天地，平方求和的形式让他想到将转换关系变为坐标距离，也正是将万物代入四维坐标的做法为广义相对论的进一步推广提供了基础。爱因斯坦看到了引力场中转换的不连续性，因此结合空间系概念联系起高斯坐标系，成功重新找到在加速系中转换的不变基础。于是，从狭义到广义的推广，成为从欧几里得区到黎曼区的推广，人们得以借助现有的深厚数学基础来完成这从独特到统一、从地球到宇宙的定律推广。爱因斯坦巧妙地构建起这种关系，使得人们只需增补现有大厦而无需推倒重来，正如“薛定谔方程用起来要比海森堡新奇的矩阵方法容易得多。人们立刻就可以开始工作，将这些想法应用到多种多样的具体物理问题上”。① 两个时代的过渡被爱因斯坦打磨得不再锐利。

爱因斯坦确实是伟大的瞻望者，本来只想囊括公式定理的他在研究中引入了四维坐标，这让他顿时看到了进一步讨论宇宙的可能。如果说参考系转换就是四维坐标的空间旋转，那我们生存时空的本质究竟是什么呢？如果说引力场是空间弯曲的证明，那么这个宇宙究竟是什么形状的呢？爱因斯坦情不自禁地写下他的大胆猜测，而这些至今仍是相关研究的重点领域。爱因斯坦将现实事件解释为四维空间中时空重合的交点，这多么像柏拉图的理型世界说；爱因斯坦通过高维度扭曲解释引力，这难道不是11维膜理论的思考起源？只可惜爱因斯坦涉猎过广、头衔太多，他不能忍受量子理论这“孩子”的叛逆，也要防止对自己成果的邪恶利用，还得面对凡人世界的无数变故……他终于止步于统一场论的途中，留下大笔的思想遗产等待后世消化而不再能嚼碎喂养。

爱因斯坦的思维，具有严谨性、创造性，他善于抓住灵感，更能够利用

---

① ［英］波尔金霍恩：《量子理论》，张用、何玉红译，译林出版社2015年版，第18~19页。

优秀的数学能力将其具体化。他敢于突破现有禁锢，也能够接受最新思想；他能够借鉴前人理论，也勇于融汇吸收；他善于跨领域联系，也能够充分发挥原有智慧。爱因斯坦他天才，他刻苦，他受上天眷顾，更能利用好这份祝福，发挥自己的光芒。时代造英才，英才造时代。努力成为那英才，才会在属于自己的时代来临之时，彰显那时代。

自其变者而观之

——从坐标系的发展探索相对论

杨晴柳　经济与管理学院

【指导教师评语】 本文观点鲜明，论据充分，逻辑清晰，语言流畅，格式规范。作者论述了坐标系的发展过程与相对论问世的过程之间的关联，深刻体会了在科学发展的历程中，每一个重大的里程碑式的发现均伴随着理性的、批判性的思维。论文表明作者阅读细致，收获良多！（土木建筑工程学院　邹勇）

被证伪的猜想应该被马上抛弃，并且同时感到高兴，因为自己离真理又近了一步。但这句话做起来多难啊，尤其是对于在某个领域投入大量时间、精力的科学家来说更是难如登天，所以距离狭义相对论的提出只有一步之遥的他却始终不愿放弃以太。然而，科学的发展中思维的及时转变和创新开拓是主要症结，这种思考就如同生活在应用伽利略坐标系就已经足够解释周围的大部分现象，使用笛卡儿坐标系就可以解决作业、考试中的大多问题的普通人如何打破思维的瓶颈，接受复杂的闵可夫斯基四维空间、高斯坐标而去接触高层次的相对论一样需要勇气。

一、经典力学理论下的“伽利略坐标系”

“伽利略-牛顿力学的基本定律（称为惯性定律）可以表述如下：一物体在离其他物足够远时，一直保持静止状态或保持匀速直线运动状态。"①这是根据伽利略的斜面实验加以合理推测，以及牛顿的归纳得到的结论。伽利略坐标系可以适用于经典力学，将时空看作绝对的、分离的、互不干扰的，无论物体放在何处，长度是不变的，无论观测者身在何方，时间是等同的，伽利略坐标系对于宏观世界(日常生活)可以较好地应用和解释现象，在研究量子物理和相对论之前，无疑伽利略坐标系(经典力学)统治了整个物理学界，乃至整个科学界。但伽利略-牛顿力学下的诸定律只对伽利略坐标系来说是有效的，科学家需要更符合一般特性的坐标系来定性物质。

二、狭义相对论中的"闵可夫斯基四维空间"

在提闵可夫斯基四维空间之前，笔者想先提洛伦兹变换，"一事件无论在何处发生，它在空间中相对于 K 的位置可以由坐标平面上的三条垂线 x、y、z 来确定，时间则由一时间量值来确定；相对于 K'，此同一事件的空间位置和时间将由相应的量值 x'、y'、z'、t'来确定，这些量值与 x、y、z、t 当然并不是全等的"。② 洛伦兹变换首次将时空统一在一起，表示出在任意坐标系中时间和空间的度量，可以说已经无限制地接近狭义相对论了，可惜洛伦兹和庞加莱还是没有走出以太的禁锢，始终在真理的门口逡巡。

冲破前人似乎已经完善的已建体系，不再修补一条触礁的破船，敢于直面学术界蜂拥而来的质疑、抵触，甚至是忽视，是勇敢而又不凡的。"按照相对论，并没有'特别优越的'(唯一的)坐标系这样的东西可以用来作为引进以太观念的理由"，"在这里运动物体的收缩是完全从相对论的两个基本原理推出来的"。③ 以相对论为基础消除当时物理学上的第一朵乌云(光的波动理论)无疑是最令人满意的，但可惜的是在当时爱因斯坦的狭义相对论曲高和寡，值得庆幸的是他的老师闵可夫斯基欣喜地接纳了他的想法，并提出了"四维空

① [美]阿尔伯特·爱因斯坦：《狭义与广义相对论浅说》，杨润殷译，北京大学出版社 2006 年版，第 8 页。

② [美]阿尔伯特·爱因斯坦：《狭义与广义相对论浅说》，杨润殷译，北京大学出版社 2006 年版，第 17 页。

③ [美]阿尔伯特·爱因斯坦：《狭义与广义相对论浅说》，杨润殷译，北京大学出版社 2006 年版，第 26 页。

间”。“因为物理现象的世界是由各个事件组成的，而每一个事件又是由四个数来描述的，这四个数就是三个空间坐标 x、y、z 和一个时间坐标——时间量值 t。”①在三维空间上加上时间这一维，时间和空间就统一成了时空。闵可夫斯基四维空间可以看作给了洛伦兹变换一个生动形象的空间构型，笔者认为理解闵可夫斯基四维空间有利于形成相对论的思维。

三、广义相对论中的“高斯坐标”

“从我们由狭义相对性原理所接受的观念来看，每一种运动都只能被认为是相对运动”②，那么为什么伽利略参考物体就是特殊的呢？是不是这也只是某种普遍现象中的特殊情况呢？是的，广义相对论诞生了，“所有参考物体 K、K' 等不论它们的运动状态如何，对于描述自然现象(表述普遍的自然界定律)都是等效的”③。我们常用的笛卡儿坐标系展示的是二维或者三维乃至四维连续区，但这种标准坐标系只是平直空间中的实测坐标系，不能直接应用到一般的弯曲时空中去。因此，广义相对论中提到的是高斯坐标，可以将高斯坐标粗略看作膨胀后的笛卡儿坐标系，爱因斯坦认为广义相对论的空时连续区不是欧几里得连续区，而高斯坐标系可以适用于相对于既定的“大小”或“距离”的定义而言的非欧几里得连续区，也就是说高斯坐标系解决了广义相对论中描述时空中的局部同时面的问题，但这只是广义相对论中极小的一部分。

四、阅读《狭义与广义相对论浅说》后的感想

若用生动简洁的语言谈及相对论，那么“一辆高速行驶的车子，随着车速逐渐提升，车窗外的世界从车内看来慢慢扭曲”似乎就是爱因斯坦眼中的光速不变；“用网格虚拟时间和空间，将物体放进此网格内，时空扭曲”似乎就是

① ［美］阿尔伯特·爱因斯坦：《狭义与广义相对论浅说》，杨润殷译，北京大学出版社 2006 年版，第 29 页。

② ［美］阿尔伯特·爱因斯坦：《狭义与广义相对论浅说》，杨润殷译，北京大学出版社 2006 年版，第 29 页。

③ ［美］阿尔伯特·爱因斯坦：《狭义与广义相对论浅说》，杨润殷译，北京大学出版社 2006 年版，第 30 页。

将牛顿的万有引力理论与爱因斯坦的狭义及广义相对论结合在一起。

那么，爱因斯坦是怎么提出这么伟大的理论的呢？爱因斯坦在很多公开场合表示，他在研究相对论的时候，可能都不知道迈克尔孙实验的存在，他只是在想如何将运动与电动力学联结起来。也许正是他从与洛伦兹、庞加莱等人不同的角度思考光的波动理论那一朵乌云，才真正从以太的羁系中解脱，于是抛弃经典理论框架后创立新体系。物理这门自然科学将知识分门别类，却又紧密联系，相互渗透；盘根错节，却又条条道路通罗马，奇妙而又深奥。

1916年，爱因斯坦基于广义相对论预言了引力波的存在；2016年，高级LIGO探测器首次探测到了来自于双黑洞合并的引力波信号。能预言一个世纪后才能观察到的事物的人，他的思维应是像宇宙一样广阔啊。

但与此同时新的疑惑接踵而来：广义相对论就是终极真理吗？究竟光速不变是否正确呢？这是否只是茫茫宇宙中一个个更普遍原理的特殊情况呢，就如同牛顿建立的经典物理学框架只是相对论的特例一般？科普文章《宇宙透镜》的内容令人大吃一惊，我们看到的星体很有可能是不真实的，不但如此，这个不真实度远大于广义相对论展示的光线误差，若是这样，我们的所知所想是否偏离无机世界的真实呢？电影《星际穿越》中有一幕是男主角经过黑洞奇点后到达了“五维空间”，那么这个奇异的空间在真实宇宙中是否客观存在呢？这些神秘面纱也许正等着来人继续揭开……

“两件事情让我敬畏：布满星星的天堂和被包含其中的精神宇宙。”爱因斯坦说这句话时应该不知道，浩瀚无垠的宇宙的确令人崇敬，但他探索宇宙奥秘的相对论及其泓邃的精神世界，也同样令后人仰望。

相对有限的真理，绝对无限的想象

银树焜　弘毅学堂

【指导教师评语】　狭义与广义相对论都是基于爱因斯坦发表的论文而提出的，理论经典深刻丰富，对现代物理学发展影响深远。作者以大一学生身份，从自身的知识体系出发，认真而细致地阐述了对这两种理论的理解，同时兼谈了狭义和广义的区别，文笔清秀，文风朴实，内容真实，值得一读。(数学与统计学院　汪春晖)

为什么选了《狭义与广义相对论浅说》这个烫手的山芋？可能因为这是《自然科学经典导引》选取的十本经典书籍里我读的时间最长、遍数最多的一本吧——保守估计从小学开始读到现在有 12 年，反反复复不下十遍了。想做科学家的愿望使我不自然地仰慕上爱因斯坦，去仔细阅读他的传记，并一次又一次地攀登那篇改变世界的论文《论动体的电动力学》。越是不懂，越是好奇，就越想再一次尝试。这就是相对论的魅力吧！

狭义相对论与广义相对论一字之差，难度迥异，教材《普通物理学》甚至只给广义相对论一个简介。因而两套理论也给我带来了完全不同的感受。狭义相对论使我认识到一个优秀的科学家应该能够打破常规，辩证地看待真理。用哲学术语来说，就是意识到真理是有条件的，是永远在发展的。从字面意思理解，相对论也像是在告诉我们真理是相对且有限的，从来没有绝对的真理。而绝对且无限的是什么呢？广义相对论告诉我们，是人类丰富的思维和想象力。即使无法到达宇宙深处，我们也可以构想出一切。这或许也是人类真正伟大的地方。

不妨先从相对论的诞生说起。随着麦克斯韦电磁理论的完善，人们得到了电磁波在真空中传播速度为 c 的结论。但是电磁波的传播需要介质——人们定义为以太(ether)。根据伽利略变换，在不同惯性系下光速不可能一致。受到惯性思维的影响，人们坚持认为伽利略变换是正确的，无数次地尝试测量“以太风”，颇为著名的有迈克耳孙-莫雷干涉实验，但无一不以失败告终。为了解释这些“零结果”，洛伦兹研究出洛伦兹变换，懂得了相对论的数学；庞加莱提出了惯性系中光速不变的相对性原理，懂得了它的哲学。但是，伽利略变换的藩篱不破，这场物理、思想上的变革就不能算开始。于是，便有了爱因斯坦的狭义相对论。

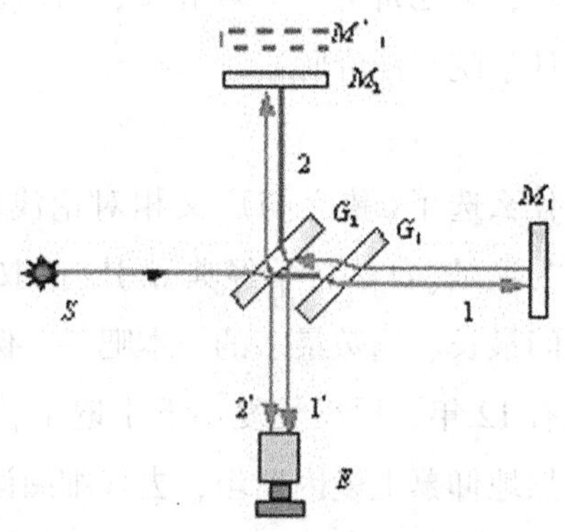

迈克耳孙-莫雷干涉实验

在经典力学中的惯性系里，速度可以达到无穷无尽，这符合人们的认知，就像《几何原本》五个公设一样，不言而喻，体现了人们对无拘无束、理想和完美的追求。当戴上最大速度为 c 的紧箍咒之后，人们难免会有些不适应，原来到底有些事情是做不到的。我想当洛伦兹通过他的变换得到这一结论时，内心并没有喜悦，而是像普朗克发现能量是不连续的一样，对这个世界的“不理想，有限制”产生了惶恐。

在认知范畴内，我总觉得狭义相对论是对洛伦兹变换和庞加莱提出的相对性原理的简单整合。所以，与其说爱因斯坦是以他的物理能力解决了这个问题，我倒觉得他的哲学思维起了更大的作用。一个巧合是1905年《论动体的电动力学》发表，标志着狭义相对论的诞生，同年他获得了苏黎世大学哲学博士学位。

要解析狭义相对论给我带来的对真理观念的新认识，用辩证唯物主义最合适不过。从辩证唯物主义的角度来看，真理本身就是个“矛盾”。

真理兼具客观性和主观性，它是对客观事物及其规律的正确反映，同时又只能通过感觉、直觉、表象、概念、判断、推理等主观形式表达出来。在相对论的论述中，体现在人们主观地认为速度是可以无限增加的，有时就是踩一脚油门的事，空间和时间也是互不关联的——你的空间位置可以不变化，时间却总在流逝。而狭义相对论却客观地认识到速度与光速、时间与空间的关联，同时用几个式子精简地将其表达出来。

真理又兼具一元性与多样性。同一条件下对客体的真理性认识只有一个，但真理又可以采取不同的语言形式、理论形式来多样化表达。狭义相对论并没有彻底否定牛顿力学，反而承认了牛顿力学在低速宏观条件下较好的近似性，两种看似不同的理论在这种条件下趋于一致。牛顿力学没有错，只是在不同的条件下不能一概而论罢了。

但最吸引我的，是真理兼具绝对性与相对性。绝对性包含主客观统一的确定性与发展的无限性，这与相对论带来的革命不谋而合。绝对性体现在两方面。首先，真理不依赖于人和人的意志，同谬误有原则性的界限。这充分体现了人认识的局限性。以人类认识为主体不加客观论证所造就的自以为的“真理”，无论看似多么正确，最终也只会被理论和实践推翻。其次，人类有能力正确认识无限发展着的物质世界，认识会不断前进。这又肯定了人类认识的前进性。从亚里士多德的主观臆断到伽利略的科学逻辑体系，从牛顿力学到相对论，理论越来越抽象，越来越难以想象，难以用生活中的例子来判断，却也一步一步接近真理。真理的相对性体现在人们对事物本质和客观规律的认识总是有限度的、不完善的。任何真理都只是对客观世界某一阶段、某一部分的正确认识，人类已经达到的认识广度是有限的。同时，真理也只是对客观对象一定方面、一定层次和一定程度的正确认识，认识反映事物的深度是有限的。限于生产力水平，牛顿时期的人自然很少有机会可以“仰望星空”，思索宇宙中的问题，也很难在微观世界中一探究竟，这在一定程度上提出了牛顿力学的局限性。而爱因斯坦时期之所以能够提出相对论与量子力学，也与这两方面问题长时间未能解决有关。

真理确实很“矛盾”，上面的这些性质都是既对立又统一的，在相互依存中制约彼此，在相互制约中促进彼此。这不禁让人联想到穷尽爱因斯坦一生的统一场论。或许，四个基本力本来就是既对立又统一的。既是如此，又何来统一呢？

所以，与其说狭义相对论教给了我物理学知识，不如说它交给了我一把衡量真理的尺。顺其自然地，我也就觉得这套理论可能也只是在部分条件下的真理，即使它能解决不少困惑。它让我对它的正确性，甚至是一切我以为正确的事物产生了怀疑，以致我现在还相信在不久的将来它会被推翻，超光速星际旅行、时空穿越会成为现实。

这些丝毫不影响狭义相对论的伟大。爱因斯坦构造出动量-能量四维矢量和闵可夫斯基空间来衡量时空间隔，并得到动量-能量四维矢量的模方、时空间隔 s 的平方等不变量，使这个空间变得不那么抽象。在质量与能量方面，著名的质能方程 $E=mc^2$ 不需赘言，它为原子弹提供了理论基础，彻底变革了战争，使人们谈“核”色变。与此同时，质量亏损等效应在微观领域也颇为适用。

但是在我心目中，爱因斯坦是最伟大的物理学家，从来就不是因为狭义相对论的成就。实验上遇到的问题已经摆在那里了，即使没有爱因斯坦，也总会有人提出这套理论，即所谓“时势造英雄”。在那个年代里，他的思想实验所展现的想象力，所得到的动钟变慢、动尺缩短等结论堪称匪夷所思。然而与广义相对论相比，这似乎都显得不足为奇。这一次，爱因斯坦把目光望向了宇宙。

广义相对论是爱因斯坦凭借一己之力在脑海中思考、孕育而得。它横空出世，在当时没有社会生产的需求，没有多少人能够真正理解，但其蕴藏着深奥的哲学。1916 年它预言的引力波，直到 100 年后才得到实验验证。①

义相对论让我真正见识到想象力的伟大。它对水星进动、引力红移的解

① 桑建平：《自然科学经典导引》，武汉大学出版社 2018 年版，第 111 页。

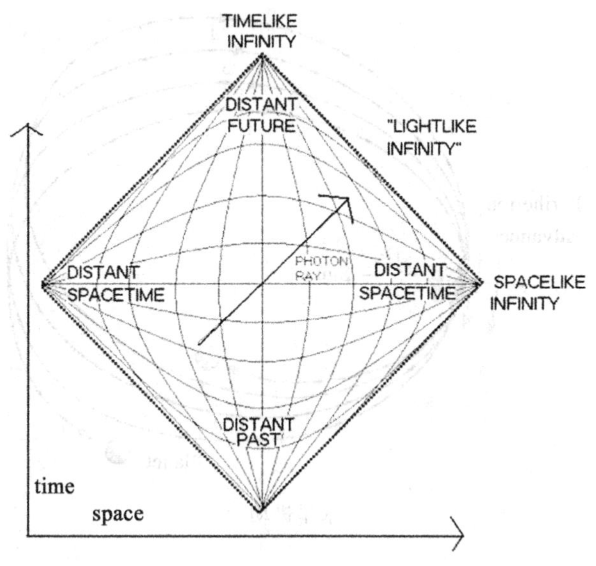

闵可夫斯基空间

释堪称完美，却被人们认为与经典力学得到的结果修正不多而被冷落。我想这不难理解，因为只有在足够广袤的地方，这个由足够丰富的想象力凝聚成的理论才能够施展拳脚，这便是宇宙和黑洞领域。《论动体的电动力学》中这样写道："黑洞使时间膨胀趋向无穷大，尺缩到零，光无限红移且凝滞不动，广义相对论与牛顿力学的差别被放到了极大点。"限于知识水平，我从来没能够彻底理解广义相对论，但是单单是阅读这些语句，那种表现在宇宙和伟大想象力面前的无知、惶恐、敬畏和好奇，也总令我深深触动。"飞向太空，宇宙无限(To infinity and beyond)"这句《玩具总动员3》里的台词，或许就是对爱因斯坦伟大想象力的最好总结。

在这个时代，想象力是一切创新的源泉。你能想到多远，就有可能创造出多么神奇的东西。"只有那些疯狂到以为自己能够改变世界的人，才能真正改变世界。"乔布斯如是说。想象力使得生活不再单调乏味，想象力也是打破陈规的利器，任何看似正确的真理在它面前都显得那么不堪一击。

一千个人就有一千个哈姆雷特，而对于我，一个人就可以读出一千个相对论。小时候，读相对论就是一场攀登科学最高峰的梦，朦胧而美丽；在高

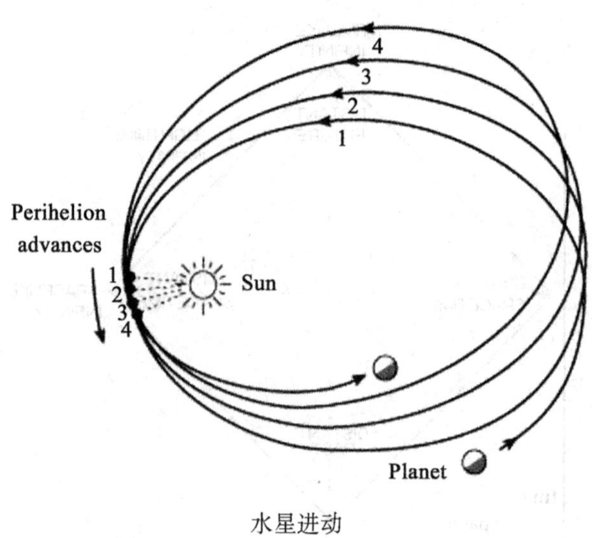

水星进动

中，有了物理竞赛的基础，可以看清相对论的冰山一角，却也曾粗浅地以为做会几道题就看透了狭义相对论；而现在，相对论是一门哲学，一门告诉我要打破陈规、丰富想象力的学问；到未来，我可能会读懂广义相对论的物理意义，但是我明白，相对论，其实就是用相对有限的人生，在绝对无限的世界里进行的一次旅行。

关于相对论的一些思考

姚懿玲　测绘学院

【指导教师评语】 针对爱因斯坦对同时性的论证，提出为什么一定要依赖光线来证明同时性的质疑——如果脱离光的前提，引入触觉作为感知工具，那么相对论的表述和证明如何进行？非常有意思的是仿照麦克斯韦妖、拉普拉斯妖的假设，提出了“姚懿玲妖”，在姚懿玲妖的感知世界里，相对论如何表述？是否成立？该文展示出较好的思辨能力和批判性思维能力，逻辑清晰，表明作者对物理学相关领域具有较为广泛的了解和思考，敢于提出自己的见解。(电子信息学院　吴雄斌)

我只是一个来提出一些问题的人，而你要看懂这些问题，切身体会到相对论的哲学之处，要答应我，你知道相对论是怎么运作的。

当然，还要记住一点，人类是长了眼睛的生物，而这世界上有很多生物没有眼睛，无法感受到光的存在，光所携带的信息，它们一无所知。

爱因斯坦在他16岁的时候提出了一个问题，如果人以光速与一束光并肩而行，那他将会看到静止的光吗？正是这个在16岁就埋下的种子，引领着爱因斯坦在26岁的时候提出了狭义相对论。今天，理解相对论的人越来越多，我们可以在此简单概括，广义相对论正是既定的光速不变理论所引申出来的一系列问题的科学解答，宇宙的时间和空间，牛顿力学曾认为它们是绝对的，在这种思想下，19世纪物理学家曾花了太多时间争论以太的运动，而事实上，光速是对任何参考系都是以 c

传播的，宇宙的时间和空间都要为这个定理做出让步。

而我的问题在于，了解到广义相对论本质的人都知道，物体沿着运动的方向变短了，是因为我们有需求去测量它，在测量的过程中，我们无法在真正意义上做到同时，因为同时的定义本身没有意义，在不同的惯性系中，对于我来说同时发生的事件，对于你来说未必。

那么我就要提出我的第一个问题，针对爱因斯坦对同时性的论证。

一、同时性的证明真的严谨吗

爱因斯坦在证明同时性的时候，用了一辆列车和两道闪电，当在地面上的人看到闪电同时发生时(他是这样定义的，A、B 两点处的光同时到达铁轨中点 C 处)，而一个在列车对应中点 C' 的人，它具有一定的与火车相同的初速度，那么他将先看到 B 处的光，再看到 A 处的光，所以 A、B 处两个事件对列车上的人来说，就不是同时发生的。

然而我们回头看看，就会提出一个疑问，为什么列车上的人会先看到 B 处的光呢？你也许会理所当然地说，爱因斯坦也正是这么说的，因为人在朝着 B 处的光移动而远离 A 处的光啊，这就是问题所在，当你这么说的时候，已经默认了经典力学中的速度相加原理，对于任何参考系，光速都应该是 c 才对，也就是说对站在 C' 处的人来说，自身的速度不影响光传到他眼睛的速度，A、B 两点的光应该仍然以 c 传到人的眼睛里，又怎么能说，人先看到 A 光再看到 B 光呢？追光问题本身就失去了意义，因为对于任何参考系，光速都是不变的。

那么如果不取中点 C 点呢？我们取三分之一点、四分之一点去观测，为了让问题简单，我们先假定列车是静止的，站在列车四分之一点的人类，列车两端同时发生事件(此处的同时，定义与上文相同)。那么对于这样的定义，站在列车四分之一点处的人看到 A、B 的光就不是同时到达他眼睛里的，也就是说，站在列车不同的地方，人们都无法统一同时性，这样子听起来很荒谬，我们甚至不需要一个运动的参考系就可以推导出同时性是如此的脆弱。

但是事实上，这些假设都建立在一个有眼睛的人，通过光去判断时间，光制造了影像，但是对于物体本质来说，它是没有沿着运动方向缩短的(这点用相对论也可以证明，以物体本身为参考系，它就永远是静止长度），只是看它的人认为它缩短了，当它停止运动时，它又恢复静止长度，那么我们可以说，相对论只是单纯的光学现象吗(就如同哈哈镜那样)？

如果事件不是闪电同时落下，而是在车厢两头同时打雷呢？声音的传播与光的传播最大的区别就在于，声音符合经典力学的叠加原理，而光速不变，如果一个事件，根本就没有发出光(宇宙中确实存在这样的事件，比如在黑暗中发生的事件，或者黑洞)，相对论还存在吗？一个在黑暗中高速运行的直尺，它的长度还会缩短吗？

二、姚懿玲妖的设想

我们现在假设有一种生物的存在，叫姚懿玲妖(就如同拉普拉斯为了推翻热寂理论而创造的拉普拉斯妖一样)，这种生物没有眼睛，一点都不能感受到光所携带的信息，但是这种生物却有着庞大的身躯和极高的智慧，这种生物在测量时用的是什么呢？是触觉(我们假设这种生物的智慧高到可以精确感受出双手之间的距离)。当这种生物在判断同时性的时候，它用的也是触觉。也就是说在这个世界里，传递信息的媒介是触感。

那么我的问题是，对于完全没有光感，甚至不知道这个世界上有光这种东西存在的生物(不要惊讶，照样有很多物理信息，人类完全无法感知)，在他们的世界里，相对论还存在吗？

我假设这么一个场景，依旧是在铁轨上飞奔的列车，这次的事件不是同时击下的闪电，而是姚懿玲妖伸出它的双手，同时摸住了车头与车尾，它就能得到所测量的车长，这样它得到的车长就是车的原本车长，而非相对论收缩后的车长。你可能认为这很荒谬，所以我要补充几点，其一，一个静止的生物能不能在不获得速度的情况下抓住一个有速度的物体？我认为是可以的，位置与速度没有必然的关系，不需要做到相对静止也可以抓住一个物体，只是在抓住后是否会产生碰撞的问题而已，然后发生在测量之后那一瞬间的事情并不需要我们考虑，因为在那一瞬间里，速度是不会改变的，坐标也可以既定，改变的只是瞬时加速度而已。在触碰的那一瞬间，手与列车的运动速度都可以不发生改变。

这样一来，我们就做到了跳过了光的传播，直接在测出了列车的真实长度，由此我真诚地发问，当事件无关乎光的时候，长度的缩短，究竟是真实的物质上的压缩，还是仅仅光学现象？如果我们要把光学现象搞得神乎其神，将光与时间空间连接起来，那光的折射现象难道是时空的扭曲吗？如果一个宇宙里全部都是水，那个宇宙的光速为 c'，那么那个宇宙的时间会更慢吗？显然不是，并且这样说很荒谬，我知道这样的类比是极其不严谨的。

三、光学现象的疑点

如果我说，相对论是光学现象的理由是缩短的尺子在静止后又会恢复原长，那么真正让我疑惑不解的，是相对论效应下，变慢的时间将永远不会恢复原样，光真的对时间造成了不可逆转的影响，在前文提到的姚懿玲妖中，虽然它没有眼睛，却可以触摸出物体的衰老，如果姚懿玲妖有一个双胞胎姐妹，我们再现一下著名的双生子佯谬，那么其中有一方一定能通过手摸到另一方的皱纹和变老的痕迹。这就是相对论效应真实存在而非光学效应的证据。

可是为什么尺子会恢复长度，而时间却永远变慢了呢？我的解读实在是无法回答这样的问题，相对论是伟大的理论，解决了许许多多牛顿力学无法解释的东西，但所谓相对问题，很多时候，从思想上更像是哲学问题，人不理解超越自己传统理解的东西，于是提出各种各样奇妙的、异想天开的、幼稚的疑问，而我相信，正如16岁的爱因斯坦一样，疑问总是会开启新的奇妙世界的。

“单枪匹马”的人类斗士

刘泽豪　资源与环境科学学院

【指导教师评语】　文章以文学的构思、艺术的语言描绘了爱因斯坦的科学魅力和人文精神。文章首先概述从经典力学到爱因斯坦相对论力学的发展历史，再概括了爱因斯坦关于宗教、政治与人权、反对纳粹主义的人文思想。文字精练、概述较准确，逻辑清晰。可以说本文是科学理性与文学艺术的完美结合，反映了作者对爱因斯坦文献的熟悉，对爱因斯坦科学和人文精神的热爱。愿爱因斯坦思想的光辉照耀到每位学生的心灵，播下科学和人文的种子，在心中蔓延生长！（资源与环境科学学院　熊华）

伴随着钟声，新千禧年的脚步正在临近。1999 年 12 月 31 日，20 世纪最后一期 *Time* 出版。按照惯例，20 世纪风云人物也将同时出炉。烫金的封面上仅有一帧黑白照片——花白的须发，额头隆起的皱纹，略显不整的上衣——正是爱因斯坦。“天才、政治难民、人道主义者、原子和宇宙谜的开启者。”① *Times* 给出的当选理由简短而有力。

整个 20 世纪，似乎每一年都有值得大书特书的大事件，但是 *Times* 却把最高光，留给了 1905 年瑞士伯尔尼的一间小屋，不管是两次世界大战旗帜飘扬的高地、各国议会唇枪舌剑的厅堂，还是华尔街富可敌国的金融家，在它面前似乎都不值一提。

---

① ［美］时代华纳公司，*Time*，1999 年 12 月 31 日，第 1 页。原文为：“Geniuses, political refugees, humanitarians, unlock the mysteries of the atom and the universe.”文中为笔者译。

整个20世纪，可谓人才辈出，似乎每一年都有值得载入史册的大人物，但是*Times*却把最高光，留给了一个出生于德国的犹太裔物理学家，不管是各个国家日理万机的元首、战争结束高唱凯歌的英雄，还是学问界造诣极高的大师，在它面前似乎都不值一提。

爱因斯坦到底有怎样的科学与人文魅力，让这些政要、富豪、战争英雄都黯然失色？

一、“一切又恢复原样”

英国诗人亚历山大·波普(Alexander Pope)曾经为牛顿写下以下这段墓志铭：“Nature and nature's laws lay hid in night; God said ‘Let Newton be’ and all was light。”①(自然与自然的定律，都隐藏在黑暗之中；上帝说，让牛顿来吧！于是，一切变为光明。)可后来，人们续上了这段小诗：“But not long the Satan said ‘Let Einstein be’ and all was what it was。”②(但是这并不长久，魔鬼大喝一声：“让爱因斯坦去吧。”于是一切都恢复原样。)

我们不妨把这段小诗理解为：“上帝说：‘派牛顿去吧！’一切豁然开朗。”因为牛顿的经典力学直接开创了一门能够直接解释大自然的学说，解决了大量在古代难以解释的问题。“魔鬼大喝一声：‘派爱因斯坦去吧！’于是一切回复原样。”因为爱因斯坦以一种全新的视角拓宽了物理学的范围，将物理学带入了一个全新的未知世界，以至于又出现了大量到现在都难以解释的问题。但是不可否认的是，爱因斯坦的理论探索着令人惊叹的新的物理世界可能性，不光以知识存在，更丰富了我们的美学世界。

那么爱因斯坦的理论为何重要？他又为我们揭开了怎样的物理世界秘密？我们不妨看看从经典力学到相对论力学的发展历史。

通常来说，力学按照以下两个标准——速度大小与尺度大小——可分为四大体系：宏观低速下适用经典力学、宏观高速下适用相对论力学、微观低速下适用量子力学、微观高速下适用量子场领域。

经典力学的领域即牛顿力学。从数学模型来看，牛顿力学的空间是一般

① [法]柯瓦雷：《牛顿研究》，张卜天译，北京大学出版社1995年版，第13页。

② [美]沃尔特·艾萨克森：《爱因斯坦传》，张卜天译，湖南科技出版社2007年版，第4~5页。

意义上的欧几里得三维空间，存在绝对时间与绝对空间，也即时间与空间无关。从物理研究对象来看，物质抽象为理想状态下的单个质点，或者是一定数量的质点集合，或者是散布于整个空间之内的无限数量的质点集合(场)。从物质运动的规律来看，符合经典的伽利略变换。但是麦克斯韦的经典电磁学理论让经典力学难以自洽——电磁波的速度不变原理显然与我们通常认为的欧几里得时空和具有绝对参考系的伽利略变换无法兼容。

而对于相对论力学领域，从数学模型上来看，狭义相对论的时空观借用了闵可夫斯基空间，即一个时间维度与三个空间维度组成一个四维时空；广义相对论的时空观是黎曼空间，在闵可夫斯基空间的基础上增加弯曲部分。从物理研究对象上来看，相对论力学里物质不仅仅是经典力学里的孤立质点，还会对时间、空间产生影响。从物质运动规律上来看，符合推广的洛伦兹变换。相对论力学揭示了时间、空间与物质之间不再孤立，而是紧密相关。

与此同时，我们必须明确的是，按照当时的物理学发展趋势，狭义相对论的出现是必然的。迈克尔孙-莫雷实验已经撼动了经典力学的绝对时空观的基础，洛伦兹已经提出了洛伦兹变换，庞加莱已经提出相对性原理，可以说狭义相对论已是呼之欲出，即使没有爱因斯坦也很大可能会由其他科学家提出。但是广义相对论的提出，可以说是爱因斯坦单枪匹马在黑暗中杀出的一条血路。前无经验，能依靠的除了自己还是自己。难以想象，在他不可思议的头脑之内，进行着怎样的思维实验与模型建构。作为后人的我们，除了敬畏，还是敬畏。

霍金在他的著作《果壳中的宇宙》中写道：“广义相对论和爱因斯坦方程是他最好的墓志铭和纪念物。它们将和宇宙同在。”①当人们迈向宇宙深处、探索星河那端的绚烂时，必然永远不会忘记，1905 年在瑞士伯尔尼的一个青年的沉思。

二、“尽管那接近逻辑规律”

在瑞士伯尔尼的爱因斯坦故居之内，墙上挂着爱因斯坦一句话：“一切发

① ［英］史蒂芬·霍金：《果壳中的宇宙》，吴超群译，湖南科技出版社 2002 年版，第 41 页。

现都不是逻辑思维的结果，尽管那些结果看起来很接近逻辑规律。”①这句话肯定了以形象思维、艺术思维为代表的非逻辑思维。这与爱因斯坦的人文精神密不可分。

《爱因斯坦文集》三卷之中，有大量关于人文社会科学的文章，这其中记录了大量反映他的宗教伦理观与致力于和平发展与人类道义的文章。

关于宗教，爱因斯坦形容自己为不可知论者，但并不具有像专业无神论者般的十字军精神；更仔细的解释是，由于人类对于大自然与自己本身的了解可能有缺失，因此应该采取谨慎谦卑的态度。美国犹太领袖拉比赫伯特·高德斯坦曾经问爱因斯坦是否相信神？他回答说：“我相信斯宾诺莎的神，一个通过存在事物的和谐有序体现自己的神，而不是一个关心人类命运和行为的神。”②我们从字里行间感受到的是爱因斯坦对大自然规律的敬畏，及其时刻保持谦卑的科学精神。

关于政治与人权，爱因斯坦的政治观倾向于社会主义，对资本主义持批判态度，在他撰写的文章《为什么选择社会主义？》里有详细陈述。爱因斯坦认为资本主义社会追求利润的动机，资本家与资本家之间的竞争，这些因素导致不必要的经济循环，从繁荣到萧条，又从萧条到繁荣，这循环鼓励的是自私行为，而不是合作互助。且在1946年一场毕业典礼的演讲中，爱因斯坦郑重表示：“在美国，有色人种和白人是隔离的。这是白人的一种病。我不打算对此保持沉默。”③

关于反对纳粹主义，在1939年，包括利奥·西拉德、爱德华·泰勒在内的一群流亡物理学者试图警告美国政府，揭露纳粹德国正在进行的原子弹研究的秘密计划。爱因斯坦被他们说服，凭借其崇高声望与西拉德一道写信给美国总统富兰克林·罗斯福。但对于爱因斯坦而言，写给罗斯福的那封信违反了爱因斯坦所支持的和平主义。在过世前一年，爱因斯坦对老朋友莱纳斯·鲍林说：“我一生之中犯了一个巨大的错误：我签署了那封要求罗斯福总

① 余秋雨：《行者无疆》，长江文艺出版社2012年版，第145页。

② ［美］沃尔特·艾萨克森：《爱因斯坦传》，张卜天译，湖南科技出版社2007年版，第389~390页。

③ ［美］沃尔特·艾萨克森：《爱因斯坦传》，张卜天译，湖南科技出版社2007年版，第504~505页。

统制造核武器的信。但是犯这错误是有原因的：德国人制造核武器的危险是存在的。”①

在《爱因斯坦文集》里，爱因斯坦有关人文社会科学的论述不胜枚举。他虽然是物理学家，却依旧为人文社会科学张目，*Time* 评价他为人道主义者实至名归。

三、骑士的守卫

如果说我们人类住在一间大城堡里，那爱因斯坦就像是一位中世纪骑士。他冲出城堡，凭借一己之力，单枪匹马开辟出一块新的领地，让城堡里面的人能看到更广袤深邃的世界。他又会回到城堡之内，加入城堡的守卫，防止城堡被恶人从内部攻陷。有这样一位伟大的骑士，不能不说是我们人类的荣幸！他的名字和精神将和宇宙同在！

① [美]沃尔特·艾萨克森：《爱因斯坦传》，张卜天译，湖南科技出版社2007年版，第752页。

并不渺小的追光者

张小简　法学院

【指导教师评语】 作者从文科生的视角阐述了自己对《狭义与广义相对论浅说》中关于以太、时间、空间的理解。文笔优美流畅，词句信手拈来又紧扣主旨；文末回归到哲学思考起到了画龙点睛的作用，是一篇不可多得的佳作。(测绘学院 李妍)

自古以来，人类对自身所处世界——“宇宙”的好奇与探索从未停止。“宇宙”一词并非舶来，文子这样解释：“往古来今谓之宙，四方上下谓之宇。”①也就是物理学中的“时间”和“空间”。《狭义与广义相对论浅说》(以下称《浅说》)阐述了20世纪以来人类时空观的重大变革。新理论体系的出现和发展，离不开光的传播规律，并且以此作为重要依据。这不由得让我们感慨，那些难为世人理解的、从尘世中抬起头仰望星空的人，可能真的改变了世界。

一、绝对静止的“以太”之没落

诗词歌赋里，梅花通过驿马由江南寄往长安，尺书通过江河从边疆递至故土。物理世界中，物质的传播需要一定的介质，例如在地球表面的固态、液态和气态介质。但是，大气层之外的真空如何传递遥远的星光呢？“以太”的概念由此提出。

① (战国)文子：《文子校译》，李定生、徐慧君校译，上海古籍出版社2016年版，第305页。

以太的来源可以追溯到亚里士多德的“青天”和笛卡儿的“虚空不虚”理论，后来为了解释光的传播和电磁现象而提出。学者把以太想象成“绝对静止，无所不在”的刚性物质，构成绝对参考系，这与牛顿经典的时空观相契合，也和大多数人对空间的常识性想象一致。在日常生活中，我们常常以大地为参照物，或者想象我们所生活的世界是一个巨大而确定的空间坐标系，汽车在公路上的运动，文书在两个城市之间的传递，完全可以用三维的 x、y、z 确定出精确的位置；至于时间 t，不过是“一分钟等于 60 秒”，清清楚楚，毫无疑问。人们相信最简洁的规律最为美观，干脆把大气层内的规律完整套用在整个宇宙之中，认为光和电磁的传播也不过如此。

但是，经典力学的宏伟大厦构建了我们的认知框架，也在一定程度上限制了进一步的思考。《浅说》的第一节就提到了欧氏几何的例子，欧几里得在鸿篇巨制《几何原本》的最开始就提出 5 条“不证自明”的公设，探讨它们的真假是没有意义的，它们只不过是逻辑推导的起点。然而，在牛顿的时空观里，也先入为主地确定了“刚体上的两点永远对应同一距离”①和“物体与其位置变化无关”②的假设。与几何推理不同，物理世界的“公设”能够对应物质实体，但在宏观世界，它的真实性就不堪一击了。

牛顿曾通过著名的“水桶实验”，让装有水的桶沿中轴旋转，尝试说明水的运动并非依赖于周围的事物(桶)，而是依靠绝对的参考系。马赫率先对其提出质疑，他认为水的离心力和惯性力源于天体对水的引力，从而有力地批判了这种机械自然观和力学先验论。马赫的理论启发了爱因斯坦，在狭义相对论中，爱因斯坦描述了运动中量杆和钟的行为，得出结论“动钟变慢”与“动尺收缩”；在广义相对论的证实过程里，通过掠过太阳光线的偏转，得出“光线在引力场中一般沿曲线传播”③的结论。可见物体运动时，自身的形态、时间和空间都会改变，就好比哈利·波特魔法世界中的骑士公共汽车，它完全

① ［美］阿尔伯特·爱因斯坦：《狭义与广义相对论浅说》，张卜天译，商务印书馆 2018 年版，第 2~3 页。

② ［美］阿尔伯特·爱因斯坦：《狭义与广义相对论浅说》，张卜天译，商务印书馆 2018 年版，第 2~3 页。

③ ［美］阿尔伯特·爱因斯坦：《狭义与广义相对论浅说》，张卜天译，商务印书馆 2018 年版，第 46~48 页。

不按公路行驶，经过大厦和农庄时会直接改变车的宽度通过，好像那些障碍物都在为自己让路一般。

由于物体的性质，其时间与空间都会随着运动而变化，绝对静止的世界观面临着分崩离析的挑战。

二、为什么相对论要“追光”

相对论的研究开端于光的传播与相对性原理表面上不相容的矛盾，无论是“铁轨实验”还是“斐索实验”，都是一种追光实验，即无论以何种速度追光，光速对于运动的物体都是一样的。光既是一个极限的速度，又是在任何坐标系中不变的物理定律，这种神奇的特性无法不令人着迷。

按照相对论，每个运动的物体都有自己的时间和空间，物体的运动不是基于静止的巨型空间三维坐标系有绝对标准，它是相对的。相对是否带来无序？爱因斯坦所说的“上帝不会投骰子”在量子物理领域广有争议，但是在相对论上不无道理。根据洛伦兹变换得到的公式，刚性米尺运动中的长度是 $\sqrt{1-v^2/c^2}$ ，可知当 $v=c$，长度为0，而如果 v 更大，平方根就为虚数。① 由此可知，在相对论中光速 c 扮演着极限速度的角色，是万物传播速度的边界，能够以此作为每种运动的标准。即使运动是相对的，也并不妨碍物体围绕着“光的标准”确定自己的状态，事实上，相对论也体现了物理世界“简洁美观”的规律。

三、我们的宇宙

人类关于宇宙的构想经久不衰。在高中地理课上，老师讲到：“宇，无边无际；宙，无始无终。”极言其浩瀚神秘，但从未做出理论阐释。《浅说》对有科学依据的宇宙观做出了简洁的分析，让我颇有茅塞顿开之感。牛顿认为恒星宇宙是“无限海洋中的有限岛屿”②，由中心到外围密度逐渐减小，很可能

① ［美］阿尔伯特·爱因斯坦：《狭义与广义相对论浅说》，张卜天译，商务印书馆2018年版，第22~24页。

② ［美］阿尔伯特·爱因斯坦：《狭义与广义相对论浅说》，张卜天译，商务印书馆2018年版，第84页。

受到日心说或者宗教"中心"观念的影响。按照此说，宇宙必然在边缘"贫乏"下去，难以令人信服。西利格修改牛顿定律，认为宇宙平均来看是处处相同的，但是没有解释宇宙密度和物质空间分布的关系。

爱因斯坦基于广义相对论提出新的宇宙观，他认为宇宙是一个没有边界的闭合空间，就如同某种二维生物在球面上无法走到尽头，但是球面的面积是固定的。我们的宇宙表面类似于一个曲面，虽然放大来看近似水平，如同地球上的一个湖泊。但是根据广义相对论"时空受物质分布的影响"①，这个湖面并非风平浪静，波澜不惊，而是因为湖水中物质质量分布不均有细微的波澜和涟漪。另一个没那么巧妙但相对通俗的比喻是想象一张巨大的床垫，当某位壮汉坐下休息时，床垫因其体重凹陷了一小块，因此变得凹凸不平，而他周围的物体由于床垫的凹陷，不由自主地向他移动，这就好比受到引力场的影响，质量小的物体被质量大的物体所"吸引"。爱因斯坦绝妙的比喻生动阐明了相对论体系下的宇宙理论，这种大胆而有据可循的想象，对于自然科学的研究和发展的意义不亚于精确的计算和推理。

按照西利格的想法，如果物质均匀分布，宇宙必然是球形或椭圆。但是相对论认为物质在细节上并非均匀，因此宇宙是准球形的。② 西利格和爱因斯坦仅通过数学和力学模型的分析就构建出整个宇宙的形态，并且以此方法阐释浩瀚苍穹的运行规律，显示出理性思考的独特魅力。只可惜《浅说》简单介绍了这种宏伟构想就戛然而止，正符合爱因斯坦在前言中对本书"简单精确"的定位。

四、结　语

一口气读完《浅说》，我感到意犹未尽，很想进一步知道宇宙不均匀的物质分布基于什么原因，以及人类能否像证明"地球是球体"一样证明宇宙的准球形和有限性。我非常期待在将来的学习过程中一睹相对论完整体系的风采。

《浅说》不仅关于物理和数学，也涵盖了天文学和哲学。作为文科生，我

① ［美］阿尔伯特・爱因斯坦：《狭义与广义相对论浅说》，张卜天译，商务印书馆 2018 年版，第 90 页。

② 这就是说，由于实际上物质分布不均，宇宙在各个部分会偏离球形。解释出自：［美］阿尔伯特・爱因斯坦：《狭义与广义相对论浅说》，张卜天译，商务印书馆 2018 年版，第 71~72 页。

相信一切自然科学都与哲学有密切联系。苏格拉底认为哲学就是爱智之学，我认为哲学是人们追求智慧、探索世界的万丈雄心，是人类仰望星空、脱离低级趣味的活动。尽管地球只是无边无际、无始无终的宇宙中的一粒尘埃，但正因为有那些不计功名的“追光者”和他们伟大的思想，人类文明才得以在浩瀚宇宙中熠熠生辉。

丙　编

生命领域

“适者生存”乌托邦的彼岸

——与一位社会达尔文主义者的辩论

张文曦　法学院

【指导教师评语】 本文基于《物种起源》，通过讨论“适者生存”这一自然法则是否能够用于解读人类社会，对自然界和人类社会进化的理解展开了深入探讨。全文以“诘问式”对话的写作手法展开，论证层层递进、抽丝剥茧、讨论深刻；行文鲜活优美，引人入胜。（基础医学院　张德玲）

天朗气清、惠风和畅的一个和煦春日，我与一位友人漫步于珞珈山下，望着远处高楼林立，车水马龙的繁华都会一隅，身居象牙塔、尚未踏入社会的我不由得对未来心生迷惘与担忧，向身旁的友人感叹道：“未来的我们，终将成为他们中的一员——忍受着‘996’工作制甚至更甚于此的压榨，用青春与健康在偌大的都市换取一寸立足之地。”

“‘优胜劣汰，适者生存’是世界亘古不变的运行法则。”友人却并不沮丧，神采奕奕地望着远方的高楼，慷慨激昂地说道，“况且这不是一件好事吗？无法忍受‘996’工作制的人被时代淘汰，熬过压榨、爬上高层的人享有福利和支配权，只有在激烈竞争的‘大浪淘沙’下，人类才能不断进化。”

“你所说的或许是现实，但我始终不认为人类社会的进步应当依赖更加残酷的竞争。你并不能说服我，我的朋友。”我对友人说道，“我很乐意就这个话题展开一场论辩。”

“我的朋友，请你告诉我你眼中的‘乌托邦’是如何运行的呢？”

“当然，我的荣幸。”友人似乎被我激起了兴趣，双眸中燃起熊熊斗志。

“或许你曾读过达尔文的《物种起源》——这简直就是对人类社会运行机制至高无上的总括。达尔文认为生物会产生各种变异，伟大的自然通过生存斗争对其变异进行选择——具有有利变异、能够适应环境的生物得以生存并繁衍，不能适应环境的生物则被自然淘汰。人类社会不正是如此吗——社会中的人能力不等、性格各异，能够满足社会需要的强者生存，不能适应社会的弱者灭亡。通过‘适者生存’的社会运转机制，人类文明得以不断进化。”

“你对于自然选择理论的解说着实精彩，”我说道，“不过我们能否将自然规律直接套用于人类社会呢？我认为不然。”

“此话怎讲？”

“让我来举个例子：在黑烟滚滚的工业地带有白色飞蛾与黑色飞蛾，其中哪一种飞蛾更能适应环境呢？”

“当然是黑色飞蛾，在黑色烟尘中黑色飞蛾难以被天敌发现，更易生存与繁衍。”

“你的意思是黑色飞蛾是能够适应环境的强者，相对的白色飞蛾就是弱者？”

“完全正确，我的朋友。”

“那么你认为该地的白色飞蛾将会面临怎样的命运呢？”

“它们会日趋减少，甚至走向灭亡。”

“在自然选择理论下的确如此。”我说，“现在我们将视角切换到人类社会：同样在黑烟滚滚的工业地带，是忍受资本家的压榨每日勤恳工作十小时甚至更久的工人更能适应环境，还是无法忍受资本家剥削、抵制高强度劳动的工人更能适应环境呢？”

“当然是认真工作的工人们。不能适应高强度劳动的工人会被资本家解雇的。”

“按你的说法，在‘适者生存’机制的作用下，忍受剥削的工人们能够生存并进化，而抵制高强度劳动的工人将难以生存甚至走向灭亡？”

“你说的对。”

“我的朋友，你是否曾考虑过这样一种可能性：忍受剥削的工人所获的微薄薪资无法改善其生活，反而在长期高强度的工作下他们的身体每况愈下，最后英年早逝；而无法忍受剥削的工人联合起来，集体罢工甚至发动革命，最终争取到合理的劳动制度与良好的福利保障，生活得以真正改善。”我说，“人类社会具有错综复杂的政治、文化、权力等关系，直接用自然规律加以分析解读是不正确的。”

“在这一点上我认同你的观点——或许我忽略了人类社会特有因素的影响，但你所举的例子也因为受这些因素的影响而不具普遍性。事实上，你无法否认‘优胜劣汰，适者生存’的现象确实广泛存在于社会生活中，并且通过这一机制可以充分发挥强者的作用，推动社会进步。”友人反驳道。

“看来我们仍需就这一问题进行深层次的辩论，”我说，“为了更加明晰‘适者生存’的机制，让我们回归到自然选择理论本身——达尔文认为在自然的选择下，生物的有利变异使其保存下来，而生物的有害变异导致其绝灭。”

“你所说的完全正确。”

“普通蜜蜂不能吸到红三叶草的花蜜，但具有略长或不同形状吻的蜜蜂能够吸到其花蜜，那么我们可以说在长满红三叶草的地方，具有略长或不同形状吻的蜜蜂是有利变异。”①

“正如你所说。”

“但是蜜蜂可以采到肉色三叶草的花蜜，那么在长满肉色三叶草的地方，具有略长或不同形状吻的蜜蜂是否为有利变异？”

“不能，因为其与普通蜜蜂的采蜜能力相当，不具突出的生存优势。”

“那么我们是否可以说对于变异是否为有利变异的判断会随着环境而变化？生物因为其所属环境的变化，其保留下来的变异的方向也是非定向的？”

“我想是的。”

“让我们再一次将视角转移到人类社会，”我说，“在生产力极度低下的时代，人类繁衍的成活率极低，那么在当时的人类社会中的‘强者’是否为那些生育能力强的人类？”

“没错。”

“但是随着医疗技术的迅速发展，生育成活率提高，现在人类社会的‘强

① ［英］达尔文：《物种起源》，刘连景译，新世纪出版社2014年版，第54页。

者'是否仍和原来一样呢?"

"显然不是。"

"那么我们是否可以认为对于所谓'强者'的定义会随着时空而变化?"

"是的。"

"那么问题来了,"我狡黠一笑,"你又如何能够定义所谓'优劣'和'强弱'呢?"

"当然是根据当今社会的需要与社会的进步方向来定义,'强者'便是那些能够推动社会进步的人。"

"我想你应该能看到问题所在了,我的朋友——达尔文的自然选择理论中,生物的变异与演化是偶然且不定向的,'适者生存'中的'适合'可能有无数种标准。而当人们运用'适者生存'的自然规律解读人类社会时总是不可避免地加入自己的价值判断——此时的'适者生存'是具有方向性的,逐渐偏离其本意。"

友人一时哑口无言,他大概发觉自己对于达尔文自然选择理论的误读,但尚未认识到这种误读的危险之处。我接着指出:"其实'优胜劣汰,适者生存'的错误解读是十分危险的——19 至 20 世纪,随着西方资本主义的发展与殖民主义的盛行,社会上甚至发展这样的思想:人们广泛认为北欧的日耳曼人在寒冷气候中逐渐获得高等生存技巧,因此具有热衷于扩张和冒险的特性,是优等人种。而黄种人、黑种人是劣等人种,其文明也属于落后文明,应当被自然淘汰。"

"这不就是种族主义嘛!"友人愤慨地说。

"西方资本主义国家以此为殖民掠夺的遮羞布,而德国纳粹分子则利用这一观念大肆屠杀犹太人,消灭'劣等人',扩充'优等人'……"

"我的朋友,现在我明白了——",天色渐暗,友人眺望远处渐渐亮起的万家灯火,目光如炬,"'适者生存'乌托邦的彼岸并非经济繁荣、政治清明、歌舞升平的极乐净土,而是充斥着不平等、歧视与斗争的地狱。'适者生存'从来都不应该是社会不公、殖民主义、种族主义、强权政治的伪装。要想真正抵达幸福的乌托邦彼岸,还需要我们摒弃蛮荒的'丛林法则',坚持公平正义的价值取向,运用人类文明中的道德、法律、理性等铺就通向理想乡之通途。"

浅析达尔文主义与社会达尔文主义

——自然与社会理论界限探微

许天昊 弘毅学堂

【指导教师评语】 作者通过阅读《物种起源》，从不同的视角探讨了达尔文与社会达尔文主义的衍生关系，并阐述了作者自己对“社会达尔文主义”的认识。观点鲜明，值得一读。(物理学院 桑建平)

一

1859年，《物种起源》出版，英国社会学家斯宾塞很快就将达尔文的自然进化论照搬到社会领域。在达尔文的《物种起源》的第三节“生存斗争”中，我们可以看到对物种间竞争的如此描述：“昆虫和昆虫之间进行了何等激烈的斗争——昆虫、蜗牛、其他动物和鸟、兽之间又进行了何等剧烈的斗争——它们都努力增殖，彼此相食，或者吃树，或者吃树的种子和幼苗，或者吃最初密布于地面而抑制这些树木生长的其他植物！”①在以斯宾塞为代表的社会学家看来，强者生存的法则不仅仅适用于自然界，在人类社会中也同样能发挥效用。社会就像一个大森林，人们要不断地去适应环境，然后投入大量精力与他人竞争，通过“优胜劣汰”推动整个社会的“进化”。由此，不难发现，社会达尔文主义确实受到了《物种起源》的启发，但是其产生还有着深刻的时代原因与社会渊源。

① [英]查理·达尔文：《物种起源》，钱逊译，江苏人民出版社2015年版，第102~103页。

从时代背景来看，斯宾塞的社会进化论思想产生于19世纪下半叶，此时正是第一次工业革命完成，第二次工业革命蓄势待发之际。资本主义经济迅速发展，同时由于资本家的压榨，工人运动也时常发生。无论是西里西亚纺织工人起义、英国宪章运动还是法国的里昂工人起义，都展现了在资本主义狂飙突进的背景下蕴含的深刻的社会矛盾，彰显了受压迫的工人阶级对资本家的不满。在如此背景下，需要一个理论为现存的社会秩序辩护——斯宾塞的社会进化论应运而生。在他的理论中，“人有种族优劣”“有能力高低”成为了前提，故而优等种族淘汰劣等种族、有能力者去除无能者是正常的“自然现象”，也是社会进步的必要步骤。自然而然地，他认为社会改革(诸如国家的福利政策)、社会革命(诸如工人运动)都是不合理的，因为它们阻碍了社会去遴选它的优秀人民。

二

从上文的描述看来，虽然社会达尔文主义有为自身阶级辩护之嫌，但是从自然进化论发展而来的理论似乎也有存在的合理性。但其与自然进化论的巨大区别和与资本主义价值观的矛盾注定了其地位的尴尬。

首先，笔者对自然进化论能否应用于社会产生质疑。在自然界中，生存竞争的前提是：所生存的环境的物质资源已经无法供养庞大的生物群体，为了赢得生存的机会，它们不得不开始残酷地竞争。而在人类社会中，发展至19世纪中叶，社会生产力的突飞猛进已经可以满足西欧人的生存的基本需求，无需为了最基本的生存资料争得你死我活。事实上，资本家们奴役工人只是为了满足自己对财富的贪婪。

其次，对于上层阶级是否生而优等也有待商榷。正如中国的魏晋南北朝时期的门阀贵族的孩子无论贤愚都可以身居高位，其背后不是基因的好坏或者是种族的优劣，而是权势的大小和财产的多寡。晋惠帝即使是一个弱智也可以凭借世袭坐上王位，而那些贤能的治国之臣只能屈居阶下。又有谁能说晋惠帝比他的大臣们基因更优秀、更有能力呢？

再次，资本主义价值观强调：私有财产神圣不可侵犯，但是按照社会达尔文主义的指引，强者占有更多的资源，那是否意味着强大的无产阶级革命队伍也可以随意掠夺资本家的财产呢？此外，社会达尔文主义中所强调的优劣之分相较于启蒙运动中伟大思想家诸如洛克、卢梭等先哲的自由、平等的价值建构无疑是反动的。资本家们无法一边宣扬社会进化论，一边高喊人生而平等的鬼话。

最后，笔者想谈的是，既然人类能成为万物的灵长，必然应当秉持不同于一般动物的更高尚的价值观，不然，人与禽兽何异？既然已经能满足自身的生存需要，又怎么能把剥削和奴役他人作为人生信条？这种邪恶的思想和人在满足了自己的食用需要的同时还要虐杀动物遵循着相似的逻辑。

综上所述，社会达尔文主义虽然有存在和生长的土壤，但其实质仍然是一部分上层贵族或者资本家为了巩固其在工业资本主义时代的既得利益而创造出来的蒙蔽人民的自私的辩护理论。

三

社会达尔文主义的存在导致了历史上诸多悲剧，最著名的应当是两次世界大战。“强者生存”的逻辑给了20世纪初的帝国主义国家发展本国经济、扩军备战和向第三世界国家殖民的行为以理论支持。最终第一次世界大战在帝国主义国家之间的政治、经济、军事发展不平衡的巨大矛盾中爆发。① 而在第二次世界大战中，纳粹对犹太人的屠杀和惨绝人寰的种族灭绝政策无疑也受到了此理论的影响——希特勒至死都认为日耳曼人是世界上最高贵的民族，他一直自认为是整个世界的清道夫。

在当今世界仍然有不少人尊崇此观点。例如部分美国白人持有种族歧视立场，认为黑人更加愚蠢，生来就应当被奴役。但是，人种的好坏从来没有固定的标准，人类甚至没有办法去制定聪明或者愚蠢的规则，我们所有的IQ测试只能选择出我们认为“聪明”的人。任何粗暴、依靠单一标准来评判人种优劣的行为都是应当遭受到谴责的：“优等”的西欧人用半个世纪的时间摧毁了百年来创造的辉煌；“劣等的”犹太人爱因斯坦创立的相对论，成为了物理学史上的一块里程碑；被欺侮了一个世纪的西方人口中的“东亚病夫”也凭借着GDP世界第二的实力找到自己在世界舞台中应有的地位。

---

① 张素方：《世界大战的轨迹——历史教学浅析》，《治教之法》2011年第1期，第59页。

在斯匹茨卑尔根群岛的种子库中，几乎所有已知的粮食种子都被存放至此，无论产量高低。因为科学家们知道，只有通过这样的方法才能确保遗传基因的多样性，也唯有多样性才能经得起气候或人为因素的干预。但是社会达尔文主义者却鼓吹通过人工选择的方式淘汰“劣等”种族，减少人类种族的多样性来达到所谓的“人种净化”的目的。我们不知道如今看似缺点或者是不起眼的东西会不会在未来有它的高光时刻。

社会达尔文主义产生于达尔文思想的土壤，却长成了畸形。片面地截取了《物种起源》中的生存竞争的理论，却完全对进化论中对生物多样性的重视视而不见。

四

综上所述，我们不得不对从自然科学理论所衍生出的社会政治理论保持高度的警惕性，我们需要查明在看似建立在科学基石上的“真理”背后是否有着不可告人的秘密。

笔者不认同自然科学和社会科学可以完全同一的言论，正如自然界和人类社会拥有巨大的区别一样，其适用的制度不可能分毫不差。作为人文社会科学的学习者和研究者，应当永远牢记人类和普通动物的分界，更加谨慎地在社会科学领域中应用自然科学知识，如此方可造福人民而非招致祸乱。

从人类视角浅析影响进化的另一因素：文明

帅伟鹏　计算机学院

【指导教师评语】 作者在仔细研读达尔文的《物种起源》的基础上，进行了深入的思考，充分论述了高等文明对物种进化的具体影响。论文观点独特，论点鲜明，论据充分，逻辑清晰，长于思辨和综合。(基础医学院　罗凡)

查尔斯·达尔文在《物种起源》一书中首次提出“进化论”，强有力地撼动了神创论在世人心中不可动摇的地位。在《物种起源》中，达尔文认为所有的生物都有过度繁殖的倾向，它们正常状态下所诞生的后代数量远远超过了它们所处的生存空间所能容纳的数量。因此，在资源和空间有限的前提下，生物会进行一系列的生存斗争。在斗争的过程中不断地筛选出优良的基因，并淘汰相对而言不能适应环境的性状，经过漫长的岁月，优质基因频率逐渐升高，物种得以进化。

毫无疑问，达尔文的物种起源学说为生物科学打开了一扇新的大门。可是，物种起源学说更加倾向于强调自然选择和物种竞争在生物进化历程中所起到的作用，却忽视了另一个重要的因素，这一因素让物种(尤其是高度进化的物种)拥有了更多的进化自主性，而这一重要因素就是“文明”!

要研究文明在物种进化历程中所起的作用，我们首先需要选择一些研究对象，而我认为最好的研究对象就是人类自身。原因如下：人类是地球上唯一的具有高度文明的族群，因此，只有在人类的进化历程中才能发现文明所发挥的显著作用。而对于其他种群，文明在他们的进化历程中起到的作用是更为微小的。这并不是说文明在进化中的作用不具有普遍性，而是说明文明在显著影响一个物种进化历程之前应该有一个自我积累的过程。

而要以人类为研究对象并且保证所得结论具有普适性，我们首先得确定人类本身是生物界的一员，具有鲜明的动物性，并且人类目前所具有的特征只是进化的结果，只有确定了这一点，我们才能够避免结论的偶然性。

众所周知，达尔文的生命之树理论已经证明了人类和其他生物拥有同一个祖先，即人类和其他生物具有同样的进化起点。接下来，只需要论证人类现在与其他动物的主要区别都是进化的结果，在一定的概率下其他动物也能够进化出同样的特征，便能够说明人类具有代表性。

目前，科学界所认为的人类区别于其他动物的特征主要有两点：语言系统和制造工具。对于语言，从本质上看，语言是一种传递信息的方式和载体，它不能被确定地理解为某种文字或者发音。人类的语言系统也只是由于文化的约定而产生的一种规范，在有规范之前，人类语言和动物的语言并无太大差别，这一点从人类语言诞生于15万年前便可说明。也就是说，其他动物传递信息的方式，随着它们智力的发展形成语言规范后，也将可能发展成为类似于人类语言的语言，虽然很可能它们并不以读音和文字作为标准。对于制造工具这一特征，目前很多科学家已经发现许多灵长类动物和鸟类都能够利用石块和木材制造简单的工具，我想仅仅用这些事实即可简单地说明动物也能制造并使用简单工具。也就是说，目前所认为的人类区别于其他动物的特征并非不可复制，其他动物也有机会进化出同样的机制。确定了这一点，便有充足的理由以人类为视角去讨论文明在生物进化历程中所起的普遍作用了。

首先，我们来探讨文明的诞生与发展。我们不难想到，所有的文明最开始只是人类在无意中发现的有益于生存的具体行为或某种思考方式，并且在不断总结经验之后，诞生出最为基础的技巧。而在与环境和其他种群的斗争中，掌握了更有效技巧的种群无疑会更容易赢得更多的生存资源和空间，让自身所掌握的技巧传承给下一代。这一点和优秀性状的基因传递很相似，却又有本质上的不同。文明的传播依靠的是先辈所营造的人文环境和言传身教传播给后一代和其他群体，并且允许生物自身在适应环境和改造环境的过程中对文明进行不断的优化和升级，而基因显然不具备这种主动性和可塑性。

当文明积累到一定程度之后，便会加大对生物进化的影响，主要体现在两个方面。第一，文明的发展会减弱自然选择对生物进化的作用。对于这一点，我们先回到达尔文的自然选择学说。自然选择学说的关键有四点：过度繁殖、生存斗争、遗传变异和适者生存。

对于过度繁殖这一点，高度发展的文明会逐渐地减弱生物本身的原始欲望对于自身行为的控制，并使得生物做出更加有利于自身发展的理性行为。从达尔文的理论我们不难看出，生物过度繁殖的本能本质上是为了提高后代在生存竞争中的存活率。而对于这一点，拥有高度发达文明的种群显然没有这一点忧虑，他们所掌握的生存技能足以让他们站在生存金字塔的顶端。更何况，过度繁殖本身有着不可忽视的弊端，即过多的生物数量必然会加重自身、族群和环境的负荷。此消彼长之下，拥有越高理性的种群显然会更加有效地抑制这种原始欲望的过度释放，这一点从人类自身可以得到很好的呈现。

其次，在达尔文看来，无论是种内斗争还是种间斗争，其对于生物进化的作用都体现在淘汰不适应环境的基因性状，并使适应环境的基因得以遗传。而当一个物种具备了高度发达的文明之后，按照亲缘选择理论和互惠利他理论，该种群会利用所掌握的文明技术(从人类角度来看即为医疗、社会保障和道德伦理等)使得在基因层面相对不适应环境的个体也能够存活下来并进行繁衍，这样来看，性状较弱的个体基因也能够在种群中存在更长的时间甚至一直存在，从而导致“不适者也能生存”的现象出现。

除此之外，在自然选择学说中由于地域差异会导致同一物种进行不同的定向选择，最终发展出亚种甚至不同种类。而对于一个具备发达文明的种群而言，随着文明的发展，该种群的活动能力无疑会得到极大的提高(从人类角度来看即为交通工具的发明)，使得不同地域同一物种的个体能够得到充足的机会进行基因交流，从而减弱地域差异对生物进化的作用。

文明对生物进化的影响除了会减弱自然选择对进化的作用之外，还会加强生物自身的进化自主性。这种自主性主要体现在生物自身对于遗传和变异的选择和发达文明自主诞生的法则。对于人类而言，人类利用现有的科学技术已经能够人为地诱发基因突变甚至定向地对基因进行编辑。毫无疑问，这将让人类拥有直接控制自身进化历程的能力。

与此同时，文明高度发达的种群具有自身独特的意识形态。这种独有的意识形态会形成一种新的法则，例如价值观念、法律和道德约束。这种新的法则会在一定程度上和自然法则一起作用于该种群甚至整个生物圈。从人类自身的角度看，现阶段“性选择”的标准更多的不是达尔文定义的有关雄性性征和有关雄性个体用来搏斗的性状，而是人类自身的价值观念所带来的学问高低、思想水准、财富多少等。而这些在很大程度上和个体后天的奋斗以及家庭出身有关，所谓的“性选择”也不再仅仅依据基因性状的好坏，更大程度是依据人类自身的法则。这种法则不仅作用于人类自身，更会影响到生物圈中的其他种群的进化。在巨大的文明差距的前提下，人类所形成的法则对于其他物种的影响已经到了无法忽略的地步，其他种群的进化也将在这种新的自然法则下进行。

由此看来，高度发展的文明赋予了生物进化新的可能，让整个生物世界变得更加神秘和有趣！

建生命之树，解起源之谜

于悦　电子信息学院

【指导教师评语】 文章开篇引人入胜，娓娓道来，行文流畅，一气呵成。在充分理解经典著作文本的基础上，作者联系当今科学技术的发展做了较为深入的思考，既表达了对原著之开创精神的敬仰，又饱含对万物之真理的敬畏。作者在品读原著、获取知识精髓后的那份感动跃然纸上，又好似在与达尔文共赏明月，促膝而谈，产生共鸣，是一篇佳作。（基础医学院　吴莹）

皎洁的月光透过窗户，洒在地板上，窗外的世界黑暗而静谧。我合上《物种起源》，心情却久久不能平静，索性关了台灯，拿起手边已经微凉的那盏香茗，慢慢地踱到窗边，举目望天，没有星星，唯有那轮明月在看着人间。

沐浴在月光下，我想，在两百多年前英国海军“小猎犬号”即将登岛前的那晚，年仅22岁的达尔文是否也会如我一样，抬头望着这轮永恒的明月，心中充满了兴奋与激动呢？或许他没有意识到，他的这次为期五年的环球旅行和由此而生的那部鸿篇巨制会对他自己和这个世界产生多么大的影响。

谈起《物种起源》，可谓无人不知，无人不晓。书中提出的进化学说颠覆了当时占据统治地位的神造论以及物种不变论，对当时的社会和思想界都产生了深刻的影响，奠定了现代生物学及进化学的基础，并对人类学、心理学、哲学的发展都产生了不可忽视的作用。由它正式确立的进化论被恩格斯列为19世纪自然科学的三大发现之一。

虽然早就听说这本划时代的巨著，可我却从未亲眼感受它的魅力；虽然对里面一些例子和理论耳熟能详，可是对于我而言，它们一直像是没有色彩和温度的知识，我还无法真正体会到它的奇妙和伟大。幸运的是，本学期的自然导引课帮我打开了《物种起源》这扇大门，让我得以一窥究竟。我徜徉在达尔文对自然规律准确无误又富于文学色彩的描述与比喻中，它们使我脑中仅有的关于进化论的干瘪框架一点点变得丰满和灵动；我沉浸在他严谨又富有逻辑的推理论证里，它们使我浅显的理解变得更加深入和系统。因此，在这场美丽而又短暂的文学之旅过后，我也产生了一些从未有过的感悟与思考。

一、《物种起源》的中心思想

在我真正翻开这本著作前，每当想到《物种起源》时，心中不由自主就会浮现出“物竞天择，适者生存”这八个字。这句话是我国的大师严复在《天演论》中翻译出来的，而《天演论》却是译自赫胥黎的《进化论和伦理学》；本质意义上，这句话源自达尔文的《物种起源》，但后来经过上述两位大师的理解与加工，与原著本意就产生了些许差异。事实上，达尔文原著真正强调的核心就在标题里——《论通过自然选择的物种起源，或生存竞争中优赋族群之保存》。他在标题中明确而清晰地说明了“自然选择”对于其理论与思想的重要性，《物种起源》便是围绕这个中心展开论述的。

二、《家养条件下的变异》及其意义

翻开书，开篇的第一章题目就叫作《家养条件下的变异》。我的心中不免升起疑问，为什么要把这个问题作为如此重要的开篇之语，但在了解了那个时代的背景之后，我才意识到了它的重要性。

在19世纪之前，西方基督教世界的绝大多数人都牢固秉持着“神创论”和“物种不变论”的思想，他们认为是上帝用了六天时间创造出了世间万物，而万物既然遵循了上帝的旨意，除非有极个别的情况，否则物种是绝对不会变化的。达尔文如果想要解释清楚物种是如何起源的，那么首先就要证明物种是在改变的。因此，达尔文从人们熟悉的家养物种入手进行论述。他举出了当时很多人在训练的鸽子的例子。鸽子既有信鸽，也有球胸鸽，这两种动物从外表上看起来差异很大，甚至可能会被不熟悉的人当作两个物种。但事实上，它们都是由同一种野生岩鸽驯化而来的。此外，他还举出了狗、马、鹅等其他家养动物的例子，比如他指出“狗的血管中流淌着犬类动物混杂的血液”①，以此说明物种是可以由各种因素变异的。他睿智地从人们熟知的家养动物开始谈起，进而拓展到整个自然界的生物，又通过将家养状态下的变异与自然选择状态下的变异进行对比，说明了自然变异和家养变异的选择主体与被选择的性状均有不同：“人类仅为自己的利益去选择，而‘自然’却是为保护生物的利益去选择。”②

这样由浅入深、层层递进的论述，使得他的论证更符合人们认知事物的规律，从而让人更易接受和理解，为接下来深入阐述其他观点做出了铺垫，我想这就是他要将《家养条件下的变异》放在第一章的原因。

三、“生命之树”思想

如果问及达尔文在《物种起源》中为我们当代进化论留下的最宝贵的财富是什么，我想那一定是“生命之树”思想。达尔文为了阐释这个思想，画了全书唯一一张插图，足以见其对这一思想的重视。

通过对这幅插图进行阐述，达尔文为我们展开了一幅壮丽而神奇的进化图景。而这张图景便是自然选择思想延伸到时间轴上的必然结果：变异的发生会导致物种内各种不同性状的出现，自然选择又会不断地对性状进行淘汰和筛选，这种选择积累下来就会导致性状趋异现象，最后形成不同的物种。之后的选择又会将适应环境的物种留下，使不适应环境的灭绝。如果将这个过程在时间轴上拉长，得到的历史结果就是，所有生物都源于同一类远古祖先，而祖先们衍生出来的大量后裔们也因自然选择和代际遗传产生了自己的谱系演化树，最后汇聚成宇宙间这个独一无二的星球自己的生命之树。这是怎样一幅壮观的画面啊！

有人说，达尔文如果能请一个懂德文的助手，那么他也许就可以看到孟德尔在当时刚发表的研究成果，也就不会在遗传变异问题上陷入困境而难以

① [英]查尔斯·达尔文：《物种起源》，苗德岁译，译林出版社2013年版，第35页。

② [英]查尔斯·达尔文：《物种起源》，苗德岁译，译林出版社2013年版，第58页。

突破了。的确，达尔文在有生之年遗憾地错过了现代遗传学。然而，他以天才般的思想和严密的逻辑推理得出的“生命之树”理论，不但没有与现代研究所发现的事实矛盾，还得到了现代分子生物学研究所揭示的“地球所有生物共用一套遗传密码”理论强有力的支持。这种超越时代的思想，怎能不让我们感到震撼并心生敬仰呢？

四、《物种起源》及进化论的意义

时过境迁，距离《物种起源》的出版已有了近两百年，随着科技的不断进步、基因组学的发展，人们也发现了《物种起源》与进化论的许多不足与错误，比如没有解释遗传变异现象，又或是忽视了生物的灭绝现象，而把它解释为地质记录不够完整所造成的人为缺失等。

的确，《物种起源》和达尔文提出的进化论确实存在着缺陷和不足，但这是那个时代生物科学以及社会历史环境的局限所造成而难以避免的。正如许靖华所言：“任何虚伪的科学原理都会很快消失，并迅速遭人遗忘。”①但为什么进化论虽然总是遇到各种挑战，至今却还能有如此大的声誉且被世人所承认呢？在我看来，《物种起源》和进化论的意义其实并不在于是否真正发现了生物进化的本质，而在于它改变了我们对自然世界和我们自身的认识，打开了这扇让世人不断探索和思考的大门。有了《物种起源》，我们才开始去思考有关整个大自然物种产生与进化的宏伟命题；有了《物种起源》，我们才开始意识到神创论的错误，人类不是万物之灵，而是和其他生命平等地分享这片大地；有了《物种起源》，我们才开始去探索生命的本质，将纷繁复杂的各个物种联系成一个整体，形成客观的生命系统……正因为它是这样划时代思想上的开拓者和领路者，进化论不但没有因为科技的进步而被淘汰，反而还在岁月的流逝中日臻完善，得到了更多的补充与承认。

正如英国著名博物学家赫胥黎所评价的那样：“我认为《物种起源》这本书的格调是再好没有的，他可以感动那些对这个问题一无所知的人们。”②在合

① 许靖华：《达尔文的错误》，引自杨再平：《撬动地球的人们》，广东经济出版社1999年版，第283页。

② 许靖华：《达尔文的错误》，引自杨再平：《撬动地球的人们》，广东经济出版社1999年版，第283页。

上书的那一刻，我真正被达尔文构思之精巧、立论之缜密、申辩之有力、行文之顺畅、文字之凝练所震撼和感动。大概这就是经典带给我们后人最大的启迪与财富吧。

想到这，我离开了窗边，走回座位，打开台灯，重新翻开了这本带给我深深思考的《物种起源》，细细品读，相信一定会有新的感悟。

浅谈物种起源

陈宇龙　物理科学与技术学院

【指导教师评语】 作者完成了中英两个版本的撰写，文章逻辑清晰，形式工整，文笔优美，内容丰富。作者不但使用自己的语言和构想的例子阐述了课程章节的主要内容，还提出了“自然界与人类社会的性选择是截然不同的”这一鲜明观点，并结合课外文献资料查阅和自己的独立思考，对这一观点展开了多层次的论述，是一篇优秀的课程论文。（资源与环境科学学院　陈奕云）

命运仿佛摆脱了上帝的枷锁，却难以违抗自然的调控。研究物种起源是非常有趣而又有意义的。达尔文认为物种起源于选择，由自然独到又恰如其分的选择，将物种划分于天空、土地、森林、草原等特定的自然区域。

物种的起源与生命的起源大不相同。生命的起源是探究由无机变有机，由小分子到大分子，由细胞构建生命的过程；而物种的起源则是研究生命产生以后如何发生变化，如何形成纷繁多样的物种的过程。我想，探寻生命变化的历程，对于我们看待生命、世界、人生都是大有裨益的。

一、自然选择中独特的性选择

自然的调控，精确而又不急不缓。性选择是其中最为特立独行的一部分，它属于自然选择，却又与自然选择保持同等重要的状态。

所谓自然选择，就是“有利的个体差异和变异的保存，以及那些有害变异的毁灭"①，这种差异，本质源于基因，表现于性状，淘汰于种群。而性选择却源于雄性个体或雄性生殖细胞相对过剩，而不是个体水平的数目过剩。这是很有意思的。这样就能解释生物种群(包括人类)在大多数情况下都是雄性求偶的现象。例如，海边产卵的海鱼交配时，当精细胞、卵细胞产生的数量相当时(或是精细胞略多)，它们便不再需要求偶这种极大消耗能量的行为。

通过性选择，种群中有竞争力的优良个体与同性别的其他个体展开竞争，得以交配的个体就能繁殖后代，使有利于竞争的性状逐渐巩固和发展。这里是通过群体水平阐述的。

雄性和雌性最本质的区别在于染色体，其次是生殖器官，然后是由性激素所调控的各种各样的性状，诸如行为、大小、颜色、形态等。同时，生殖细胞数目的差异性越大，两性对于后代投入的差别也越大。为接近高投入性别者(一般是雌性)，低投入性别者(一般是雄性)之间的竞争也就越激烈；高投入性别者更加挑剔，必然可从低投入性别者那里获得更好的出价。这应该是雄性生物更加好斗的原因之一。

据调查，在原始的有性生殖中，雌体和雄体在形态结构上的差别本不大。但伴随着进化的历程，很多物种的雌体和雄体在形态结构上出现了明显的差异，于是便有了性别二态性的说法，这对于自然生物的进化推动作用显而易见。正如一首诗所写："如果不是为了性，大自然中绝大多数艳丽、漂亮的东西将不复存在：植物不会绽放花朵，鸟儿不会啾唧歌唱，鹿儿不再萌发鹿角，心儿也不会怦怦乱跳。"②

然而，我认为自然界与人类社会的性选择作用之间是有较大区别的。在自然界中，任何生物都有过度繁殖的倾向，那么资源越丰富，空间越广阔，物种数目增长就应当越快；但在人类社会，当资源发展到一定程度时，经济水平与人口增长率却呈反比。人类同万物应皆有一套自然运行的原则，但在这里却出现差异，我觉得其中很大一部分原因在于社会文化，人类被教育以伦理道德，但从自然选择的角度而言，这种文化是否遵从自然的顺应作用呢？

① [英]达尔文：《物种起源》，周建人、叶笃庄、方宗熙译，商务印书馆1997年版，第95页。
② [美]奥利维雅·贾德森：《性别战争》，杜然译，山西人民出版社2010年版，第1页。

我觉得答案可能是否定的，但这也可能说明了人类的高等性，因为在这种文化存在的前提下，相对于其他物种而言，人类能够极大占有物质与空间资源。这是十分有意思的。

对达尔文提出的性选择，仍有许多学者持有反对意见。在这些反对意见中，我比较认同的是性的成本说。以雄性孔雀为例，它们在繁殖季节里撑起巨大尾屏，跳起舞蹈，以赢得雌孔雀的芳心；但在平常的日子里，尾屏却是累赘，每年雄孔雀都需要耗费巨大能量长出一些新羽替代前一年脱落的旧羽，而且尾屏也不是攻击或防御的武器，若碰上猎食者，甚至还会影响自己逃跑的速度。此时，自然便会起到调控的作用——阻止这炫耀的尾巴过度生长，从而保证孔雀种群的稳定。① 由此可见，交配需要雄性生物付出巨大代价。曾经，一位英国生物学家提出孤雌生殖将取代双性生殖，原因是有一个来源于有性生殖的种群获得突变，形成的孤雌生殖雌体比有性生殖雌体生产的后代多一倍。但事实证明，孤雌生殖的种群世系往往会进入死角，新的孤雌世系很少产生。相比之下，有性物种是会不断分化的，其优势也就显现出来。在性选择的同时，自然选择的作用往往是干预，防止因为性的过度选择导致能量的大量耗散，从而保证种群、群落的稳定。从这一角度而言，性选择确实需要雄性付出巨大成本。我认为，它实质上理应是一种能量极小化的结果，因为通过性选择的后代需要经过合子产生阶段、淘汰阶段，相比于孤雌生殖的单一后代而言，是更加有竞争力的。同时，我认为两性社会的社会分工是远高于单性社会的，两性选择固然会在交配期内大量耗能，但从长远生存视角考虑，是胜于孤雌生殖的，这体现了自然选择的巨大优越性。

另一种现象也值得关注，世界不仅被自然作用所调控，同时也被人所调控，我们称其为人工选择。虽然人工选择的产生时间较晚，但对现代社会的作用却很大。人工选择分为有意识(事先列出计划与目标)和无意识(无心插柳式)的选择，它的目的简单清晰，就是产生更有利于人类生存的个体。人工选择的极端性、高效性、可塑性不断凸显，相对情况下经济因素的考虑远远高于自然因素。由此看来，对结果的单向选择性会导致生物种群的抵抗力、稳定性较低。

---

① ［美］詹腓力：《审判达尔文》，中央编译出版社 1999 年版，第 27 页。

性选择作为自然选择的分支，是一种特殊的选择作用；而人工选择作为一种较晚出现的调控途径，虽然具有很强的极端性、单向选择性，但对于人类而言作用巨大。

二、物种起源中的生物变异性作用

自然界所产生的影响是关联性的。自然界中生物与生物之间、生物与环境之间协同进化，其中最有名的例子便是虫媒花的构造与传粉昆虫口器的形态相适应。生物对自然的改造更是数不胜数。生物的性状改变，或是种群的进化，不是主动的调整，而是一种被动的适应，这种适应是有竞争性的。在种群中，这种适应包括对食物以及空间的占有、性选择以及种群内部本身的社会属性；在群落中，这种适应包括生物本身与自然的竞争，或者说适应自然的改变。物种演化的实质便是竞争力强的物种数目极大增加，竞争力相对弱的物种数目逐渐减少，而数目减少往往是灭绝的前奏。

生物的竞争力与其变异的能力正相关。以人工选择为例，在某历史时期，某国家或地区的人需要快马，而另一地区的人需要体格壮硕的马。[①] 由于需求不同，在原始种群的人工选择中，在需要快马的地区，人们会挑选快马的后代相互交配，那些速度不太快的马便失去交配的资格，渐渐被淘汰；而在需要壮马的地区，人们则会挑选壮马的后代相互交配，那些不太壮的马便渐渐被淘汰。在很长一段时间后，就可能产生两种差异较大的亚种马。原始马在原始种群中本来差异甚小，由于选择作用，产生了性状差异较大的亚种，这也就是性状趋异的原理。在自然界里，由于自然选择而导致的性状趋异结果往往与此相同。我以为，能够趋异实质并不全靠自然选择作用，而多因生物具有变异的能力。如上例可见，如果原始马群没有那微小变异导致的性状差异，自然选择也很难起作用，因此变异是选择的必要基础。

生物都具有过度繁殖的特性，能够变异往往意味着可以取得其他物种还未获得或已经获得的位置，也意味着可以更好地生存。[②] 我们可以假想一个较小的空间，如果其中只有一个物种，由于生物间亲缘性太高，物种内竞争一

① ［英］达尔文：《物种起源》，余丽涛译，北京理工大学出版社2007年版，第123页。

② ［英］达尔文：《物种起源》，余丽涛译，北京理工大学出版社2007年版，第122页。

定是十分激烈的。假设其中一部分产生微小变异(比如飞行能力加强，或开始食腐食等)，这个种群所占领的空间将会增大(这里有一个前提，就是生物永远不能完全占满整个空间，因为在占据到一定程度后，种群数量会趋于固定)，这里的空间既指真实空间(如飞行能力增强而对天空的占据空间增大)，也指生存空间(如食腐而对生存的要求降低)。若存在多个种群，由于种群间虽相互影响但总体上相对独立，因此这个较小空间对于多个种群而言道理相同。最原始的微小变异能够降低整个种群之间的竞争，于是这种变异自然会被逐步放大，最后形成不同物种。因此，只要生物具有变异能力，随着时间流逝，物种数会逐渐增加，整个空间的利用率也会不断增加。变异可以有效降低生物生存压力，因此也普遍存在。我想，这可能也是物种多样性形成原因之一。

由此可见，变异是普遍存在也是不可或缺的，它是物种多样性产生的基础。而选择作用(包括自然选择、性选择、人工选择等)挑选适应于自然的有利变异，随着时间推移，有利变异逐渐积累，原来只具有微小差异的种群最终便跻身于物种之列了。

三、结　　语

在原始有性生物中，由于性选择，加之微小的物种变异作用，雄性与雌性之间差异越来越大，其分工也愈加明确。性是有成本的，雌雄动物除了可以按照生殖细胞种类不同予以分类，也可按照投入资源不同而予以分类，同时性成本的多少也与其物种社会文化程度相关。生物的进化是共同进化，在有限空间内，生物变异降低了生物竞争的压力，它们相互适应对方，同时增强了对空间资源的利用。在生物变异和自然选择共同作用下，单一的生物趋于不同的物种，由此形成现在的大千世界。

擘肌分理向清湍

闫帅晨　资源与环境科学学院

【指导教师评语】　本文从《物种起源》成书过程、论述方法和科学精神三方面进行挖掘。全文总分总结构，表达清晰，主题鲜明，有理有据，行文流畅，格式规范，是一篇值得传阅和学习的好文。(国家网络安全学院　滕冲)

达尔文的《物种起源》问世一百余年来，在自然科学与人文社科领域内产生的有形的与无形的影响均有迹可循，可谓一部影响人类历史发展的恢宏巨作。本文将主要从其成书过程、书中的论述方法及其蕴含的科学精神三个方面对其内容进行挖掘论述。

一、璀璨飞光裂阴云

19 世纪上半叶的英国，科学仍附属于自然神学，万物神创的观点风靡欧洲，物种嬗变的思想不啻邪端异说，不为大众所接受。查尔斯 · 罗伯特 · 达尔文(Charles Robert Darwin) 1809 年出生在英国一个医学世家，本着继承家业的意图，1825 年他便奔赴爱丁堡医学院学医。然而，他幼时仰观天地、俯察虫草的天性未易，一年后他便开始了自然历史学的学习。

1831 年，作为一名自然神学的信仰者和有所建树的博物学家，他踏上了“小猎犬”的环球航行。这次乘风破浪的扬帆远行对于他而言无疑是意义重大的，南美的犰狳和鸵鸟、佛得角群岛和加拉帕戈斯群岛的生物种群使他神创论的信仰大厦开始坍塌，“自然选择”的演化思想开始在他心中酝酿。

囿于时代舆论，碍于社会关系，他并未率尔发文直接抨击神创论，而是在经过8年的藤壶研究、繁复细致的资料收集分析以及华莱士欲“捷足先登”之后，于1859年才最终将《物种起源》刊行于世。此书一经面世，科学、哲学和宗教的争议便犹如狂风骤雨席卷整个欧洲大陆，不仅刷新了人们对于人类和自然的认知，更是涤荡了人们对自然神学的虔诚信仰，因而达尔文被污蔑为亵渎神权，嘲讽他的漫画更是颇为人知。虽仍有如赫胥黎者鼎力支持，然而狂潮之中明理维艰；“自然选择”的学说虽冲击了自然神学之基，但终究只是蒙尘而未得重视。直至20世纪三四十年代，随着现代科学理论的发展，达尔文自然选择的适应性进化的理论才逐渐成为现代进化理论的核心，① 从此熠熠生辉。

自然演化的思想并非达尔文首创，古希腊恩培多克勒、近代培根、康德等人都有“进化”的意识。达尔文之前，布丰、圣西雷尔、达尔文祖父、拉马克已先驱式地分别提出了他们对于物种可变和生物进化的观点，② 无论其影响大小，均如涓涓细流浸濡着达尔文的思想，可以说没有前人的积累沉淀，“进化论”也便不会如轰隆春雷般清越而出、唤醒迷蒙，也便不会如璀璨飞光般撕裂阴云。

《物种起源》全书共十五章，从结构和内容上看，由表及里，循序渐进。第一到五章从人工和自然条件下的变异谈起，通过分析生存斗争得出“自然选择”(适者生存)的结论，并进一步指出了变异的法则；第六到十章则站在反对者的立场上提出“进化论”的四个主要难点并依次解决了这些困难，引例丰富，堪称翔实；第十一到十四章列举了生物的时空演替证据，用亲缘关系来支撑其理论；第十五章则是对全书的总结和评议。

当然，全盘接受达尔文的学说而不对其加以改进的行为是荒谬滑稽的，毕竟自然科学是不断进步着的。但毋庸置疑的是，其后诞生的新拉马克主义、孟德尔遗传理论、新达尔文主义、现代达尔文主义等无疑均是溯源于达尔文《物种起源》的，达尔文进化论的历史地位是不可撼动的。

---

① 莫知：《〈物种起源〉的起源》，《海洋世界》2009年第11期，第32~40页。

② 何方：《重读〈物种起源〉》，《生物学杂志》2002年第1期，第9~11页。

二、开合证论终端谨

一本科学著作若没有合理的论证结构则无科学性可言，毕竟理性是建立在逻辑基础之上的，信口开河之语并无可信度可言。《物种起源》作为一本久经传颂的经典之作，其论证也应是严谨科学的。关于其论证结构，学界曾致力于探究其单一的论证逻辑，但后来一些学者进一步提出了其中存在的多种论证策略。

卡普兰主张达尔文的论述是基于假说演绎法的。他认为书中的第三章和第四章分别有一个严密的演绎系统：以生存斗争为结论的演绎和以自然选择为结论的演绎，由初始条件结合原则得出结论。其他章节则是通过大量的经验事实对此二章的补充论证。

然而，第三、四章使用了演绎的方法并不能说明全书如此，且此种观点还会受到“象征语言”过多的诘难。1978 年，萨迦德提出此书论证遵循“最佳解释推理”，即论证符合一致性、简单性和类比性原则，即以解释的一致性为基础，在一定的语境下用简洁的理论和类比的方法进行论证。

但是这种模型依赖于心理的主观作用，且主要体现在第六章到第十章而非全书，因而也未被广泛接受。20 世纪 80 年代，劳埃德和汤普森等则从理论结构的语义观角度分析了《物种起源》的论证结构。基于语义观，自然选择理论即是对生物演化这一模型的定义，解释具体的生物嬗变现象即是断定自然选择理论与现象系统同构，而给出断言又需要丰富的例证辅助证明。然而这种观点回避了书中观点与神创论的对比，仍不够全面。

试图得到《物种起源》的一元论证策略出现困难，1987 年瑞克尔又提出多元论证策略的观点，总结了三种策略：经验主义实际原因分析策略(主要见于第一到四章)、回应反驳策略(主要见于第六到九章)和解释力策略(主要见于第十到十四章)。三者相合，即构成了全书的论证结构。但此时第五章的处境颇为尴尬，并不知其应属于哪种策略。①

在我看来，虽说在第十五章中达尔文写到“由于本书通篇是一个绵长的论

① 李敏霞：《〈物种起源〉的论证结构》，《自然辩证法研究》2007 年第 4 期，第 31~34 页，第 63 页。

证”，但拘泥于此而试图去探讨一个普适全书的论证结构，难度是相当大的，毕竟《物种起源》并非只是判定现象系统和理论系统的关系，也并未过于强调逻辑与经验的关系。何况，一个论证未必只能有一种论证逻辑，多种论证方式结合，只要能阐明观点，何乐而不为？

另外，书中的类比法也是值得剖析的，或辅助论证，或启发读者，通读章节，类比法使论述显得更为贯通凝练。此外，为了阐述论点，达尔文还采用了归谬反证、诉诸无知①等方法，这些都使其论述严谨而有说服力，让人不得不惊叹经典恒久是经典——值得学习，值得研究。

三、刮摩淬励觅真理

达尔文何以提出进化论呢？其理论的提出固然离不开氛围良好的家庭环境以及先人进化思想的基础，但我认为更重要的是他个人的努力。

作为曾经虔诚的教徒，达尔文对神创论笃信不疑。但在随“小猎犬”号航行中，他注意到了生物种类的连续性、地方特有物种的存在和海岛生物的微小差别，其敏锐的观察力和思考力尤其使人惊叹，而这正因其广博的视野。否定信仰对于虔诚信徒的难度可想而知，但达尔文最终还是抨击神创论了，其探求真理的勇气和好学的理性精神由此可见一斑。另《物种起源》中达尔文谦逊严谨的优秀品质和孜孜不倦的科研精神亦可令读者察觉感知，但限于篇幅，在此也便不再举例详言了。

总而言之，达尔文为此书可谓倾尽心血，内里蕴含的科研精神正是此书的灵魂所在，无论进化理论如何发展，《物种起源》恒将如不竭泉源，助推科研者擘肌分理向清湍。

① 成素梅：《〈物种起源〉中的修辞论证》，《南京林业大学学报（人文社会科学版）》2009 年第 9 卷第 4 期，第 23~26 页。

溯物种之源流，逐科学之光华

康月馨　经济与管理学院

【指导教师评语】 作者在深入阅读《物种起源》等论著的基础上，采用一问一答的形式阐述了自己对生命起源与发展的若干问题的思考和总结，有一定的深度。文章结构新颖，逻辑性强，尤其是开篇和结束部分，语言生动优美，可读性强。(测绘学院　温扬茂)

暮春者，绿肥红瘦，春服既成。我从东湖之滨，漫步至珞珈山下；那条曾簇拥过绚烂樱霞、飘扬过缤纷樱雨的大道上落英已尽，一片蔚然。且携一卷经典，沿古朴典雅的老建筑拾阶而上，寻一方静谧之处席地而坐。暖阳正好，和风徐徐，我摊开《物种起源》，欲借着偷来的半日光景，仰望科学之光芒，体悟生命秘密的深广与奇美。

书之前已读了大半，又因环境甚好，能心如止水，我很快便翻完了全卷。惊叹于这一鸿鹄之作里程碑意义之余，也困惑于达尔文进化论未解之谜。自然选择学说回答了人们关于生命起源与发展的诸多疑问，却仍有一些现象无法得到圆满的诠释。是因为达尔文的理论还不够健全吗？我心中尚存疑虑。

难道，疑惑就仅止于疑惑吗？科学不正是强调思辨与研究吗？也许，我可以试着自己探寻答案！

我前往图书馆找了相关的书籍，靠窗而坐，翻阅研读。时光不知不觉地流逝，我也渐渐有了收获。恬然的欢愉中，我决定伏在书上小憩一下。

……

仿佛有轻盈的清风拂面，急于解疑的我，叩开了自然科学的大门。真理与理性之光为我指路，引我去拜访人类科学史上的四位大师——科学知识、科学方法、科学思维、科学精神。一场关于生命和进化的对话展开了。

一、跨 种 之 疑

迈入求知之门，我先是提出了自己的疑惑："进化论很好地说明了进化是一种现象与事实，但对于进化中每一步骤的细节和原理，并没有给出详尽的疏解。尽管'微进化'理论可以解答物种内的多样性，但它却无法回答物种之间的跨种进化。我们能否给予跨种进化一个较好的解释呢？"

"根据孟德尔和摩尔根等人的后续研究，遗传的基本规律揭开了，达尔文所不能解答的关于进化过程的很多问题都有了答案，"科学知识笑答，"这在很大程度上拓展了进化论的学说。同时，地理隔离导致生殖隔离的例子，能从一定程度上解释种间进化的问题，这也丰富了进化论的内容。"

二、微 变 之 惑

"原来如此。"我紧接着又问，"按照达尔文的理论，变异是微小的，这难免会导致进化需要极其漫长的时间，甚至可能超过地球本身的年龄；另一方面，这也需要自然界能很好地保护其中每一步中间环节，但这些中间的状态不一定是有利于物种的生存竞争的，同时也缺乏足够的中间环节的化石证据。"

博学的科学知识立即提出："后人构想过解决方案，如宏观进化和宏变异，还假设了一些宏微杂合的理论。"

科学思维严肃地补充道："这些理论，往往因为实验证据不足而难以定论。有些假说，在本质上仍有困难，其科学性还有待商榷。"

科学方法点头道："总而言之，我们还要不断实践考察，寻找更有力的实验证据。"

三、寒 武 之 问

我若有所思，仍有疑惑未解："还有寒武纪大爆发的问题。约 5.3 亿年前，多种动物在2000多万年内迅速起源，其祖先的化石却一直没有被找到。这是否意味着进化论的错误呢？”

科学思维思索道：“这的确引人深思，但据此还不能直接将进化论归为错误吧。”

科学知识不慌不忙地翻阅典籍：“关于物种大爆发，科学家们也是众说纷纭。美国生态学家斯坦利认为，寒武现象的关键在于原生动物的出现和演化。这导致生产者朝着更多样化的方向发展，进而引起了原生动物的更特异的进化。在这种条件下，营养级越来越复杂，整个生态系统的生物迅速增多，最终触发了寒武纪大爆发。也有科学家根据化石资料，推断有性生殖的出现是原因之一。还有科学家将原因归结为外界气候环境的大变化，如大气中氧水平的变化、海洋中钙的大量涌现等。”

科学思维沉吟道：“这些理论都是有其自身合理性的。再从时间上看，整个寒武纪相对地球年龄和生物的发展史来说很短暂，但对生物个体而言却是极其漫长的。例如金鱼，在1000多年里就有了很大变化，那么在寒武纪中生物界产生的巨大变革，也不是没有道理啊。”

四、源流之寻

我叹为妙绝，但又有新的问题了：“达尔文认为，所有生物都来自一个共同的祖先，那这一共同的祖先又是从何处来？生命之源究竟是什么呢？”

科学知识一边查找文献，一边与我解释：“这也是困扰许多科学家的问题了，涉及前生物进化，或者称化学进化。一项发表在《美国科学院院报》的新近研究表明，地球上的生命开始于一系列的陨石撞击。陨石坠落在地球温暖的湖泊、池塘中，撞击存储了关键的有机构建模块，在地球干湿循环的作用下，池塘中丰富的有机模块相互键合，形成了可自我复制的具有遗传密码的RNA聚合物，即如今遗传物质的雏形，最终变为更加复杂的DNA。这一切是在地球降温到足以形成液态水后才发生的。”

科学方法由衷地感叹道：“正是在科学家们大量搜集数据和详尽地计算、绘图下，天体物理学、地质学、化学、生物学等不同领域的研究成果才能神奇地融合在一起，每一阶段都很自然地推导到下一步，最终得出了这个看似惊人的结论。”

科学思维不忘提醒他：“然而，任何新理论都要经过批判性思维的考验。就有英国生物学家提出，在生命有机会落地生根之前，陨石撞击陆地能使任何有机化合物失去活性。但不管怎样，真相正离我们越来越近！”

五、辩证之理

我豁然开朗，在科学的春阳下，心头困惑的乌云慢慢地消散了。我抛出了最后一个疑问：“达尔文用人工饲养的例子来论证自然选择的原理，但人工选择和自然选择并不能完全等同啊。比如我们可以用技术诱导生物变异，但这些变种在回到大自然后便恢复了原来的性状，人工诱导的性状都丢失了。这是否又意味着，自然选择其实是保守性的呢？”

科学思维对我说：“这种推断看似很有道理，实则具有片面性。譬如自然状态下植物杂交产生了新品种，包括真正符合新种定义的新植物。尽管在动物中没有立即产生新物种，但那是因为没有足够的时间。只有在漫长久远的进化过程中，自然选择的伟大力量才能显现出来。同时，虽然自然选择和人工选择有所不同，但它们也有相同的原理，据此推导是没有大问题的。”

六、求索之悟

正在我豁然贯通、钦佩不已、连连道谢之时，一直沉默不语的科学精神发话了：“无论如何，达尔文进化理论的伟大性是不可否认的。达尔文自少年时代起就表现出了对求知的热忱。他躬身实践，不辞辛劳远渡重洋，跋山涉水风餐露宿；他积累大量资料，敏锐观察，深入分析；他与同行进行学术交流，收获灵感；他批判性、创造性地继承前人思想。就算在饱受疾病痛苦侵扰时，他也始终保持着强烈的探索精神。正是这些，才成就了这一伟大的思想体系。虽然有些现象我们尚不能用一个天衣无缝的理论给出完美的回答，但自然选择和进化理论仍在发展，我们也仍在探寻中。”

他转过身来，看着我：“但你要记住，任何一个科学理论都不应被奉为神明。在找到更好的理论之前，我们暂且把它当作准则。一定要永远保持理性的批判精神。”他的声音铿锵有力，“在前赴后继的科研求索之路上，永不磨灭、永远闪耀的是那万丈雄心：推翻前人错误的权威，筑起新的路标，向真理的方向执着挺进。”

……

梦醒了，暖风缱绻。开着窗，我望见的是，晴空明媚，万里无云。古朴的风景宁谧恬静，娇嫩欲滴的绿叶悠悠地挥洒着它的清光。我仰起头，好像看见了科学的星光起舞，光影翩跹，惊艳绝伦，圣洁的光芒落下，如此明亮，明亮到让人充满力量。我相信，总有一天人类能够拨开重重迷雾，揽得九天之上的真理之月。而韶华的我们，正向着科学的明亮那方，坚定不移，矢志不渝。四通而六识，博雅且弘毅，我们高歌不辍，勇往直前。

回归博物学

陈筱雨　测绘学院

【指导教师评语】 论文从博物学的历史与发展说起，以近现代博物学的困境为背景，重点阐述了博物研究虽然式微，但在科学与人文方面意义重大的观点。论文未能在开篇点出主旨，但论文选题有新意，层次明晰，表述与讨论清楚。特别是在对人文意义的讨论方面，强调了回归初衷、回归自然、保护自然的意义，这方面的思索是值得鼓励与肯定的。(计算机学院　张锡宁)

一、博物学简介

博物学是与数理科学、自然哲学在认知方面相对立的一门科学。它注重对自然事物的探究，对它们进行收集、命名、分类，而有别于数理科学对事物的本质进行抽象演绎，总结出相关本质规律的研究性质。博物学家经常把自己的使命看作构造一个连续的存在链条，构造一个自然阶梯，来为所有物质和生命定义存在的结构层次。

(一)西方进化论

进化论是博物学传统中最伟大的思想之一。在博物学漫长的发展进程中，有如下几个重要的节点。

18世纪，出现了两位伟大的学术泰斗——林奈与布封。林奈被誉为分类学的创始人，他建立了以生物的生理特征为分类依据的“生物分类法”，这是现代生物分类法的起源；此外，他还为一切物种建立了“拉丁语双命名法”。从此博物学家创立了自己的学科范式，对物种的研究进入了科学领域。布封则认为物种变异与环境有关，并做出了生物可能拥有共同祖先的猜测，这标志着进化思想的开端。

18 世纪、19 世纪交接时期，法国生物学家拉马克提出了著名的“用进废退”和“获得性遗传”思想，他被视作该时期影响力最大的进化论者。

19 世纪，英国生物学家达尔文在结束剑桥大学的学习生涯后，以“博物学家”的身份参与了“小猎犬号”舰的环球科学考察航行。在此期间，他潜心研究，细心考察，收集了丰富的博物学资料，为进化论提供了有力的论据。此后，马尔萨斯的《人口原理》中关于“人类社会的竞争”部分启发他建立了生物界的自然选择机制。19 世纪 30 年代，赖尔的《地质学原理》出版问世，其中包含的渐变论的地质学理论对达尔文进化论的产生与发展也有较大的影响。1859 年，《物种起源》问世。

（二）中国传统科学

中国古代没有所谓“博物学”这一学科，与此相应的是存在的“博物”的观点。“博物”的观点有广义和狭义之分：广义的“博物”类似知识广博，此观点下的“博物”的内容类似于百科全书；狭义的“博物”出自《论语·阳货》的“多识于鸟兽草木之名”，又称“多识”，指拥有一定的动植物知识，类似于动植物学。① 实际上，将中国的传统自然知识分为天学、地学、农学、医学较为恰当。

中国古代的天文学与数理科学中对天体运行规律的研究不同，最终的目的是为了占星，因此留下了丰富的天象观测记录。中国古代地学包括对地理、气象、水文、地震等诸多现象的研究，资料收集颇为丰富，《尔雅》《水经注》《徐霞客游记》等都是这一范畴的代表著作。中国农学包括栽培植物、驯养动物以及农业生产技术方面，相关著作有贾思勰的《齐民要术》、徐光启的《农政全书》。医学包括医学与药学部分，《黄帝内经》《伤寒杂病论》为医学代表作，《神农本草经》《本草纲目》为药学代表作。

---

① 吴国盛：《博物学：传统中国的科学》，《学术月刊》2016 年第 4 期，第 12 页。

二、博物学的发展瓶颈

19世纪后期，许多科学家意识到自己只有专注于博物学中的某一个小的方面才可能提升自己的专业水平，取得较大的成就，于是博物学逐渐分科化；此外，实验生理学传统在生命科学中渐渐占据重要地位，传统生物学研究在生物学科中不断被边缘化。20世纪中叶，哈佛大学产生了博物学研究与新兴的分子生物学研究之间的矛盾，哈佛大学传统生物学家威尔逊还曾撰写过《分子生物学词汇表》以讽刺新兴的分子生物学研究。植物学家周俊也曾指出，虽然现在新成立了许多研究生物学科的学院，但钻研传统生物学的研究人员越来越少，以生物学为核心的博物学正日渐衰微。

三、博物学的现代意义

（一）科学意义

博物学改变了科学研究人员对待研究对象的感觉。随着对自然的深入了解，科学知识的丰富带来的却是对自然的“傲慢感”以及对其他物种的“优越感”。自然的概念逐渐退化为显微镜下的冰冷切片、实验报告上的分析结果、电脑上的实验数据。我们对自然越来越了解，却忽视了我们研究自然的初心——了解它以便更好地热爱它。博物学家对待自己的研究对象往往是怀着深沉情感的，从任何一部博物学著作中我们都能感受到作者那热切的爱。

博物学能够使人类对自然保有一种虔敬的态度。涉猎博物学的研究者大多持有对自然万物的崇敬畏惧之心，而他们本身又有身为学者的基础素质——脚踏实地的精准判断力。这两者相互结合，使得他们不易被当今科技的飞速发展迷昏头脑，而能保持切实的判断与分析能力，知道科学研究的度在哪里，从而使未来的科学能够更好地服务人类，而不是科学主导人类。而且，在明了自然之辽阔无穷后，他们便会愈发崇敬、敬畏自然，从而更加坚定科研的决心。

感性在理解大自然以及科学创新中具有重要作用，而博物学的研究正是这种感性的来源之一。许多文艺作品就是感性的产物，或者说是感性占主导地位、与理性结合的产物。历史上许多科学家都乐于培养自己在绘画或音乐方面的才能，以求在处于灵感瓶颈时能够用感性或艺术来激发自己的思维，实现突破。此外，博物学的研究包含许多经验性的知识，亚里士多德曾说："经验造成技术，无经验则只能诉诸偶然。"①脱离经验的科学研究是站不住脚的，而科学创新往往就来源于对经验的总结与拓展。

(二)人文意义

从怀特(Gilbert White，1720—1793)的《塞耳彭博物志》开始，便涌现了许多新人文形式的博物学作品，例如法布尔的《昆虫记》、梭罗的《瓦尔登湖》和《野果》、梅特林克的《花的智慧》、利奥波德的《沙乡年鉴》等。② 新人文形式的博物学适用于大多数人，具有普遍的教化功能。

近代数理科学革命的实质在于将自然加以理念化，使现代科学远离生活世界，使人们误把数学化的自然当成自然本身。③ 试想如果有一天，当人们想到自然，浮入眼帘的只是一串串研究数据，只想要分析其结构，那该是科学革命多大的失败啊！不仅现代科学的研究成果往往使人觉得过于"高""大""上"，人们也有可能将这种感觉带入与自然的关系中，而感到数学化的自然变得越来越陌生。博物学的研究在人与自然关系改善方面便显得尤为重要。

此外，如今社会节奏越来越快，人们的压力也与日俱增。我们不妨回归博物学，走进非数字化的大自然中去观鸟、赏花，或对着《昆虫记》辨别脚下的小虫，渐渐地我们便会发现在学习与工作之外，世界是如此之美妙与有趣。我们不必像博物学家一样成为某一领域的自然专家，但我们可以有自己的兴趣，并为之作出自己一点小小的贡献。

如果人人都能热爱自然，亲近自然，那么环境保护的问题便能获得极大的改善。如今许多人的环保意识不强，一个重要的原因便是他们没有意识到自己的行为会造成怎样严重的后果。他们没有真正感受过自然之美，在自然

① 苗力田：《亚里士多德全集》，中国人民大学出版社1990年版，第2页。

② 刘华杰：《大自然的数学化、科学危机与博物学》，《北京大学学报(哲学社会科学版)》2010年5月第47卷第3期，第70页。

③ 刘华杰：《大自然的数学化、科学危机与博物学》，《北京大学学报(哲学社会科学版)》2010年5月第47卷第3期，第64页。

被破坏、自然之美消失之后便不会有很大的感触，而依旧按自己原有的方式生活。但如果他们能怀有对自然的热爱与敬畏之心，他们便会自愿成为保护环境的一分子。

四、结　　论

博物学是人类对待外部世界的好奇与探索，在世界历史上占有重要地位，中国的博物学传统也是源远流长，但现在博物学却遇到了危机。博物学对现代科学及人类的生活都具有积极作用，因此，重新弘扬博物学将是现代科学的重要任务之一。

科研成功的三大要素：强烈动机、信息交流和大胆创新

——从DNA双螺旋结构发现过程中挖掘科研成功之要素

郑品忠　数学与统计学院

【指导教师评语】 论文对DNA结构被成功发现所经历的过程进行了较深入的发掘，提炼出科研成功的三大要素：强烈动机、信息交流和大胆创新，论文观点鲜明，论据充分，表述条理清晰，表达规范流畅，是一篇言之有物、有实际指导意义的小论文。(物理与科学技术学院　石瑛)

这次自然导引结课论文的书籍我选择的是主要由詹姆斯·沃森著的《DNA：生命的秘密》。经过为期三周的阅读，我收获颇丰，感悟良多。这本书是一部遗传学简史，从孟德尔遗传定律开始，到DNA双螺旋结构的发现，再到最终人类基因组图谱的完成。本书主要作者詹姆斯·沃森、是DNA双螺旋结构的破解者之一，长期担任美国冷泉港实验室主任，人类基因组计划的发起者和主持人。可以这样说，詹姆斯·沃森始终战斗在DNA技术的前沿阵地，是DNA技术发展的参与者、建设者和见证者。撰写这部向大众科普DNA知识的遗传学简史的最佳人选非沃森莫属。难能可贵的是，作者并没有因自己身为遗传学学者而偏袒自己的学科，并没有在书中隐瞒遗传学曾经的污点"优生学"，反而直言不讳，坦诚地向大众讲述"优生学"的荒谬和恶劣影响，用一种以史为鉴的客观、真诚的态度告诉读者，大可不必像谈"优"色变那样对待现代DNA技术。作为科普类书籍，这本书语言并不晦涩难懂，而是非常通俗易

懂；内容也不枯燥乏味，反而举例鲜活，生动有趣，故事性较强。我认为这是一本相当优秀的科普读物，它让我对DNA的相关知识有了更全面深入的了解。

本书最令我印象深刻的主要有三个方面：一是沃森、克里克、威尔金斯和富兰克林四人团队在DNA双螺旋结构的发现过程中所体现出的杰出的科研精神和成功的科研工作模式；二是分子生物学媲美上帝的强大力量，在农业、制药、遗传疾病治疗、指控罪犯、亲子鉴定方面发挥的巨大作用和无限光明的前景；三则是转基因食物、基因治疗和基因诊断等现代生物技术的安全与伦理问题，以及未来发展前景。但由于篇幅所限，难以面面俱到。经过权衡比较后，我决定以书中最喜欢的片段——DNA结构的探索历程为主要论述对象，挖掘和提炼DNA双螺旋结构发现过程中体现的科研成功之要素。

一、强烈的探索动机

书中写道，驱动沃森探索DNA结构的一个重要影响因素是著名物理学家薛定谔所写的《生命是什么?》。而且有趣的是，因发现DNA双螺旋结构而获诺贝尔奖的三位科研工作者沃森、克里克和威尔金斯都声称薛定谔的《生命是什么?》对自己产生了重要影响。尤其是沃森，他为薛定谔所预言的生命的遗传密码脚本着迷不已，甚至说在芝加哥大学读了这本书之后，他就立志要破解基因的秘密。丰富多彩的生命世界竟然可以用一串密码信息来编程，所有复杂的生命现象都可以归结为一套遗传规律，这是多么神奇。也正是因为沃森团队有这样一种想要破解基因奥秘的强烈动机，才促成了他们的成功。无独有偶，另一位DNA双螺旋结构的发现者克里克也曾用“狂热的追求”来描述他的科学生涯。又如丁肇中，进实验室后常常40个小时才出来，其他任何事情都忘了，脑中只有实验数据。好几位诺贝尔奖获得者都告诫说：“把获诺贝尔奖作为科研目标是绝不可能成功的。”①可见，强烈而单纯的探索动机才是科研工作源源不绝的动力来源，如果沃森团队只是出于谋求名利的目的做科研，而没有这种探索的强烈渴望，绝不可能保持如此长久的激情去做科研，也绝无可能获得最后的成功。诚然，在科学的殿堂里有部分人是出于功利的

① 王选：《科研成功的要素》，《科教文汇》2005年第7期，第6~8页。

目的来做科研的，我们也不能否认他们曾获得过杰出的成果，比如书中第七章提到的人类基因组计划的竞争者克雷格·温特(“私人人类基因组计划”领导者)。但是，这些人一旦遇到了难以攻克的巨大困难或者是发现研究并不能带来太多利益时，绝不会像那些动机纯粹的科学家那样锲而不舍，坚持到底。正如爱因斯坦在《探索的动机》中所说的那样，若是科学庙堂里只有这些人，那么这座庙堂一定不会存在，正如只有蔓草就不成森林一样。

二、及时的信息交流

在书中，沃森团队之所以最后能构建出正确的DNA结构模型，保持开放并积极地与外界进行信息交流功不可没。具体来说，主要有四次经历中是及时的信息交流把他们从错误的方向拉回来。第一次正确的信息是来自威尔金斯在X光研讨会上的演讲。沃森在哥本哈根的时候认为通过X光衍射法至少要进行10年实验，才能解开DNΛ的结构。直到他在那不勒斯听了威尔金斯的演讲后，了解到威尔金斯的X光衍射数据证明了DNA的结构是高度规则的，只需要把这种结构破解，就能知道基因的本质，沃森才意识到解开DNA结构的可能，于是抛开了之前的错误论断，正式开始学习X光衍射的相关知识以用于破解DNA的结构。第二次是来自泡令发现多肽链α螺旋结构的启示——可以不根据X光衍射的实验数据来推出模型，泡令将推测多肽链结构看成是一种拼图游戏，而这正是沃森和克里克后来采取的策略。第三次是来自富兰克林，在沃森和克里克听从威尔金斯三链模型的建议第一次做出可能正确的DNA模型时，富兰克林指出了磷酸糖骨干在内的错误，还有在那张富兰克林拍出的著名的DNA分子X光衍射图里，DNA双螺旋结构呼之欲出。第四次是来自查加夫，查加夫测定DNA的分子组成发现DNA中的4种碱基的含量有固定的比值关系，虽然在不同物种中四种碱基的含量不同，但是腺嘌呤和胸腺嘧啶的含量总是相等，鸟嘌呤和胞嘧啶的含量也相等，虽然一开始查加夫的数据被两人所忽略，但在意识到查加夫比值的重要性之后，他们很快就构建出了正确的DNA结构模型。纵观整个DNA结构发现历程，不知遭遇了多少曲折和错误，都是在及时的信息交流下沃森和克里克的思路才得以修正，最终接近真相。与此形成鲜明对比的是“内向的”格里菲斯，他鲜少参加科学会议，致使其肺炎双球菌转化实验差点被埋没，若是如此，历史也许会改写，可能DNA遗传物质的发现就要晚上好几年。还有曾和查加夫同船渡过大西洋的化学巨星泡令，忽略了查加夫发表的DNA碱基组成数据，而遗憾地与DNA双螺旋结构失之交臂。要是沃森团队也像格里菲斯和泡令一样“与世隔绝”，他们就永远也发现不了双螺旋。也正是因为开放的态度，他们才得以一次次地向正确的DNA模型靠近。可见，与世隔绝的封闭式科研是不可取的，科研工作一定要开放，要及时地与同行和学界进行信息交流，这样才能纠正错误，扩宽思路。

三、大胆的尝试与创新

沃森认为自己成功的要素之一是有冒险精神，敢于大胆尝试。书中如此说道：“……这正是我们成功的关键，至少是部分关键：我和克里克之所以能率先获得双螺旋的结论，正是因为当时大多数的化学家认为，DNA的分子太大，无法用化学分析来了解。”①沃森是生物学家，而克里克之前是物理学家，两人对大学程度的化学甚至都不是很了解，然而正是这样一个不够专业的组合，没有被大多数化学家的陈旧观点所束缚，敢想敢做，反而取得了成功。与之类似的例子还有很多，比如伽利略大胆地向亚里士多德挑战，在比萨斜塔进行了流传千古的自由落体实验；德布罗意在他那篇著名的毕业论文里大胆地推陈出新，由此得出了德布罗意波；卢瑟福的α粒子散射实验大胆创新，一举推翻汤姆森模型，建立起原子的核式结构模型。可见，大胆创新能够规避前人经验主义的错误，是科研工作取得成功的一个重要因素。反过来要是囿于科学界既有的错误定论，只会被束缚在思维定式之中，与真理失之交臂。比如坚信“燃素说”的普利斯特利和舍勒在得到了氧气的情况下却没有发现氧气，而具有创新精神的拉瓦锡不仅发现了氧气，还一举推翻“燃素说”；沃泰默做出了正确的激素调节实验，却囿于前人神经调节的定论不承认激素调节，反而是年轻且富有创新精神的斯他林和贝利斯从前者的实验中嗅出了机会，发现了促胰液素。所以，墨守成规只能原地打转，毫无进展；而推陈出新、

① ［美］詹姆斯·沃森、安德鲁·贝瑞：《DNA：生命的秘密》，陈雅云译，上海人民出版社2007年版，第44页。

大胆创新却能化腐朽为神奇，开辟新天地。因此，在科研工作中，能否取得前所未有的成果，一个重要因素就在于是否拥有开拓创新的精神。

四、结　　语

在书中，沃森和克里克发现DNA双螺旋结构的过程充满曲折，既动人心魄，仿佛困难重重，但又显得合情合理，仿佛一开始就已经注定沃森团队的成功。强烈的探索动机、及时的信息交流和大胆的创新尝试，是DNA双螺旋结构得以被成功破解的三大重要因素。DNA双螺旋结构的发现没有想象中科研工作的那种艰深晦涩，而是一种水到渠成、自然而然的结果。我不禁想如果我也在探索DNA的结构，在适当的条件下，像沃森和克里克那样有一些偶然的机遇，我也是可以发现DNA双螺旋结构的。其实任何一个人，只要他具备了DNA双螺旋结构发现过程中体现的科研成功之要素和科研精神，也能像沃森和克里克一样发现DNA的秘密。

以遗传密码窥探曾属于上帝的领域

任航　基础医学院

【指导教师评语】 作者阐述了阅读《DNA：生物的秘密》的体会与心得，论文从疾病的诊断和治疗方面入手，对基因筛查、基因诊断，甚至基因干预技术的伦理学问题进行了深入探讨，阐述了自己关于尊重自然规律，尊重基因原本特性，以及对生命本身要心存敬畏的观点。论文的阐述角度独特，论据充分，并且具有一定深度。(电子信息学院　祁昶)

生，一个有着多元意义的汉字，你从生身父母那里得到时，它只是一个名词——生命。你渐渐长高，学会一笔一画地写下自己的名字，从此和你朝夕相处的不再只是家人。你进入学校，认识了形形色色的人，这时你进入了成长的阶段，需要尝试在生活中独当一面，“生”又染上了动词的模样。十几年后的某天，上班路上你接到母亲电话，说你姑姑刚刚也确诊直肠癌，是家里的第三个直肠癌患者了，你想到自己的症状，惴惴不安地挂了电话，低低地咒骂一声命运，然后立即预约私人医生，这一刻你不知道该怎样看待“生”了，你曾感到生而为人何其幸运，你纵情享受生命，用每一寸生命的力量创造美好。可这时，你心里在埋怨父母，为什么他们要把自身的缺憾连同生命一起赋予了你，为什么那些疾病规律、死亡警钟随祖先的血脉流进你的身体里？你不知道“生”的背后还藏着多少“惊喜”和秘密，你郁闷地想着，中学时学的什么基因和DNA，那是不是上帝给你结局划定的预告？如果科学家破译了其中的秘密，你也许能预见自己的结局？

这是个普遍的故事，它发生过、发生着、将发生，这个“你”指的是你，也是我。在18世纪前，这样的命运被归结为神的旨意，没有理论能解释清楚每个人迥然不同的命运。到了20世纪，一个分子生物学和医学健步向前的时代，这些隐藏在每个人身体里迥异的属性被发掘为全新的语言——DNA，向人类诉说秘密地蕴藏在生命中的因果。《DNA：生命的秘密》仿佛是沃森铺展开的一幅画卷，展现的是不断运动、变异却稳定、永恒的自然。但新时代的技术往往掀起全新的改造，自然又将处于何地？人类掌握了“生命的秘密”，就等于可以全然倾覆并重新划定万物的规律吗？一位现代医生撰写了一本《基因传》，当讲述到科学家在探索基因之路上攻坚克难的历史时，他引用了叶芝的一首小诗来赞美生命科学的革新：“都在改变，彻底改变，并诞生出极致的美丽。”①但是，由全新的基因理论引发的变革果真创造出极致的美丽了吗？

基因直接或间接地塑造着生命，即生命的本质脱离不开以基因为介质的传递。生命的诞生不是物理作用，也非化学反应，更不是某种神圣安排，关于生命本质的争论在将近70年前由沃森和克里克定格在历史上，就像沃森在他书中的前言所说：“自此，DNA这本‘人类的说明书’完整地呈现在人们眼前。”②有了解读人类生命轨迹的密码本，一系列的疑难病症便有了解释。我是带着医学生对疾病的敏感心品读沃森的遗传机制的，因为我曾震撼于20世纪初人们对遗传病患者的排斥与残害，对机理遗传病的坐以待毙。那时宣扬的是“三代智障已足够”“畸形的父母产生畸形的后代，他们身上的特征有悖自然规律”③，人们把智障女性关押在收容所确保她们不生育，让患免疫缺乏症的小戴维·维特永久待在无菌保育器里，直到找到可用于试验的疗法，那孩子一等就是11年。而现代医学是结合分子生物学与人文科学的技术，它不号召人盲从或狂热，也不允许无知的人宣扬“遗传清洗”运动和种族优劣说。

我对第十二章里的亨廷顿舞蹈症感到很熟悉。这种疾病在遗传学课本中常被引为重要案例。它属于单基因常染色体显性遗传病，发病时不但突然地出现手脚、面颈的不自觉舞蹈样动作，更会产生智能障碍。超过一半的病人

① ［美］悉达多·穆克吉：《基因传：众生之源》，马向涛译，中信出版社2018年版，第100页。

② ［美］詹姆斯·沃森、安德鲁·贝瑞：《DNA：生命的秘密》，陈雅云译，上海人民出版社2011年版，第5页。

③ ［美］悉达多·穆克吉：《基因传：众生之源》，马向涛译，中信出版社2018年版，第75页。

出现了抑郁引发的人格变化和自杀行为。现在科学家已从分子生物学机制解析这种疾病：正常人第 4 号染色体 DNA 含有一段-CAG-重复片段，在代际传递过程里发生正常的重复，叫作拷贝，而患者体内带有的致病基因 IT15 与拷贝基因的异常增加相关，其表达产物为“亨廷顿蛋白”，尽管对它的认识还在研究阶段，但人们已对它能影响细胞内吞、抑制细胞凋亡的作用达成共识。同时，舞蹈症还属于延迟性遗传病，也就是说，患者的儿女或者孙儿孙女暂时没有显露病症，很有可能只是没有到达发病的时间点，极有可能在将来的某一天，当他们酣睡在梦里的时候，人生轨迹就永远地发生了扭曲。

为了避免那种痛苦的不确定性，对已在 DNA 层面清楚发病机制的遗传病，有人提出利用基因诊断，及早地有针对性地降低有家族病史且确诊人群的发病风险。可值得思考的是，沃森提出了一个难题：有一个年轻人(其祖父是舞蹈症患者)希望检测自己有无致病基因(按照孟德尔遗传定律，他的亲缘系数为0.25，带致病基因的概率为25%)，而他的父亲恰恰相反，宁愿生活在有 50%发病风险中而不愿得知确切的结果。如对儿子的基因进行检测，通过遗传规律，父亲极可能“被迫”得知自己会发病。我不禁想象，如果我是为父子检查的医生，我愿意用冰冷的医学技术为父子宣判死亡日期吗？在设想的第一种情境里，我不想看到年轻的生命每天都恐慌自己或者自己的后代是否会突然失去清醒的意识和控制自己的能力，所以我会尊重年轻人的意愿，陪他去下那个“赌注”，让他起码能清楚命运的走向。但这样的结果对父亲而言呢？他奋斗半生建立了美满的家庭，也像正常人一样平稳度过了一半的生命周期，突然儿子被查明携带着一定来自他的致病基因，于是他被宣判了定期的死刑。我难以想象这个家庭从此会怎样地以天数为单位去经营。反之，我把先进的技术隐藏起来，不应用于结束这个家庭的安宁，尊重父亲不想得知一个类似死刑的心情直到“那一天”到来，又或许，按所有人的希冀，那一天永远不会出现。书里的医生最终没有做基因诊断，是因为那个家庭中的母亲劝阻了年轻人，她认为丈夫有权不得知类似被判死刑的真相，相较之下，儿子是否携带致病基因则显得并不紧急，可我还是不能确定将来作为医生的我会做出怎样的选择。这个例子显示了基因诊断与其他诊断的不同。“我从自己的基因得知的事，有可能对我的血亲造成影响，无论他们本身是不是想知道。”①

不过也存在令人欣慰的情况，即便要对抗的是那让我们恨不得咒骂命运捉弄的身体里的“叛徒”——癌细胞。癌症是一把受遗传和环境共同调控的“死神之镰”。关于癌症，沃森举的例子是：在一个已诊出多例乳腺癌的家族中，一位妇女为不再忍受永远的恐慌和不确定性，申请进行双侧乳房切除术。做DNA分析后，她发现自己患病的概率并没有想象中高，发病率和普通妇女几无差别，因此她松了口气后立马取消了手术。沃森感叹道，基因分析让妇女勇于做决定，因为在生死面前，其他的烦恼简直微不足道。

《基因传》中有个概念——“干预”，来自作者对产前遗传检查技术的描述。这种“干预”，即使违背了自然法则，却能按照较为优异的遗传标准来改造人类的缺陷，不能说全不可取。人类尽管已能熟练地运用医学手段去改造缺憾，但还是要警惕其中的偏颇。我们不能因为掌握了人工选择和基因操作的技术就把自然选择视为愚蠢和低效的。就像去年轰动全球的贺建奎基因编辑双胞胎事件，为什么人们即便还没看到那对双胞胎表现出某种缺陷就立即否定和排斥这项实验？答案应当很明确：底线。人生而拥有权利，自由地成长、成熟，欣赏着壮观的自然，体验着生活之意义，人的天性与特征终生相伴，每个人都在为自己独特的基因而骄傲地活着。可是如今，人类成为无良知技术的试验品，沦落成任人宰割的鱼肉，反被自己的进步而吞噬，何其可悲！在意外不时出现的拓新道路上，人不是小白鼠，研究者要首先并且永远谨记：不触碰底线是我们对生命秘密的敬畏。

① ［美］詹姆斯·沃森、安德鲁·贝瑞：《DNA：生命的秘密》，陈雅云译，上海人民出版社2011年版，第255页。

追求科学、善用科学、忠于科学

任旭滨　遥感信息工程学院

【指导教师评语】　该文章逻辑清晰，与书本相结合，也充分体现了自己的认识和观点，辞藻朴实，主题层层递进，过渡自然。文章段落结构清晰，在简要回顾发展历程后引出第一个主题——追求科学，文字朴实却又充满思考，承上启下，在转折的同时又层层递进，从追求科学升华到善用科学，例子和个人观点相结合。(国家网络安全学院　王志波)

人类生命伊始，生命之问便是困扰人们的一个千年难题，人类究竟从何而来？生命究竟从何开始？古有智者，上下思索，寻求生命之奥妙，以活力论阐述生命之来源；亦有他人，以神创论叙述生命之起始。但毫无疑问的是，唯心主义的理论难以真正使人信服，而真正探索生命秘密的，唯有科学一条道路。

一、追求科学

从拉马克的用进废退到达尔文的自然选择，紧接着到孟德尔遗传定律的提出，人类开始对生命的来源拥有了理性的思考，在思考的过程中也渐渐地接近生命的本质。生命，这个充满了无限生机和吸引力的名词，吸引了一代又一代的科学家，执着不懈地为它奉献着自己的青春与热血。到了20世纪，人们已经掌握了基因的关键所在，它就位于染色体上，且DNA已然成为遗传学界的焦点，对于生命遗传奥妙的探寻已经到了最后攻坚阶段。年轻的科学家詹姆斯·沃森和他的志士同仁克里克，以他们无限的热情和饱满的动力，终于在1953年的一天，解密出了DNA的结构。DNA的对称结构，正如他们当时所言那般："这么简单美丽的构造，绝对错不了。"①

回顾人类探寻生命秘密的这段历史，最令我震撼的，莫过于无数科学家们对于科学的执着探索精神。达尔文，五年的环球航行，二十年的思想积淀，终著有鸿篇巨制《物种起源》，向世人阐述生命进化之规律。孟德尔，八年躬耕，寄情于豆田之中，终跨越时代，总结遗传规律。再到沃森，自大学期间熟读波动力学之父薛定谔所著《生命是什么》之后，便拥有了探索基因秘密的无限热情。此后几年，沃森的研究方向与重点无不围绕着基因展开。更令人敬佩的是，在追求基因秘密的过程中，他保持着理性的思维，明白什么样的方向是他所追求的，明白如何才能有效地探索生命的秘密。一代代的科学家们身体力行，向我们传达追求科学的伟大精神，叙述科学的神圣和理性，阐述"冰冻三尺，非一日之寒"的道理，正如孟德尔所言"天才意味着一生辛勤的劳动"。

追求科学的精神，也正是作者沃森编著此书的良苦用心。在书中的每一个角落，无不能看出他对科学的热爱和忠诚，以及愿意为此奉献一生的毅力。

二、善用科学

科学，不仅仅拥有理论上的意义。当科学运用在生活中时，它的实用意义就凸显出来。在《DNA：生命的秘密》第五章和第六章中，作者详细阐述了基因技术在运用到药物制造和农业过程中所带来的变革以及所遭遇的阻力。

诚然，对于基因技术，人类的表现是矛盾的。一方面，我们希望利用基因技术改善生活，使我们的生活能够享受基因技术带来的变革与发展；而另一方面，我们也担忧是否有一天基因技术会给人类带来毁灭性的影响。在本书中，作者对这一矛盾现象表述得淋漓尽致。虽然生物技术能创造出更为先进的生物药物，能弥补传统农业的不足，减小农业对环境的污染，但是绝大

① ［美］詹姆斯·沃森、安德鲁·贝瑞：《DNA：生命的秘密》，陈雅云译，上海人民出版社2011年版，第43页。

多数的人们却为这样的生物技术感到担忧。不得不说，在这两章的描述之中，作者所描绘出来的矛盾的社会心态让我们开始思考，我们究竟应该如何善用科学？

每当一项新的技术和发明诞生之时，它所带来的好处和所带来的风险都是未知的。对于一个新的发现，如果我们不加以思索而过于狂热地利用它的话，很有可能会带来灾难性的后果。例如DDT的使用，虽然它对病虫有极大的杀伤作用，可以有效地保护农作物不被侵害，却也造成了难以挽回的污染。所以，我们需要谨慎。但是，过度谨慎又有可能让有益的发明被掩盖，正如沃森在书中所描述的人们对于生物技术的强烈抵制之情那般，这一社会态势甚至影响到了许多科研工作者的研究进程，使得他们关于生物技术的研究迟缓了许多年。

那么，如何善用科学？私以为，我们应当做到利用辩证的思想观念来看待事物，通过自己的理性思考与分析来判断一件事物的好坏，而不可盲从社会舆论，也不可盲目地轻率判断。当经过这样一番思考后，再对科学进行利用，便是一种理性的善用，也是对科学的尊重。

三、忠于科学

在书中，除了描述人们排斥生物技术，作者还批判了一种违背遗传科学的理论——优生论。

优生论是一个既违背了遗传科学规律也违背了人性的理论。在20世纪早期，它风靡一时，无数的人深受其害，并渐渐导致种族歧视的产生。作者向我们阐述优生论这一段遗传学界中的耻辱历史，正是为了说明，一切理论和研究都应有忠于科学的态度。优生学的事实告诫我们，背离科学规律的理论是完全经不起实践的打磨与考验的。

所以，不仅是投身科学的科研工作者，社会上的每一个人都应当拥有忠于科学的态度。唯有忠于科学的理论和自然的规律，对待任何事都能保持忠于科学的态度，才能是一个理性的人。

追求科学、善用科学、忠于科学，是我阅读《DNA：生命的秘密》这本书最大的感悟。我相信，这也是作者在书中的字里行间想要传达的思想。在今后的生活中，我要尽我所能，践行这三个原则，用自己的不懈努力，为社会作出一份贡献。

我们究竟为何而战

魏苏　弘毅学堂

【指导教师评语】 本文从对《DNA：生命的秘密》一书的仔细研读入手，分析书中所承载的科学精神，并结合个人观点进行延展和深入探讨，具有一定的借鉴意义。行文流畅，论证充分，作者个人感悟深刻。(基础医学院　张德玲)

近来拜读了詹姆斯·沃森(James D. Watson)与安德鲁·贝瑞(Andrew Berry)所著的《DNA：生命的秘密》一书，对其中蕴含的科学精神颇为感动。

“我在做什么？我做这些为了什么？我做这些事情有什么意义？”这几个问题可能是科学工作者的哲学基本问题吧。也许刚开始的时候目标还是明确的，但当我们愈行愈远，是否还清楚地知道我们在这条路上，是为何而战？三百多页的书，不厚，不难懂，却让我思考了这个几乎可以贯穿我的一生的问题。

我们究竟为何而战？为了自己的理想和信念，为了深埋心底的那一颗小小的却又伟大的梦想种子。

几个天才的头脑，为了一个共同的目标——解开DNA结构之谜，聚在了一起，取得了举世瞩目的成就。他们几乎都是受薛定谔的《生命是什么》一书影响，选择了生命科学研究之路。虽然在刚开始的时候，沃森和许多科学家都认为回答这个问题还需要10年，但是他们仍然为了自己的理想和信念在实验室里孜孜不倦地研究着。

学术研究型活动较之一般的物质活动来说，门槛较高，过程也相对艰难曲折。一位学术研究者可能终其一生也不能取得令人称道的成就；一些项目的研究甚至会耗费几代人的心血。而一些前沿的科学研究，其不可预测的发展前景更是令很多人望而却步。即使沃森在遗传学方面取得了巨大的成就，DNA 运作的奥秘仍然还需要更多的研究才能解开，仍然需要更多的科研工作者将自己的一生献给这门有趣的学问。

我们总说，生活不止眼前的苟且，还有诗和远方的田野。我想，科研工作的单调乏味是需要理想和信念来支撑的。当一个人有了精神的原动力之时，自然就会在他认为正确的道路上越走越坚定。无论最后研究成果是大是小，他一定会是这门学科进步的推动者之一。他的努力和千千万万个普通科研人员的努力汇集在一起，终能铸造出一个新的里程碑。当一个人有了理想和信念并为之努力奋斗时，他也是一个幸福的人，因为那才是人生价值发挥作用的主战场。

我们究竟为何而战？为了和不平等的事件对抗，为了不让伪科学遮住世人的眼睛。

这本书中很可贵的一点是，沃森并没有因为自己的身份和对遗传学说的热爱而隐瞒曾经轰轰烈烈进行的“优生运动”。在那场黑暗的运动中，数以万计的人因为被认为是“白痴”，而失去了为人父母的权利。纳粹的暴政和美国极端的绝育法是世界人权史上不可抹去的污点。片面强调基因的遗传，却对基因存在变异机制全然不知，导致了一系列悲剧，使“优生”（eugenics）这个词成了很多人避而不谈的痛处，同时也玷污了遗传学。

在人类的历史上，因为科技不发达，猖獗的伪科学造成的危害并非少数。但是能在历史中站出来“正本清源”的人却是少之又少，因为这样的行为是以大量的科学研究为基础的，如果没有足够的科研成果作为支撑，结果无法让人信服。群体并不是理性的体现之处，只有言之凿凿的证据，才能让越来越多的人认识到科学，让他们拨开伪科学的迷雾，更加求真、理性地看待问题。

《维也纳宣言》中写道：“科学家由于具有专门的知识，因而相当早地知道了由于科学发现所带来的危险和约束，从而他们对我们这个时代最迫切的问题也具有一种特殊的能力和责任。”①我们探索前沿问题，追寻科学真谛，更要在这个过程中与陈腐的思想斗争，同伪科学决裂。我们应该让更多人了解到这个世界到底是怎样的世界，其中又蕴含着怎样的道理。能力大也意味着我们要肩负更重的责任，意味着我们要做更多需要人去做的工作。

我们究竟为何而战？为了人类命运共同体的每一次呼吸，为了更美好的时代的到来。

基因带来的遗传病在过去数百年间是无数家族的梦魇。亨廷顿氏舞蹈症、唐氏症候群、泰赛二氏症……这些遗传病如同恶魔，毁掉了一个又一个家庭。我们总说，人生而平等。然而基因却又残酷地告诉我们，人，生而不平等。总有些人，因为“优秀”的基因，很容易就能在人群中大放异彩。而有些人，因为基因甚至无法正常生活。

沃森在书里这样说道：“在我的职业生涯中，自从发现双螺旋后，我对于进化安装在我们每个细胞里的杰作满怀赞叹，但是自然机制残酷地、随意地造成的遗传劣势与遗传缺陷，也让我满怀痛苦，尤其当受害者是孩童时。在过去，消除那些有害的基因突变属于自然选择的管辖范围；自然选择是一个效率极高但非常残忍的过程。今日，自然选择依旧经常在支配着我们……但是，在找出多年来引起诸多不幸的许多突变后，我们现在已经有能力避开自然选择。”②

从 DNA 结构的探索到人类基因组测序，从认识 DNA 到研究 DNA 疗法……DNA 从原本神秘而不为人知的高台上缓缓走下，为人熟知，被科学家了解得更加透彻，也被赋予新的使命。现如今，生物技术蓬勃发展，被称为 21 世纪的学科。DNA 指纹技术、基于 DNA 的生物制药技术、基因改造农作物，以及前景莫测的基因疗法等，这些都逐渐出现在我们身边。特别是基因疗法，无论生物技术发展多么迅猛，癌症疗法始终是其最大的推动力。

沃森一行人，以推动人类发展为己任。即使生殖细胞基因疗法有很大风险，他们也在论战中坚定立场，不畏惧不可避免的批评。我们希望真的可以

① 陈恒六：《从科学家对待原子弹的态度看知识分子的社会责任》，《政治学研究》1987 年第 6 期，第 66~74 页。

② [美]詹姆斯・沃森、安德鲁・贝瑞：《DNA：生命的秘密》，陈雅云译，上海人民出版社 2011 年版，第 5 页。

做到人生而平等，每个人是独一无二的，但都是健康快乐的，遗传病不再会折磨幼小的灵魂和悲痛欲绝的父母。每个孩子都能健康茁壮地成长，而不会再有孩子从一出生就被判处死刑。而我，也心心念念这一天能够早些到来。

一本书，300页而已，却告诉了我太多太多道理。它告诉我这一生终究要为何而战，为了梦，为了与不公平斗争，为了未来……这是我们新时代大学生的责任，是我们每个人都应该去追求的事情。正如王尔德所说，我们都生活在阴沟里，但总有人仰望星空。我希望自己也能成为一个脚踏实地，仰望星空的人。

生命如蚁而美如神

张子怡　经济与管理学院

【指导教师评语】 生命是什么？这是一个很容易让人陷入沉思的问题。该文从基因改造、优生学和科学精神等方面很好地诠释了对这一问题的深度思考，让读者认知生命如蚁的平凡，更感受生命如神的美妙。这不仅是一篇读后感，更是一篇富有哲理思辨的佳作。(资源与环境科学学院　孔雪松)

一、引　　言

“就基因的总量而言，我们也就比杂草类的植物多一点点而已！跟线虫比，就更令人吃惊。我们和线虫在结构的复杂度上有天壤之别，但我们的基因总数还不到线虫的两倍。”①

自诩不凡的我们，从基因数量上来看，竟与杂草、线虫无异，沃森的这段话是多么令人困窘啊！难道，我们的生命就是这样平凡吗？沃森在《DNA：生命的起源》中给出了答案——我们精妙的遗传硬件让如蚁生命美如神。

并不同于其他深奥晦涩的专业书籍，《DNA：生命的起源》讲述了遗传学的发展简史，通俗易懂，有趣生动。甚至，书中所揭示的生物原理，让我这个仅在高中学习过一年生物、粗粗了解DNA与遗传规律的外行人也能理解个七八分。作者沃森作为DNA双螺旋结构的发现者、人类基因计划的主持者，可谓讲述DNA技术发展故事再合适不过的人了。从对遗传物

① [美]詹姆斯·沃森、安德鲁·贝瑞：《DNA：生命的秘密》，陈雅云译，上海人民出版社2011年版，第156页。

质的争论，到DNA结构的发现，再到遗传密码的解读，沃森将科学界前辈对生命秘密的探索历史娓娓道来。但他并未局限于此，把视野放得更宽，又向我们耐心讲述了DNA技术在农业、法律案件、遗传病、天性与教养方面的应用。在阅读的过程中，我已经忘记了他诺贝尔奖获得者的身份，觉得他像身边的一个朋友，真诚地和你分享生活中的种种见闻。

二、基因改造农业

沃森在第六章中谈到了如今的热点问题——基因改造农业。

"转基因？那可不能吃，有害的。"在生活中，我们常常听到这样的言论。那么，基改食物真的有这么可怕吗？沃森在本章中针对一些常见说法，一一作出了答复，也让我有了更深入的了解。

是的，转基因并非绝对无害，但一味地妖魔化更是对转基因的造谣与污蔑。我们追求绿色的、自然的食物，我们痛恨转基因的污染。那么，试问，我们刚刚下咽的食物，在生长时经过农药的喷洒，在被端上餐桌前经过种种加工，这样的食物，又谈何自然呢？

更可笑的是，多数口口声声表示反对的群众，对转基因的了解也仅仅停留在这三个字而已。不愿再多了解，不愿再多思考，只凭"转基因"这三个字就指着科研人员的鼻子臭骂的人，才是最可悲的。

正如沃森所说的那样，一味排斥转基因是一种伪善的行为。与其担心危害，高举反对大旗，不如共同参与到控制转基因风险中来，加大科研投入，加强对转基因食品种植与销售的监管。这样，才是对人类真正的保护。

三、误入优生学

本书最令我惊讶的一点，是沃森并未对遗传学走过的弯路——优生学——一笔带过。"优先繁衍有才华的人，阻止才干低下的人繁衍"①，"授权对证实为罪犯、白痴、强奸犯与低能儿的人做绝育手术"②……这些在当下看

① ［美］詹姆斯·沃森、安德鲁·贝瑞：《DNA：生命的秘密》，陈雅云译，上海人民出版社2011年版，第19页。

② ［美］詹姆斯·沃森、安德鲁·贝瑞：《DNA：生命的秘密》，陈雅云译，上海人民出版社2011年版，第25页。

来荒谬无比的言论，却在优生学盛行的年代被许多人接受，甚至成为了希特勒手中的一把刀。

的确，基因在个人差异上扮演着重要的角色。但也正是因为基因的差别，造就了不同样貌、不同天赋的我们，构成了美如神的生命。我不敢想象一个只有“最优基因”存在的精英社会。弱小也好，愚笨也罢，只要活着，就有追求幸福的权利，就有不能被剥夺的生活。我们又如何能断定“本该被淘汰的人”就不能活出精彩的人生呢？

如今，我们依靠产前检查减少遗传缺陷，这是科学的正确应用。但人类若过分迷恋完美基因，无知地清理所谓的“劣等人种”，狂热地定制后代，只会将社会导向如《千钧一发》中所描述的基因专制暴政的荒诞世界。

四、对科学精神的感叹

因通识课程翻开了这本书，也抱着“希望感受到科学精神的传达”这样的心情去阅读。遗传规律确实令我惊叹不已，但我更为书中出现的科学家们的精神感动。受到薛定谔《生命是什么？》的影响而走上了生命科学研究之路的沃森，迷恋着错综复杂问题的克里克，讲求逻辑和精确、对自己的专业执着得不得了的富兰克林，蜜月旅行是一场科学会议的佛瑞瑟，拒绝接受爵士爵位的桑格……他们在追求什么呢？是金钱、荣誉，还是权力？都不是，他们仅仅是在纯粹地探索着世界。而在探索的过程中，他们已然是最富有、最满足的人了。

我想，之所以每个孩子都有过成为一名科学家的梦想，不是因为那些奇奇怪怪的大人世界的原因与价值意义，而是他们的勇气、他们的执着真的很酷。永远对世界保持着孩童般的好奇，从不恐惧未知，在满地的六便士上追寻着自己的月亮。他们身上有加缪所说的“战胜不了的夏天”，他们是纷杂世界里真正的勇士。也正是因为他们的不懈努力，亨廷顿舞蹈症患者停下了死亡之舞，“泡泡男孩”也有了触摸世界的希望。

在这些耀眼的科学家身上，我感受到了他们美如神的生命。

五、结　语

“生命其实就是一大串协调好的化学反应。”①科学似乎总是冷冰冰地给生命下着定义。沃森在书中不仅介绍了对生命秘密的科学探索，也讲述了人性的善与恶，美与丑。

“爱”，才是基因送给人类最美好的礼物。

因为爱，拥有不同基因的我们才能够和睦地存在。

因为爱，我们对生命不断地进行着探索。

因为爱，我们能通过科学让基因变得更美好。

因为爱，即使生命平凡如蚁，却也美如神。

① ［美］詹姆斯·沃森，安德鲁·贝瑞：《DNA：生命的秘密》，陈雅云译，上海人民出版社 2011 年版，第 303 页。

意识联结：多彩意识的源泉

李鑫龙　电子信息学院

【指导教师评语】 观点新颖，逻辑清晰，结构较为合理，语言具有较强的科学性与学术性。对《惊人的假设》的思考有深度，引经据典较为广泛且合理，能有力地论证观点。此外，将意识的具体联结方式与人类神经元的联结进行对比，推断意识的联结将会是今后一个重要的突破方向，做到了深度思考，且事例翔实，有理有据。(计算机学院　牛晓光)

无论是从生物科学还是从哲学的角度来看，“意识”都是一个难以下定论的概念。《惊人的假说》将其作为“觉知”来研究，即神经元集合对刺激获得有意义的信息集合并可能产生响应。随着研究的深入，虽然人们对意识的本质莫衷一是，但意识的某些特性已被证实，如紧密的联系和频繁的交流。从这些已知特性出发，不难发现意识像人一样也有一定的社会性联系，如克里克所说：“如果一个神经元所有的输出只能到达死亡的神经元，它本身往往也会死亡。”①从这种意义上推测，作为神经元集合的产物，意识也需要建立联结并相互依存。

一、意识联结存在且有意义

从宏观角度分析，意识与意识之间存在联结：“意识通达，既无比包容，又非常挑剔……我的情绪、策略、错误和悔

① ［英］弗朗西斯·克里克：《惊人的假说》；引自桑建平主编《自然科学经典导引》，武汉大学出版社2018年版，第319页。

恨都会进入我的有意识的脑中。”①这其中所谓的“通达”就是意识在一定程度上与情绪、策略等感受的联结。但“感受”一词过于主观且难以定义，达尔文写道：“你的喜悦、悲伤、记忆和抱负，你的本体感觉和自由意志，实际上都只不过是一大群神经细胞及其相关分子的集体行为。”②因此从生物学的角度探索“感受”的本源，无非是神经元集合的某种响应，即感受也是神经元集合产生的某种意识(由本文中意识的定义可以推出这一点)。由此观之，意识与感受的联结本质上就是意识与意识的联结，就像一个个相互铆合的零件，意识与意识之间相互联系，组合成为一个庞大的体系，并可能产生某些可感的反应。

从微观角度来看，意识产生的根源是人脑中庞大的神经元集群，神经元之间通过突触等结构连接交流，意识也无可避免地产生碰撞交流。更令人惊叹的是，这种碰撞交流很有可能作为一种基本机制，帮助人脑将庞杂的信息整合成有意义意识。举例来说，人看到了红色，单一的视觉意识并不能使人做出反应，还需要神经系统连同视觉处理、记忆、情感等多种神经活动，才能最终形成主观的“红色”。假若没有视觉传导神经的参与，视觉只停留在眼球的看见而大脑看不见；假若没有记忆神经活动，人无法判断看到的是什么，因为“红色”的概念需要经过学习和记忆才能被人所识别。

更进一步说，就像人类的合作有利于更高效地工作，意识的联系在其工作过程中发挥了不可或缺的积极作用。意识的协调配合对生物有重要意义，它能使生命体更好地生存，更高级、更复杂的意识联结可能会使生物获得更好的发展空间。研究表明，脑的进化的确表现出一定的方向性——脑变得更大，且沟壑加深，神经元联结增多。这说明在进化过程中意识的联系也趋于紧密和复杂。因此，在面对外界刺激时，越可能做出更多样的、有区别的响应，越可能创造更多的生存机会。从这种意义上来说，越高级的联结便越有生存的优势，意识联结也因此具有了更高层次的存在必要性。

当然，如此解释似乎会有这样的问题：意识能否通过相互交流感知到它

① ［法］斯坦尼斯拉斯·迪昂：《脑与意识》，章熠译，浙江教育出版社2018年版，第22页。

② ［英］弗朗西斯·克里克：《惊人的假说》，汪云九译，湖南科学技术出版社2018年版，第3页。

自己呢？较为合理的解释是："意识知觉和自我知识之间是不需要联系的。聆听音乐会或者欣赏日落的美景时……而不需要时刻提醒我自己'我正在自我陶醉'。"①由此可见，意识之间的联系并不是随意的，它可能在某种既定的规则下进行。

二、意识有确定的联结方式

正如零件的组装有相对固定的方法，意识也有一定的作用机制。换而言之，意识具有确定的联结方式。

克里克曾提出一条尝试性的假设："意识的所有不同方面，如痛觉和视觉意识，都使用一个基本的共同机制或者也许几个这样的机制。"②这条假设已经在无形中被人们接受了。比如视觉实验的方法，旨在通过人的视觉响应研究意识，这种研究方法无形中将意识看作一个黑箱，通过输入-输出的方式来判断黑箱的可能结构。如若黑箱的计算机制是随机的，那么在输入与输出之间将很难找到联系，这种研究方法也不能奏效。因此，意识之间必然存在一种特定的联系方法，经过确定的步骤，输入的信号能得到有规律的输出。

这种假设也有相应的生物学基础支撑。"还原论"提及意识的神经关联物（NCC），科赫如此分析："不同的NCC也可能有交叠，例如在脑的前部……不同主节点的NCC也会有一些相同的性质，诸如它们轴突的投射模式……"③不同意识的NCC有相同的投射模式，或者说是可以相互识别的、共通的联结方式。意识的联结由此有了本质上的共同点，而这种共同点精妙地保证了意识相对固定的联结。

此外，鉴于意识极快的产生和响应速度，意识与意识之间甚至可能不需要借助其他中介而能够直接联系。意识就像一个个的齿轮，相互直接啮合，一个齿轮的运动直接带动其他齿轮运转；同时，相邻的齿轮固定地咬合，从而不需要改变齿轮参数。意识的联结比齿轮啮合复杂得多，但其本质可能并

---

① ［法］斯坦尼斯拉斯·迪昂：《脑与意识》，章熠译，浙江教育出版社2018年版，第26页。

② ［英］弗朗西斯·克里克：《惊人的假说》，汪云九译，湖南科学技术出版社2018年，第21页。

③ ［美］克里斯托夫·科赫：《意识探秘》，顾凡及、侯晓迪译，上海世纪出版集团2012年版，第129页。

无很大区别，均是直接且固定地相互传动。直接联系的意识采取固定的交流方式，既能缩短信息传递的时间，也部分地解释了意识物质载体的问题。

但是，目前仍然难以完全解释清楚这种“确定的联结方式”，哪怕一个最简单的细胞也有极为精巧的构成形式。人体内数量庞大的细胞联系方式难以想象，意识的具体联结方式也难下定论。但是随着脑与意识的研究发展，这种联结方式在“黑箱”研究模式下终将被发现。

三、总　结

神经元之间的关联已是众所周知，相比之下，意识的联结略显虚渺，但这种联结是完全可能存在且有必要存在的，这不仅是细胞层面的需要，更是生物进化的必然。利用意识联结的某些性质，生物的某些“感知方式”能得到合理的解释。意识的联结为进一步的脑研究提供了明确的方向，人工智能等高科技研究也需要利用其中的性质。综上所述，意识的联结是下一阶段意识研究中棘手但不得不解决的一道难题，若此题得解，意识的神秘面纱将被逐渐揭开，人类对于自我的认识也将迈出飞跃性的一步。

《惊人的假说》与宋明理学的认知区别

钱心怡　国学院

【指导教师评语】　作者参考了大量文献，将《惊人的假说》与宋明理学的认知加以比较，从同到不同，方方面面，辅以论证，言之有理。总结部分将对二者的正确看待上升到意识层面，点明主旨。（计算机学院　牛晓光）

一、克里克的意识认知

在很长一段时间里，意识被习惯性地归为哲学问题，应当由哲学家来思考研究。也有一部分人认为，科学并非不能研究意识，只是依靠目前的科学水平我们还无法清楚地还原意识的本质，因而暂时存疑为好。

然而，克里克在《惊人的假说》中明确提出，在以哲学体认意识方面可以存而不论，但意识是可以用科学加以研究的，且如今应当着重在此方面进行研究。在此书一开篇，克里克就直截了当地提出“意识是一大群神经细胞及其相关分子的集体行为”①，明确地将意识归于物质活动，从而证明其在科学上的可研究性。

要对意识进行科学的研究，自然需要科学的研究方法。克里克采取了温和的“还原论”：意识是一个很复杂的系统，很难直接从系统本身去进行解释；但作为一个系统，意识会有多种表现形式，通过这些分支的表现形式之间的互相作用，我们

---

① ［英］弗朗西斯·克里克：《惊人的假说——灵魂的科学探索》，汪云九等译，湖南科学技术出版社2004年版，第3页。

可以了解、接近意识这个系统的本质。克里克采用的“还原论”是一种不断修正的、动态的相互作用过程，而不是以往认为的一成不变的、以低级解释高级的思想。①

就研究对象而言，克里克认为意识就是我们头脑中神经相关物对相应事物的反映，每个人对其反映的严格程度受到自身经历等一系列活动的影响。只有当两个人对同一事物的神经相关物完全相同时，两人才有相同的感受。但由于每个人的经历不同，对于意识的表达也无法做到完全准确，所以就其表现形式而言，意识是难以完全相同的，从而也就证明了其难以研究性，但这也并非不可知。

对意识有了一定的了解，我们自然要选择一个合适有效的科学研究角度。意识作为一个黑箱系统，具有多种表现形式，克里克选择了视觉系统作为研究切入点。的确，作为意识的表现形式之一，视觉系统具有极大的优势。首先，作为灵长类动物，人类与其他可作为实验对象的灵长类一样，更为依赖视觉系统。其次，视觉能够提供相当生动而丰富的信息，并且更易于控制。由此出发，克里克推出了一系列假设和实验验证。

由上可得，克里克的意识观并不是给出定义、小心求证的“克里克意识系统”，因为即便看完、看懂了整本《惊人的假说》，你也无法回答“意识是什么”这个千古谜题。他只是大胆提出假设，提供一种研究思路。克里克将意识的本质展示在世人面前，而后运用他认为有效的科学方法进行验证，这的确不足以让他的研究成为理论，而仅仅是具有雏形，或者说只是一种策略。

二、宋明理学的意识认知

在宋明理学体系中，并不存在“意识”这个说法，如果要强行找出那么一个常常被谈论起的、可以被当作“意识”的名词，那大概就是“心性”。当考虑自然属性时，“心性”便与克里克所研究的“意识”有了共通之处。在自然本能意义上，心是能思之器，主管身体。心也是人的欲望情感的载体和表达。同时，心性还具有认知功能，是理性、道德的本体。

① ［英］弗朗西斯·克里克：《惊人的假说——灵魂的科学探索》，汪云九等译，湖南科学技术出版社2004年版，第8页。

我们可以很清楚地看到两者最大的不同，即克里克把大脑中的意识作为黑箱，而在宋明理学中，类似的意识存在是以心为载体的。在理学、儒家乃至整个中华文明中，“心”都是一个特殊的存在。最早论“心”并赋予其思维功能的人是孟子：“心之官则思，思则得之，不思则不得也。”①(《孟子·告子上》)心不仅具有思考功能，还是身之统率：“耳目鼻口形，能各有接而不相能也，夫是之谓天官。心居中虚以治五官，夫是之谓天君。”②(《荀子·天论》)“心之在体，君之谓也。”③(《管子·心术上》)

克里克所研究的意识是大脑生理机能产生的结果；而“心性”则是绝对哲学意义上的存在，是形而下的经验产物。两者在认知层面上有着很大区别。克里克的大脑意识重在对外部存在的反映。当出现了某个事物时，大脑不同区域对应的组织便运用自身的功能来认识它。这个事物我们可以从来没见过，在我们的大脑中也没有相应的储存，但是大脑各部分拥有的认知功能是存在的，而意识正是在这些部分通过认知功能来认识事物时产生的。然而，在宋明理学中则并非如此。用一个很重要的譬喻——“月映万川”——就可以对其进行清楚的理解与区分。那便是说，有一个至高的存在(在朱熹为“理”，在陆王为“心”)，它囊括了世间一切。我们的心是包含了世间万物的，但它或多或少被遮蔽了，故而没有全部显现。我们需要去除遮蔽物，或者说发明本心，方能认知万物。

三、如何正确看待两者

在此提出克里克与宋明理学的异同，并非强行将二者合流，亦非要比较出何者更佳。笔者只是希望藉此说明古人对于意识与精神的哲学看法。也许这些看法并没有如今科学技术所追求的实际效用，但却是思维的体用和散发。同样的，在科学技术的推动下，新的假说产生了，它拓宽了人类思维的模式，将一个全新的世界展现了出来。

存在即为合理，但合理并非正确，而只是合于情理。在人力社会下，人

① (南宋)朱熹：《四书章句集注》，中华书局2012年版，第341页。
② (战国)荀况：《荀子译注》卷十一，上海古籍出版社2012年版，第174页。
③ (战国)管仲：《管子》卷十三，中华书局2009年版，第192页。

们身体力行体认世界，那便产生了心性之说；科技推动分子、基因等事物的显现，那便是意识的存在。对于未知的事物，我们可以有无数种推测，因为未知包含了一切可能性。即便是现在我们认为已知的事物，也存在着不止一种“合理”的解释。因为已知同样受到科学技术和认知程度的限制，我们很难保证现有的一切结论在千百年甚至仅仅几十年后不被推翻，就像地心说、日心说的证伪。我们需要保留观点的多样性，不能轻易地判断某个观点正确与否，因为判断所基于的事实也无法被断言正误。这不是“不可知”，相反地，正是对现时的存疑才能保证对事物的可知与真知。

似乎在今日的课程分类设置下，心性之说更偏向于人文科学领域，而克里克所作的研究则几乎都是基于自然科学理论与实践。笔者向来困惑于“重理轻文”之说，因人文之说无即刻之物质效用，而轻于急功近利之流，但却不能因此否定其价值。尤为重要的一点是，克里克《惊人的假说》同样被归于哲学类。近来，哲学的地位不断提高而成为一切学科的最高指导，可见人们对于知识的看法颇有进步。导引课程设置的意义便在于让我们对每一门课程都抱有平等态度，此文的目的亦在于此。智慧在人类创造的知识之中，无论中西，无论古今，无论文理。这正是意识认知所在。

意识工作中的线性强化

林励同　生命科学学院

【指导教师评语】　意识工作模式本身就是一个很有挑战性的课题，目前学界对此尚无明确结论，很难评价。作者能以一些例证尝试说明人脑的工作模式，所做的努力是值得肯定的。但假设都是要通过实验证实的，即便是最伟大的广义相对论，也需要LIGO来证明。意识的研究难度就在于实验的难设计、难执行等方面。(水利水电学院　苏凯)

一、视觉觉知与工作

克里克认为，不同区域神经元对视觉目标上各种元素的敏感度不同。由此看来，视觉输入是一个综合性的过程，也正如他说的那样："迄今为止无法定位出单个区域，其神经活动精确对应于我们看到的生动图像。"①

由铃木、阿马拉按费里曼、范·埃森的方式修改得到的猕猴皮质区域连接图，以非常直观的方式向我们展示了一个视觉信号的处理所涉及的工作单元数量之多、联系之密。这还只是猕猴的脑子。对于更加高级的人类来说，这种处理机制应该会更加复杂。

健康人生活中的任何工作活动都离不开视觉，我们常常怀有目的地去注意某些画面来完成任务，这些画面信息会经由我们的视觉神经系统进入大脑。同样的信息输入，为什么我们中

① ［英］弗朗西斯·克里克：《惊人的假说》，汪云九等译，湖南科学技术出版社2018年版，第179页。

的有些人能够输出符合我们需要的结果，而有的人却不能？在思考这个问题时，视觉觉知信息的处理过程就变得关键起来。

在书中提到的猕猴认知视觉实验中，越是高层的皮质区域，信息到来时所引起的神经元反应特征就越复杂。根据分级，V2 区次于 MT 区次于 MST 区。V2 区对某些主观轮廓有反应，MT 区对运动图案有反应，MST 区对整个视野内的运动有反应。① 这些区域又与其他更多的皮质区域存在联系。而我们希望获取的某些信息可能并不需要那么多的处理过程就能呈现。

有一个小游戏，要求我们在上方看一个填充了颜色的颜色形容词，在下方选择另一个填充了颜色的颜色形容词，且所选的颜色形容词的意义要与上方形容词被填充的颜色相同，而字符填充颜色与字符本身含义又总是不相对应的。

我们其实要做的只是从上面一个带色字符中获得光学意义的色彩信息，输出为下面字符中抽象意义上的色彩信息。这是一个简单的线性过程。对于一个从未经过训练的普通人，想要快速完成这个游戏是有难度的。但对于一台计算机，你可以给它编一个程序，就能让每秒钟百万次正确作答成为可能(如果游戏本身能有如此快速的反应的话)。

我们之所以难以迅速完成，关键在于我们的线性处理过程在初始状态下总是受到非线性处理的干扰。虽然我们看到了真实的色彩，但字词本身不可避免地也映入眼帘，一个难以觉察到的额外判断过程可能就在我们的大脑处理过程中出现了：“这个颜色形容词会不会告诉我这是一种什么颜色呢?”由一个简单的视觉输入引发的这些非线性猜测与并行的思考，在计算机的处理过程中是不存在的。编制计算机程序的过程便是决定计算机要去注意且仅注意什么的过程。额外加入一个无用的非线性判断，尽管这在技术上并不存在任何困难，但这一操作毫无意义，且无意义的运算对条件一定的硬件设施来说也是不经济的。当硬件设施的内存容量十分有限的时候，若要输出相同的结果，这一无意义操作将会明显延长处理时间。

① ［英］弗朗西斯·克里克：《惊人的假说》，汪云九等译，湖南科学技术出版社 2018 年版，第 177 页。

二、人脑非线性处理模式的神经生物学基础及利弊

上文颜色游戏的例子较为突出地显示了计算机与人脑工作方式的差异，书中对此较为严谨的描述如下：计算机的操作是序列式的，即一条操作接着一条；与此相反，脑的工作方式通常是大规模并行的。计算机在工作中是高度稳定的，因为其单个组件很可靠，给定相同的输入时通常产生完全相同的输出；而单个神经元则有更多的变化，它们受可以调节其行为的信号支配，有些特性甚至在边“计算”边改变。①

人脑的新皮质中约有几百亿个神经元，神经细胞间长距离连接的表面覆盖着脂肪鞘，脂肪鞘能够加快信号的传递速度，也被称作白质。大脑中约有40%是白质，这充分说明了不同神经细胞之间的连接与通信之多。一个神经细胞胞体树突可与多个其他神经元的轴突末梢相关联，每一个电位变化信号都在产生着自己微妙的影响。不难想象，大脑并行的输入模式会使多少神经元产生共鸣并相互作用。这与计算机中按照次序排列的分级工作模式有本质区别。这也可能是大脑拥有优越的非线性工作模式的原因。

仅凭上述颜色游戏这样一个视觉工作实例来分析，这种非线性的交互连接似乎是一种“干扰”。但实际上，这还要依据人脑所需要解决的问题种类才能做出论断。非线性思维对于人类而言也是很重要的。没有非线性思维，创造力也就不复存在；没有非线性思维，大局上的综合考量分析也会变得困难得多。本文没有否定非线性工作模式的魅力，只是在探讨弱化原有非线性工作模式可能的方式及其可能带来的积极意义。

三、非线性处理模式弱化的可能途径

克里克在书中用“捆绑问题”来描述不同视觉区域神经元的局部兴奋组合而成整体同时兴奋的过程。其中提到了三种不同的捆绑形式：基因决定的捆绑，从反复学习中获得的捆绑，以及未知的第三种形式的捆绑。对于捆绑效应，克里克认为其机制是这样的：多个不同皮质区域的神经元在某种输入的

① ［英］弗朗西斯·克里克：《惊人的假说》，汪云九等译，湖南科学技术出版社2018年版，第200~201页。

作用下进行快速、持续性的发放(指产生峰值电位)，这将增强这些兴奋的神经元集团对所投射的神经元的影响。①“所投射”三个字值得我们注意，我们能不能通过建立一些“投射”来影响这些与非线性思维有关的神经元呢?

在之前的学习中，我们认为长时记忆可能与新突触的形成有关。一个原本不存在的连接可能因为重复与特殊刺激而产生，并发挥作用。主动注意与记忆是一个主观过程，却能使神经系统产生器质性的改变，使原神经元与新的神经元建立投射关系。同样地，如果我们有意识地去集中训练线性任务，或者经由颅外某种刺激，向不必要参与处理的神经元建立一些新的抑制性突触，就有可能减弱其在处理线性问题时候的影响。形象地说，就是非线性机制没有消失，只不过在工作过程中其他抑制性突触的信号让其处于不活跃状态；再细致点说，这些人为创造的抑制性突触产生的电位变化作用于与之关联的非线性处理模块的神经元，使之发放频率达不到有效值，进而削弱非线性处理过程。

克里克博士也在书中提到这种竞争机制：“有许多神经元相互竞争，但仅有一个或极少数能获胜，这就意味着它的发放更为剧烈，或以特殊形式发放，同时其他神经元被迫发放更慢，或者根本不发放。”②

人类社会中，存在一些奇异现象与此有关。一些人在经历脑损伤之后竟然获得了超越常人的能力。阿隆索·克莱蒙斯(Alonzo Clemons)在3岁时意外摔倒，脑部受损使他在词汇和语言方面出现了严重的学习障碍，但是他却获得了惊人的复制能力：他能依据照片短时间内塑造图像的复制品，将任何微小的细节复制得丝毫不差。语言是一门非线性的学科，显然阿隆索的非线性工作模式受损，而他的线性重复、复制工作能力却得到了很大的提升。

研究人员还做了其他相关实验，他们使用经颅直流电刺激技术，通过极化电流减弱被试者左脑与感官输入、记忆、语言以及其他部分脑区的活动，同时增加右脑右前颞叶的活动。以刺激前后作为对照，让被试者去完成一项需要创造力的九点谜题。他们发现，在经受刺激前，没有人能完成这项任务；

---

① [英]弗朗西斯·克里克：《惊人的假说》，汪云九等译，湖南科学技术出版社2018年版，第237页。

② [英]弗朗西斯·克里克：《惊人的假说》，汪云九等译，湖南科学技术出版社2018年版，第271页。

而在刺激后，40%的被试者成功完成。

这与之前讨论的神经元之间联系的物理化学基础也吻合。神经细胞之间通过电信号沟通，局部脑损伤使得某些突触连接直接失去生理功能，而外界经颅刺激则使得相应部位的电信号增强或者减弱，或者激发了特殊的发放形式。这些影响直接作用于人类认知工作的表现。

通过以上讨论，我们可以得出以下结论：非线性模式在人脑中广泛存在且对线性工作存在干扰。非线性工作模式可以被弱化，且该弱化或能提升人们完成线性工作的能力。

灵魂的解析

康鹏昊　国家网络安全学院

【**指导教师评语**】　文章立意新颖，以“灵魂”为切入点，对《惊人的假说》一书展开了深入的讨论。全文行文流畅，逻辑清晰。作者在总结书中主要观点的基础上，给出了对克里克意识研究的客观评价与独到见解，而后紧密结合脑科学研究动态做出了前瞻性展望。最后以辩证的观点收尾，发人深省。(国家网络安全学院　李晨亮)

一、引　言

何为灵魂？这个问题困扰了人类许久。古人相信，人死后，灵魂会上天。在现代，有人会说：“好看的皮囊千篇一律，有趣的灵魂万里挑一。”可灵魂究竟是什么呢？尽管现代科学已经证明了灵魂并不是一种实体，但与灵魂相对应的人的意识，其形成原理仍未明了。意识可能并不仅仅是大脑中那些神经元细胞的活动。关于作者克里克，人们更为熟悉的是他在DNA方面的成就。而通过阅读他的《惊人的假说》，我发现他在当时提出的这种假说，推翻了很多人的观点，将关于意识的研究推向了新的领域。

二、克里克之前的灵魂认知

在克里克之前，人们关于灵魂或者说意识的认知，大抵分为以下两种思路。一种是以柏拉图为代表的学说。早在古希腊时期，人们就已经将外界的实体“身体”与内在的非物质“灵魂”分开。柏拉图认为灵魂是不死的，并且以必有一死的肉体为载体而存在，意识正是来源于灵魂。另一种则是 17 世纪的笛卡儿提出的人有两种不同实体——即广延实体和意识实体——的观点。广延实体包括我们所说的“身体”和笛卡儿提出的在神经里流动并充斥肌肉的“动物精气”。这种观点是哲学中典型的“二元论”——物质性和精神性。另外，笛卡儿还认为灵魂是不可分的，故他推测灵魂一定存在于大脑中央某一个独立的器官当中。在笛卡儿的理论中，这个器官就是松果体。历史上并非笛卡儿一人这样认为，早在古希腊，柏拉图就认为意识来源于灵魂。

而在笛卡儿之后，又有许多科学家和哲学家对身体和意识的问题进行了思考。英国哲学家洛克率先定义意识为“人内心中感受到的知觉”①，却依然没有说清楚意识是如何产生的。同样做了相关研究的顾凡及认为：“伟大的德国数学家莱布尼茨可能是首先明确提出这个问题的学者之一。”②莱布尼茨用机械原因来解释意识可能的形成方式，并且第一个提出了内心活动可分为主体可知和不可知。这也许是克里克还原论研究方法的最初来源。

自此，人们开始信奉大脑与灵魂为同一事物的不同侧面。而之后关于意识的研究便被归入心理学的研究，而非脑科学层面的研究，这是不同于克里克描述的，也是受到克里克批判的。

三、克里克的意识观

首先，克里克的一个观点可以被概述为，关于意识，每个人都有一个粗略的想法，因此，在没有研究清楚意识之前，最好不要对意识下精确的定义，否则是十分危险的。但是，他的这种观念遭到其他人的嘲笑。那些人认为，克里克明明是在研究意识问题，却连定义也给不出来，又如何解决意识这一复杂的问题呢。可克里克反驳，人不必纠结于字面问题，只要大致地理解概念就可以了，更重要的是关注探索现象和实验并得出结论，至于定义，交给相关的哲学家就可以了。

其次，他摒弃了前人将意识与心理学相关联，甚至是将其归入心理学领

① 顾凡及：《脑海探险——人类怎样认识自己》，上海科技出版社 2014 年版，第 221 页。

② 顾凡及：《脑海探险——人类怎样认识自己》，上海科技出版社 2014 年版，第 221 页。

域进行研究的想法。在克里克的观点中，研究意识应该从神经和大脑入手，将意识与脑科学相联系，将意识的研究提升到全新的领域，而不是继续拘泥于无法进一步研究现象、难以解释明确原理的心理学范畴。因此，他否定了行为主义及黑箱研究理论，而坚持用科学实验来进行理论研究。

在研究意识的表现时，克里克提出了还原论："为了理解大脑，我们需要知道神经细胞之间的各种相互作用，而且每个细胞的行为又需要用组成它的离子和分子的行为来解释。"①在选取研究对象时，他抛弃了复杂的自我意识的研究，而开展了比较容易的视觉研究。在选取意识研究个体时，他选择了确有意识的高等动物，而暂且搁置低等动物的研究。

之后，他在《惊人的假说》中便开始介绍各项实验，包括双眼竞争现象、脑裂等实例，以佐证他的假说。

四、克里克的还原论

克里克研究意识时提出的还原论，一部分有可能是之前研究DNA时的经验所感(通过分析DNA的各个结构，推出氢键存在，进一步推出双螺旋结构)，另一部分可能是受到上文提到的莱布尼茨观点的影响。克里克提出的还原论是在解决复杂的意识问题时，将意识问题化繁为简，从整体推到局部，然后分解为个体，还原成基本成分和结构来进行研究。

但是，对于还原论方法是否有效这一问题，很多研究者仍是怀有疑惑的。克里克在书中提到，哲学家们认为还原论方法可能包含分类错误，但事实上他们的这种论点并没有什么力度。克里克在论述这种观点时，用他们自己的观点——基因和分子的分类——反驳了他们的质疑。

五、克里克思想和方法的评价

在克里克的假说提出后，意识的研究从心理学和哲学的维度被引向了以脑科学为主的综合学科的研究维度。克里克在研究中作出了关于集群和竞争等方面的猜想，认为意识来源于某些足以产生知觉的最小神经机制集合，并

① [英]弗朗西斯·克里克：《惊人的假说》，汪云九等，湖南科学技术出版社2001年版，第8页。

且认为不同的集合负责不同的知觉意识，涉及的神经活动也不同。而这种集合之间也有竞争关系，例如双眼竞争。这在当时意识的研究领域里是相当具有进步性的了。当涉及脑区这一概念时，人们都了解不同的区域受损对于人对外界感知能力影响不同，这种现象也能佐证克里克的观点应当是正确的，并且对之后的研究也有重大影响。大量关于脑科学的理论、实验以及科学实践，在克里克提出《惊人的假说》之后，由几乎为零的理论背景快速发展到了拥有许多理论结论和科学实践方向。人机交互、大脑遥控仿真手臂……这些基于大脑分区研究而产生的实践发展方向，正一步步地走向现实。

另一方面，他所建议的还原论研究方法，在应用于他的研究中时，可能并没有产生明显的错误，乃至到现在依旧没有人发现明显的理论错误；但即使如此，也不能否认，随着现代科学研究的不断深入，有关克里克还原论研究观点的反例是存在着出现的可能性的。克里克假说的惊人之处还体现在他对还原论的利用上，但很多人对他的研究方法持质疑态度。克里克在研讨会中，反驳了一部分质疑他的观点。但其实某些反驳克里克假说的论点还是具有一定的说服力的，且克里克也并未能完全地反驳掉他们的观点。

虽然用还原论来解决复杂的意识问题确实很有创造性并且简单高效，但它是否能够完全解决意识这一黑箱问题，还需要理论研究不断深入，用新的理论观点和实验现象去证明，而不能直接就确定这种方法论是完全正确或错误的。尽管如此，这种方法论至少现在看来仍是正确的。

六、脑科学可能的几点前瞻研究

我最先了解到的与脑科学相关的研究是浙江大学的人机交互研究，即用人脑产生的电信号来控制电脑。在一些动漫作品中，脑科学与 VR 游戏相结合，已形成了完全潜行模式。这是人机交互的更高阶段，不仅是大脑向电脑输出信号，更是电脑形成信号输入大脑，模拟人的各种感觉。这种更高阶段的人机交互将是以后发展的一大研究方向。

另一种是高阶人工智能，在充分研究大脑结构功能的基础上，我们在电脑上或许可以模拟大脑，复制思维，形成更近于人类思维的人工智能；与此同时，我们也许还可以扫描关于记忆的脑区，拷贝出记忆体。另外，我们还可以实现人的大脑数字化。在今后，这些技术或可依靠高算力计算机通过模拟大脑神经信号来发展，但需要一个前提，即我们能制造出足以模拟大脑信号的高算力计算机。如此，更高智能化的人工智能将在不远的将来发展成功，进一步方便我们的生活。

还有一种是通过研究大脑的相关构造，提高人们对大脑的开发度。科学研究表明，大脑的开发度只有15%到20%。不难想象，如果可以人为提高人类大脑的开发度，人类的社会、科技、文化等都将迎来一场前所未有的巨变。

然而需要警惕的是，这种研究很容易突破我们的科学道德。科幻电影《超体》就设想了一个大脑的开发度达到100%会怎样的故事，但这最后是一个十足的悲剧。同时，在现实中，脑科学的研究突破极限后，很有可能会导致一场灾难。因此，在进行脑科学的前端研究时，我们更需要秉持科学研究的道德，注意研究的尺度与方法，保证研究结果不会对个人乃至对整个人类社会造成毁灭性的打击。

矛盾的探索

薛晓迪　经济与管理学院

【指导教师评语】　作者品读《惊人的假说》，从意识的个体与自然、信息的输入与输出、方法的理想与现实三个方面来说明“意识”问题。行文流畅，探讨深入，是一篇难得的佳作。（数学与统计学院　李小山）

我们的意识，从根本上说是不是大脑中神经元的各种电信号以及递质等实在存在的物质组成的呢？即思考、认识等我们认为产生在意识领域的活动，是否单纯是这些构成我们大脑的细胞的种种结构和组合表达出来的，而与主体——人无关？就如同数字化世界中，所有信息都与 0 和 1 的搭配组合相似。我们现在研究的心理学，比如动作、眼神等可以分析人的意识的要素，是否只是打包好的部件，供我们猜测这些已经组合好的“0”与“1”？《惊人的假说》就仿佛是作者正在探索未打包的“0”与“1”。如果这样的探索得到了充分的发展和证明，在未来，对人类意识的研究是否就不需要通过分析其心理，而直接分析其脑中的电信号等可见的物质就可以明确其真实想法呢？

几乎所有人都相信，人类生而有灵，人类的意识是生物进化绚丽而朦胧的瑰宝。从古至今，人们将情感、信仰，以及种种品性心智都看作值得称颂的东西，这是因为我们不自觉地将个体视为一个单位，其中衍生的东西仿佛是自然而然出现的，少有人思索这些从何而来；而这少数人在思索时又常常陷入进退维谷的窘境。“意识”这种看不见摸不着的事物真是令人无从下手。经过仔细阅读《惊人的假说》，我惊叹于作者科学而平等的思维，及其敢于拆解自身的勇气。

我想，研究意识仿佛是在探索一个看不见的宇宙。然而，在这个宇宙中，却没有牛顿的万有引力定律，只有人们各种非常主观的“一闪的灵光”。克里克思考角度的新颖之处，就在于他由最普遍、最直观的视觉系统入手，一步一步接近“无形态”的意识。

在我的认知中，“看”是一个动词，就是人类发育出了可以感光的眼睛，并通过眼睛把外界反射给人的一个过程。但在这个假说中，克里克提出了一个有趣的观点，即“看”是一个构建的过程。这就使原本十分简单的一个直线现象立体起来。他认为，在我们眼中直接投映出的世界是经过大脑高度处理的结果。也就是说，我们至今不曾见到世界的本来面貌，我们的视觉反映给我们的是经过删减、联系、整合而来的十分具有层次感的东西。寻求主动的解释这样的观点十分新颖。

针对这样的说法，我有一个疑问，这是不是意味着我们的认知是由大脑全权操控的？而大脑的这种筛选整合行为的基础——神经元——是否就是我们意识的主体？比如本书提到的“捆绑”，体现出我们的各个器官都只是为大脑收集信息的工具，但是大脑让我们“知道”的又是另一回事。我总觉得这里存在矛盾，大脑为整个身体服务，大脑控制人接收的信息，神经元是人类意识的根源，但是我认为生物会有目的，比如繁殖，比如存活，那么我们的意识形成是出于这些细胞的什么“目的”呢？作为它们的整体，大脑处理信息一般是于人体有益的分析筛选，那么人类为什么又常常做出一些有害自身的举动呢？这就是纯粹引发的思考了，没有在书中找到结论。

现阶段，我们对意识的认识大部分都停留在它的表现形式上，所以人们研究心理学，在经过大量的数据概率分析后，总结出了一套合理的经验，然后就应用于多数人身上。但是，关于这个问题却没有一套基础的、准确的体系，就像从前没有找到数字化 0 和 1 的时候一样，没有最本质、最简单的、可以解释所有的根本。在我个人的理解中，心理学家们可以通过一个人的眼神、手势、表情、经历等明白他的所思所想，就像是这些眼神、手势、表情、经历等都是打包好了的文件，只需加以运用就可以了，因为我们只能看到这些。而《惊人的假说》给我的感觉是，如果技术发达，只要把这个人的神经元的结构、联结、分泌物质等加以解析，就可以在完全不知道他的一切的情况下了解他的“意识”，就像是知道这个程序中的每一个字节后自然而然地明白了它的意思。

意识常常被归为哲学，我认为原因在于意识的不确定性、很小的一致性及其普遍性，意识基本没有可以凭借我们现有的知识便能很顺利地切入的点，我们只能从粗糙的表象入手，从中引申出许多新颖的问题，再一个个探索。

也就是说，一个最简单的视觉效应都与无数神经元及其分泌的物质和电信号相关。而在这样的假设下，想要完全证实意识是十分困难的，因为单靠科学中最常用的控制变量与对照试验的方法是基本不可能实现的，比如用两个身高、体重、年龄、性别、视力等条件都完全相同的人进行一个最简单的视觉测试，以验证人的意识是否由那些小分子、小细胞决定，得到的结果无论是否一样，都无法有力地说明这个理论正确与否，因为实验体的神经细胞组成与联系方式都不一定相同，那么结论自然无效。若相符，可以说是假设成立，也可以说是无关变量；若不符，可以说是假设不成立，也可以说是由于基础条件不同。如果要做到符合实验条件标准的对照，则需要将至少两人的基因完全控制为相同，然后给予同样的生长环境，来观察他们是否会建立完全一样的人生观、价值观，每一句话、每一个行为都要严格控制，这样复制出的人生才有令人信服的证据。如果有这样的条件，意识是否为生而有之并自然运造的“天性”就有据可循了，毕竟在完全相同的外部刺激下，神经元的联结建立也应该是相同的。

也就是说，我们的十分个人的意识，实际上来源于大脑神经元，而这些神经元的构造又来自于外界环境的刺激。所以，抛去基因带来的智商问题(也许智商的差距也只是让我们接受外部刺激的速度和方向不同而已)，是环境塑造了我们的意识。

科学的有趣之处也许就在这里，用有限的认知一点点找寻一团毛线球的线头，找到时欣喜若狂，一点点拆解分条缕析，发现深处的奥秘。

眼见为“识”

韩玥　药学院

【指导教师评语】 作者不仅对《惊人的假说》有较深刻的理解，说明了其成就和局限，也简要论述了当前对“意识”领域的探索和发展。最后由“自由意志”点明了科学研究的意义，以及探索本身的重要性。该文观点独到，逻辑清晰，语言简练。(健康学院　王素青)

一、眼见为“识”

古今中外似乎都十分推崇“眼见为实”——“Seeing is believing”。诚然，作为一句处世交往方面的告诫，这句话没有大错，但从科学的角度分析，“眼见”是否为“实”，需要严密的实验与推理去考证。

对于这样的观点，克里克在《惊人的假说》(以下称《假说》)一书中表达了明确的反对意见。他说所谓“眼见”，实际上是大脑对视觉输入进行了一系列加工后的知觉产物，也就是“意识”。我们感受到的这个世界，并非真实的物质环境，而是大脑中无数神经元发送的电信号，是主观的，有时甚至是虚假的。这听起来或许相当唯心主义，不像一个自然科学学者的观点，但克里克的假说与实验又那么令人信服，科学家们至今仍在从他的思想中汲取灵感，发展并修正他的理论。

选择《假说》作为本课的结课论文主题，一方面是对仍然布满迷雾的意识研究领域的好奇，而另一方面，我认为《假说》中的思维方式、实验设计乃至科研精神都契合了这门课程的主题，对科学发展乃至时代都具有长远影响。《假说》出版于20世纪末，其中的实验与理论受制于时代和科技水平，有些在今天看起来不尽完善，但其里程碑式的研究成果与意义是不可否认的。在本文中，我将阐述对《假说》一书的认识和感悟，并结合当代脑科学与人工智能研究现状，展望意识研究的未来发展。

二、《惊人的假说》

《假说》的主旨，正是克里克在全书开头所写的："你的本体感觉和自由意志，实际上都只不过是一大群神经细胞及其相关分子的集体行为……你只不过是一大群神经元而已。"①克里克从视觉知觉切入，通过以动物和脑疾病患者为对象的实验，初步阐释了"意识"产生的机制。

《假说》中经典而巧妙的例子之一，便是双眼竞争。面对相同的外界刺激，人的知觉意识发生了改变，在猴子身上的实验得到了同样的反馈，这说明在"刺激"与"知觉"之间必然存在神经元加工处理的过程。克里克试图通过相关数据，找出与"感觉"相关的神经元。双眼竞争的研究直到现在仍在发展，克里克在《假说》中相关的理论是具有前瞻性的。

在《假说》第十三章神经网络中，克里克提到了以计算机的工作机制为参考来探索人脑的研究方式，即将大脑视作一台复杂的计算机。同时，克里克指出，人脑与计算机的工作方式与表现存在本质差别。对人而言困难的高强度计算，计算机可以在短短几秒钟内完成。相反的，对人而言易于分辨的某些感受，计算机却几乎不可能判别。

《假说》一书同样体现了克里克的还原论立场，即把脑复杂的现象与机制回归到基础——神经元。还原论虽然未能彻底解决意识问题，甚至在当代受到了一定质疑，但还原论立场确实使人们开始用科学范式对待意识问题，其影响将在后文阐述。

克里克对DNA的研究强化了他的理性思想，也使他坚信"意识"能摆脱哲学与心理学的束缚，这才有了《假说》的诞生。

在我看来，《假说》的重大意义主要体现在两个方面：第一，《假说》使

① [英]弗朗西斯·克里克：《惊人的假说》，汪九云等译，湖南科学技术出版社2004年版，第3页。

“意识”回归了生物学领域，引导科学界以严谨的实验而非心理学的研究方式去研究意识。“从神经元的角度考察问题，考察它们的内部成分以及它们之间的复杂的出人意料的相互作用的方式，这才是问题的本质。”①克里克的还原论思想对意识和意识领域以外的研究都有启示作用。

第二，《假说》兼具很强的科普性，对大众接受“意识”概念有显著的推动作用。《假说》之所以惊人，正是因为大众观念普遍与其不和。很多人对“意识”秉承着敬畏与回避的态度，不相信科学能够解释其原理。尽管《假说》中的部分实验与理论对普通人而言仍稍显晦涩，但克里克的精神思想却使更多人以科学理性的态度面对“意识”这一课题。

然而《假说》同样存在些许不足。首先，克里克仅讨论了意识中的“易解问题”，即相对客观浅显的方面，对难解的主观性问题却欠缺阐释，例如颜色深浅程度、情绪感受等。另外，克里克的“还原论”也在一定程度上限制了他的研究发展。《假说》缺少对脑甚至是对人体整体的视角，而过分强调“神经元”这一基本单位的活动。这样从低级结构推测高级结构的方式可能导致偏差甚至谬误，因为整体并非简单的各部分之和。

三、脑科学(意识)研究的现况

当代科学家通过研究，对克里克的理论进行了一定的修正与补充。例如，克里克的研究仅仅集中于脑组织，而现代科学则提出了“具身认知”的观念：“认知和心智的特性在很大程度上同身体的物理属性相关。不仅脑神经水平上的细节对认知过程有重要影响，身体的结构、身体的感觉运动系统也对高级认知过程的形成有着至关重要的作用。”②同时，关于大脑“执行控制”机制的研究也步入正轨，对神经元协调工作的理论研究和临床医疗都有巨大的帮助。人们对“意识”的探索和理解，将随着科学理论与科技水平的发展一步步深入。

在当代，谈到意识研究，“人工智能”几乎是避不开的一个话题。人工智能诞生之初，或许是为了验证和发展“计算机隐喻”的理论，仅作为意识研究

① [英]弗朗西斯·克里克：《惊人的假说》，汪九云等译，湖南科学技术出版社2004年版，第263页。

② 叶浩生：《有关具身认知思潮的理论心理学思考》，《心理学报》2011年第5期，第589~598页。

的辅助手段。而现在，科技发展之迅速，使得很多人相信人工智能必将接近甚至成为人类。但是，我们开发人工智能的目的是什么？研究“意识”的目的究竟又是什么呢？

人工智能一直与脑科学和意识研究密切相关，开发人工智能在一定程度上确实能够帮助我们了解“意识”。但正如克里克所说的，人工智能的工作机制同我们的大脑有本质差别。一味将人脑与计算机进行类比，会使意识研究步入歧途。人工智能的产生过程就是对人类意识的模仿，但若想真正完成人脑机制的“复制”，需要对意识有着最透彻的了解，从最基础的细胞结构到整个大脑的工作机制——对于科学求知，这很重要，对于人工智能的研发，却似乎并不太必需。

首先，地球已经有70亿人口，并不需要计算机成为真正的人类来提高这一数据。人工智能的开发应当有一定侧重，以完成人类力不能及的任务，例如短时大量的搜索和计算、穷举等。

其次，对人类情感和其他主观认知的研究目前并不深入，想在计算机上完成这种模拟几乎是不可能的。“There will be cases where an AI will fail to detect exceptions to their rules.”①我相信这就是人类意识与人工智能最大的差别之一，也是卡斯帕罗夫所说的：“Where machine intelligence ends and human creativity begins.”②

而意识研究的目的，也不是为了“造人”。每个科学家探索意识的动因不同，但整体上，意识研究能扩充人类的知识库，帮助我们更加了解自己，并在医疗领域获得一定的进展。我们出于对意识的好奇，打开了人工智能这一领域，但人工智能不是我们研究意识的最终目的，也不是探索意识的最佳手段，而只是意识研究领域的一条分支。脑科学的研究最终还是要依靠生物实验来实现。

四、关于自由意志

“自由意志”是一个非常奇妙的命题，我们提出这个概念，就仿佛默认了

① Garry Kasparov. Chess, a Drosophila of reasoning. *Science*, 2018, 362(6419): 4。

② Garry Kasparov. Deep Thinking: Where Machine Intelligence Ends and Human Creativity Begins. New York: PublicAffairs, 2017。

我们确实地拥有“自由”的思想与情感。阅读克里克《惊人的假说》这本书时，我总会产生一些模糊的疑虑：倘若我的“灵魂”真的只不过是脑细胞的一系列活动，那么我究竟“自由”在哪呢？

克里克是一个非常勇于挑战固有认知的人，无论是对 DNA 结构的探索，还是对意识本质的研究，他都不会被他人的观点与宗教神学影响。一方面，这样坚定的态度是他成功的重要因素之一，但更重要的是，他从一开始就决意用科学逻辑解释一切，并且无惧最虚无缥缈的表象。

在《导引》的整个学习过程中，我们多次讨论过科学研究的目的是什么。著名的鱼缸假说指出，如果我们是一群在玻璃缸里生活的金鱼，那么我们观测到的一切现象便都是扭曲的，得出的一切结论便都是错误的，我们在探索科学的路上，不一定是在不断接近真理，甚至可能与其背道而驰。相对明显客观的现象尚且如此，克里克选择研究的“意识”岂不是更容易出现谬误？那又何必在这条看不见尽头曙光的道路上苦苦跋涉呢？

所谓“自由意志”，大概便是如此。明知道眼见未必为实，所有努力都可能付诸东流，仍然要挑战那么多人回避的问题，这便是克里克知难而上的选择。身为一个科学家，相信进步、在原地打转或者甚至倒退，都要好过停滞。也许科学研究的意义从来就不是道路尽头不知是否存在的“真理”，而是路上每一个摸黑探索的人。只有在这种时候，我相信我们拥有相较于植物和其他动物更加高级的意识，相信我们生而自由。

基于《惊人的假说》对克里克博士科研态度的分析

韩果汐　土木建筑工程学院

【指导教师评语】 观点鲜明，论据充分，逻辑清晰，语言流畅，格式规范。作者将自己在阅读经典时的情感与经典原文相互交融，体现了作者真实的阅读过程。文章论述紧扣标题，多角度阐述论点，也表明了作者阅读经典后的巨大收获！（土木建筑工程学院　邹勇）

一、作为一个优秀的作者

一个作者对自己的著作敢自吹自擂，可称得上“惊人”，那多半是基于充分的自信。

《惊人的假说》，这书名就足够惊人，但读时却不觉得惊人。读罢，再反观自己对于意识根本上的思考又不禁惊醒——这假说够惊人了。

这样的阅读感受都要归功于克里克博士平实简明的讲述风格，他将一个原本非常科学、严谨而复杂的观点写出了一种简单科普的感觉。很难想象一位几十年前获诺奖的科学家竟是一个说话简单坦率的老爷子，倒也可爱。

初翻目录，最先吸引我的是《克里克博士的星期天》①。我想去见识下博士的日常生活，便直接跳到那一章去看，可我发现自己被欺骗了，同时却也发现了更有意思的一点：我很少能

① 原文为“Dr. Crick's Sunday Morning service”，人们在星期天早上到教堂做礼拜。教堂的神职人员负责向教徒讲道，本章为全书正文的最后一章，作者在此总括“惊人的假说”的主要思想。故以做礼拜布道做比喻。

从理性的科学家的语言中读出他们的情感，但这一章不同，我发现博士是个自信且敢于发言的老爷子，他常常用“我觉得”“我认为”“所以我断定”等词来陈述他的成果，就像夏目漱石的那句“今晚月色真美”一样，兴奋地想要同人分享自己心爱的事物。一位“转行”到神经科学的科学家在一把年纪的时候依旧对科学充满了热爱。

然而巧妇亦难为无米之炊，没有实在的科研内容支撑文本，行文流畅、情真意切反使内容显得苍白空洞。好在“人类意识产生的根本”这一问题的研究意义本身就是不可否认的伟大，其研究又需要科学严谨的复杂过程，因而在这个问题上依然大有可为。

二、作为一个优秀的科研工作者

人类对于大脑的研究，当然不仅仅以治疗各种脑部疾病为目标，更重要的是掌握所谓“灵魂的真正本质”。神经学家几乎已经不再以灵魂带有宗教色彩的概念来解释我们人类或者其他动物的行为。灵魂或者意识在传统上一直被认为是形而上的，归属于宗教范畴的，而科学被认为是用来解决物质层面的工具，两者不在同一次元。然而意识问题历来是哲学界、心理学界甚至宗教界独霸的领域。科学界则几乎无人涉足其中。如克里克书中所讲：“生理学家至今还不太关心意识问题。”①

只有少数的科学家——但也仅是在功成名就后——在巡视科学研究领域内还有什么重大问题有待解决时，对“意识”的根本问题发表一些浅泛的看法。然而，克里克的观点不同于其他人。他认为，依靠自然科学或许也可以对意识的产生做出明确的解释。光是这样的意识，就足以激发他开创性的极致假想的诞生。

这也就是《惊人的假说》中最重要的核心：“人的精神活动完全由神经细胞、胶质细胞的行为和构成及影响它们的原子、离子和分子的性质所决定。”②也就是说，你所谓的自由意志包括丰富复杂的情感，都只不过是数以

① [英]弗朗西斯·克里克：《惊人的假说》，汪九云等译，湖南科学技术出版社2004年版，第31页。

② [英]弗朗西斯·克里克：《惊人的假说》，汪九云等译，湖南科学技术出版社2004年版，第34页。

亿万计的神经细胞集体及其相关分子的行为结果。再换言之，意识现象是大规模神经元协调活动的“涌现”现象。

在研究大脑神经与意识的联系时，克里克从视觉角度入手，尝试找到视觉与神经的“神经关联”，进而得到解决意识起源根本问题的线索。为什么从视觉入手？很大程度上是因为人类从外界获取的信息中有83%来自视觉，11%来自听觉。

不过，这一层面的科研眼光我敢说我也有，但克里克博士毕竟是世界顶尖的科学家，是他根据视觉实验做出了让我叹服的突破性判断——看，是一个构建的过程。

简言之，我们眼前所见的世界，并非我们所处的真实世界，而是我们基于现实不自觉地想象出来的。我们所见到的只是世界的客观投影，这是大脑经过高度处理的结果，再反映到我们的意识。如克里克博士所说：大脑本身给我们所看到的事物的形状、颜色、运动做出最合理的处理，组合在一起再反馈给意识，对所有这些不同视觉线索综合考虑后提出了最为合理的解释。大脑并非被动记录进入眼睛的视觉信息，而是主动地寻求对这些信息的解释。以眼中的盲点、视觉构建的过程为例，再结合书中大量的视觉诱导图片，克里克可称得上一个优秀的叙述者。这使得读者在面对冗长的研究过程时仍觉新奇自然，不得不信服于克里克独到的研究判断。

三、作为一个优秀的科学普及者

现代社会中许多受过教育的人都相信灵魂仅仅只是一种比喻，我们的大脑不过是无数神经元的集合，我们的精神或者说大脑的行为可以通过神经细胞及其相关分子的行为加以解释。现在心理学中认知科学领域的大部分研究实际上都是基于这样的前提假设。而这都得益于克里克对于“意识”认知的普及与推广。在克里克之前，在意识理解上占统治地位的是笛卡儿提出的心物二元论，这是一种长期被人们接受的、建立在直觉之上的顽固信念：我们相信有两个世界，它们分别叫作物质世界和精神世界，我们所闻所见的一切物体均属于物质世界，而内心的思想、意识则属于精神世界。有一个小人住在你的身体里，像开机器一样驱使着你的身体。① 我们现在所不能想象的是，当时的科学家普遍相信，精神世界是无法用自然科学来解释的，就像我们身体里住着的小人不可能被抓住。

也正因此，克里克在意识认知框架上的突破好比哥白尼提出日心说一样伟大，是意识研究领域中具有里程碑意义的时刻。它的意义不仅仅在于成果上的巨大飞跃，更在于认知上敢于挑战大多数的伟大精神。但克里克的观点挑战了我们的直觉，因此还不能被人们普遍接受，无数的文学作品、电影作品依旧在精神世界上大做文章，也或许就像眼睛能够看到万物却不能看到眼睛自身一样，我们也不能用我们的意识来理解意识产生的机制。

四、一些简单的感想

意识产生的机制于我而言或许并不重要，很可能我一生都不会用到这些知识，但对比克里克博士，我也明白了为什么诺奖没颁到我头上来。《惊人的假说》的具体内容，对我而言也就像保健品一样可有可无。但克里克对待科学的心态、科研眼光与意识、敢于成为开荒者的精神，才是这本书带给我的真正财富。

① ［法］勒内·笛卡儿：《第一哲学沉思集》，庞景仁译，商务印书馆 1986 年版，第 166 页。

嘿，说你呢，那一坨神经元

史方雅　新闻与传播学院

【指导教师评语】 本文通过对《惊人的假说》一书的仔细阅读，深入探讨该书的“惊人”之处。全文以自问自答形式展开，讨论内容丰富，个人观点鲜明，语言俏皮有趣，作者带领我们一起体会“科学的美”。（基础医学院　张德玲）

高中哲学课本上写道：意识是人脑特有的产物。

《惊人的假说》却说：高级哺乳动物都具有意识的某些重要特征。换言之，人没什么特殊的，动物也可能有意识。你、你的悲伤、你的喜悦、记忆和抱负，实际上都只是一大群神经细胞及其分子的集体行为——“你不过是一大群神经元而已”。

旧的思维习惯是很难消逝的，本书作者弗朗西斯·克里克却以尝试性的思想体系来研究意识，他说：“我尽量避免对事实的曲解，但由于大自然的极端多样性，在生物学上做到这点不太容易。”①也许只有在同时意识到现实和自己的局限性时，“黑箱”才能逐渐被打开。

什么是意识？生活中我们常常习惯下定义，这似乎是我们认识和记住事物的最佳途径。而弗朗西斯·克里克却说：“关于什么是意识，每个人都有一个粗略的想法。因此，最好不要给它什么精确的定义，因为过早下定义是危险的。在对这一问题有较深入的了解之前，任何正式的定义都有可能引起误解或

---

① ［英］弗朗西斯．克里克：《惊人的假说》，汪云九等译，湖南科学技术出版社2018年版，第14页。

过分的限制。”①

我们常说“眼见为实”，但眼见真的为实吗？看完书才知道，“看”是一个主动建构的过程，你眼睛看到的东西并不一定真实存在，只是你的大脑认为它存在。我们头脑中实际上就像是有一幅面前世界的“图像”。所谓的伪装物就是试图混淆“这幅图像”上的图形与背景。而诸如“卡尼莎三角”“内克立方体”“埃姆斯特房间”和“理发店标志牌错觉”等更是生活中常见的“骗局”，所以眼见不一定为实。

人类所有操作都是有意识的吗？即人类所有的行为都是可控的吗？“自由意志”这个词真的有存在的价值吗？从逻辑结构上来说，知觉通常符合“无意识推论”。而根据量子测不准原理，不确定性原理是自由意志的基础，即所谓的意志很多时候是不可控的。

为什么我们可以感觉到物体的远近？这是因为大脑中有一个特定的部位对图像的膨胀加以响应。为什么飞机可以安全着陆？这是因为视觉流的作用。为什么学会游泳后即使多年不下水也不会忘记怎么游泳？这是因为肌肉的记忆是最持久的，正如演奏乐曲时往往是不加思索的。为什么不专注的话我们将一事无成？这是因为复杂的串行搜索对专注力有非常高的要求。为什么我们会忘记自己的梦？这是因为只有处于做梦与清醒交界点的那几分钟梦境才能顺利地从“短时记忆系统”进入“长时记忆系统”。

很多人认为，与脑有关的主要问题是当它出了毛病的时候我们如何去治疗。只有少数有科学头脑的人才会进一步追问：大脑究竟是如何工作的？正如文学是将“人人眼中皆有，而笔下全无”的美给展现出来，那么科学就是对“人人视为理所当然，而实则不明所以”的科学机制追根溯源。

这本书无意中涉及了当下一个人人都在担心的问题，即人工智能会取代人脑吗？脑通常可以被“故障弱化”，也就是说神经元行为上的相对缓慢性可以被连续显示方式弥补。而计算机则要求每一个程序的运行都必须精准无误，否则后果不可估量。一个是人为创造，另一个是一代代进化而来，这种本质上不同的设计形式决定了两者承担的功能是不同的。

---

① ［英］弗朗西斯．克里克：《惊人的假说》，汪云九等译，湖南科学技术出版社 2018 年版，第 25~26 页。

《惊人的假说》之所以惊人，就在于其反常识，而这种反常识很多时候恰恰是真科学。就像受过训练的大脑能够把握许多超越我们日常经验的现象，比如相对论和量子力学。《惊人的假说》以负责任的态度面向读者进行科普，作为文科生，接受这种科普，实际上也是对自己思维的训练和提升。其实科学恰恰是对我们生活的抽象和升华。科学与艺术、科学与爱情都是有机结合的，比如文艺复兴时期的风景画，利用视差和深度感搜寻深度线索。而非线性行为在生活中也很普遍，比如“吻她一次远不如吻她两次的一半那么美妙”。

对于我来说，《惊人的假说》奇妙的地方就在于：从前我以为生命的本质是爱与美，现在我懂得了生命的本质是物理与化学，而最奇妙的地方在于，物理与化学也就是爱与美。看也好，研究也好，我们就像戴着探照灯看世界，雾里看花，即使看不真切，那花也是美的。

人工智能民事立法初窥

熊茜　法学院

【指导教师评语】　从《惊人的假说》出发，论文结合本专业“法学”提出了人工智能领域的立法问题。论文从对人工智能的界定、定义和立法规范等方面提出可能的方向和解决方案，并对未来给予展望。该文立意新颖，论据充分。（健康学院　王素青）

奇点将近，未来已来。

科技大爆炸时代的来临，让曾经活在人工智能之父艾伦·图灵的“图灵测试”中的人工智能，成为人们生活中不可或缺的一部分。从最为常见的AI语音助理到安防设施，再到电商、金融、自动驾驶、医疗健康、教育等领域，人工智能凭借其出色的性能为提升人类的生活品质、方便人们生产生活作出了极大的贡献。而与此同时，人工智能产业的飞速发展也给世界各国的立法带来了巨大的挑战——极具特殊性的人工智能技术凭借其不同以往的自我学习能力，冲击了原有的法律体系，而亟待完善的法律制度是否能有效地规制和调整当下及未来的一系列纠纷，仍未可知。

弗朗西斯·克里克在《惊人的假说》中提出：“你，你的喜悦、悲伤、记忆和抱负，你的本体感觉和自由意志，实际上都只不过是一大群神经细胞及其相关分子的集体行为。”①这一假说被作者称为“惊人的假说”。正是这一假说的提出将人类对

---

① ［英］弗朗西斯·克里克：《惊人的假说 灵魂科学的探索》，汪九云等译，湖南科技出版社1998年版，第3页。

“意识”的研究，从局限于宗教或哲学的领域，转向神经学、心理学、生命科学等自然科学领域，也对曾经占据主导地位的“灵魂支配肉体”的二元灵魂观提出了挑战。暂且不论克里克“灵魂细胞”假说的成熟性和准确度，毋庸置疑的是，他关于意识的研究对当代民法学界关于人工智能是否能够拥有民事主体地位的讨论也是大有裨益的。

在运用法律规制人工智能的行为之前，需要用科学的定义对其进行界定。然而略显遗憾的是，至今自然科学界依旧未能对这一技术给出准确的定义，较为合理的解释应当是美国著名机器人法律专家 Ryan Calo 的观点——人工智能是旨在利用机器的载体在某些方面接近人类或者动物的认知。① 而这一技术实质上是利用信息整合对人的意识和人的思维过程进行模拟，并使 AI 通过预先设定的算法自主进行深度学习，产生一种类似于人类思维方式的“意识”活动。在这种情况下，人工智能依托自身的算法产生的“意识”类似物而实施的行为，是否应当归结于人工智能本身，并基于此赋予其民法上的主体地位这个问题就值得商榷了。对此，在民事立法领域的立法技术层面大致有三种可能性：其一，界定人工智能是属于自然人、法人、动物还是物，在原有的民事法律体系中找寻其存在的合理位置，并用特殊性规范对人工智能加以限制；其二，赋予 AI 全新的法律主体地位，即创设一个新的法律主体再行立法以规范人工智能的行为；其三，将 AI 的行为视为开发者行为的延伸，让开发者直接参与法律生活，来规避对人工智能的民法主体地位讨论。

针对第一种可能性，对通用人工智能（Artificial General Intelligence，AGI）——指在不特别编码知识与应用区域的情况下，应对多种甚至泛化问题的人工智能技术，也可以被认为是一台有着超强的运算能力的全智能计算机——进行认定，例如界定为物，是有一定的可行性的。但是对于强人工智能（Strong Artificial Intelligence）——一种具有知觉、自我意志的人工智能类型，也相当于《复仇者联盟》之中的奥创或是钢铁侠的智能助手贾维斯一类的 AI——再将其简单界定为物就有了诸多的不足。并且，对于这一类强人工智能，其产生的“自我意志”与克里克以及当代这一领域的研究者所研究的人类意识是否属于同一类型，也不得不依托自然科学的进一步发展来界定。事实

① Ryan Calo：*Artificial Intelligence Policy，A Primer and Roadmap.*

上，针对第二种观点，在世界上已经有一部分民法学者及AI领域的科学家在进行相应的尝试。2016年10月欧盟议会法律事务委员会提出了《欧盟机器人民事法律规则》，并于2017年年初正式通过了这一决议。在此决议中，对复杂的自主AI机器人将考虑赋予其法律地位的可能性。① 但是，这种做法是否为对人类自主尊严的漠视，进而使人类的未来面临更多的风险，值得深思。另外，基于克里克先生的"灵魂细胞"②学说，复杂的自主机器人并未拥有人类用来产生意识的神经细胞，那么AI所产生的意识类似物不过是基于种种复杂算法和海量信息处理的数字代码。这样来看，为其设置民事主体地位也就失去了科学上的理论支撑。在第三种情形中，虽说较为合理地对现有的AI行为进行了规制，但也将众多科技开发者置于重度的责任漩涡中。如果开发者并未违反AI研发过程中相应伦理性、科学性准则，却需要因为AI的自主行为承担民事法律责任，这无疑会极大地挫伤科技工作者的积极性。

总的来说，关于AI民事法律地位及法律责任承担的讨论，仅仅是人工智能技术宏大立法蓝图中的沧海一粟。在真正理性文明的人类社会，只有已成立的法律获得普遍的服从，且大家所服从的法律本身又是制定良好的法律，人类文明才得以在良好的法治秩序中继续熠熠生辉。对于人工智能这一新生的科学现象，我们应当有足够的耐心和信心去为其制定良好、并为人们所普遍遵从的法律，来使其更好地为人类社会的发展服务。

霍金先生在他的遗作 *Brief Answers to the Big Questions* 中曾直言自己对于人工智能技术飞速发展的忧虑："超级人工智能的出现将成为人类有史以来最好或最坏的事情。"③值得庆幸的是，在AI技术日益成熟的今天，对"意识"的研究也在不断地进步。与此同时，众多的法学专家和社会学工作者也在孜孜不倦地追求着最为平衡合理的解决方案。对于长眠于泰晤士河畔威斯敏斯特大教堂的霍金先生来说，这一切都是他的设想猜测，但对于我们而言，"我们正站在新世界的门槛上"。

---

① 武雪健：《人工智能立法的海外状况及难点分析》，《互联网经济》2019年第4期，第48~53页。

② 罗斯：《"灵魂"是大脑中的一小组细胞》，《教师博览》2003年第7期，第56页。

③ 王龙云：《霍金遗作警示AI的未来之"患"》，《经济参考报》2018年第10期，第3页。

以奥卡姆剃刀驳二元论

程蕾　健康学院

【指导教师评语】　作者从二元论的核心观点说起，陈述了其与一元论的分歧，通过简述《惊人的假说》的核心内容对二元论进行了批判，并引发了对该著作所反映的科学精神、科学思维、科学方法的欣赏。总体上看，论文主题集中鲜明、有思有想有评有弹、逻辑严谨论据丰富、名言名句信手拈来、行文流畅语言优美，不过如能用小标题呈现更加清晰的结构层次、着墨于驳与立以突出重点则更为完美，但瑕不掩瑜，这是一篇优秀的结课论文。(健康学院　吴绍棠)

宇宙浩渺深邃，星辰绚烂璀璨，我们的思想难以触及它的边际。无边无尽的黑暗中，充斥着无数的粒子，而微小的宇宙尘埃又高速旋转聚合，形成更高阶的聚合体，不断进阶的高阶聚合体又将重新走向爆炸消亡，回归成最原始的宇宙尘埃，循环往复。在这一份沉静的孤独中，诞生了一种我们目前唯一所知晓的高级智慧生命体——人类。

人类是孤独的，静息于天地之间，感知寰宇，睢盱岁月华章、落霜云垂。看一树树影婆娑，罅隙间倾洒细碎的光线；听小雨淅沥，疏疏密密，击芭蕉，洗桐叶，一声一更；嗅木樨苾苾，谷草蕴香。客观世界输入大脑，产生各式感觉，显现了图像，最终又形成更高级的思想意识。

然而，就像宇宙中的星体一样有诞生也有消亡，原始时期人类就深刻地认识到肉体最终必将走向消亡，回归自然，回到最初的粒子状态。肉体即意识的物质载体有了最终的归宿——

消亡。意识还将存在吗？宇宙运行的法则残酷且无法反抗违逆。人不能永生，于是人们开始思考有没有独立于身体之外的意识——灵魂，而灵魂又是否会不朽，无所羁束，自由往生，与万化冥合。继而就引发了人们对于物质和意识的争论，二元论与一元论就产生了。

二元论将事件割裂成两个基本单元，一是源于灵魂的“意识世界”，另外一个就是由人类能够感知测量的物体组成的“物质世界”。在古希腊时期，柏拉图认为灵魂与肉体是分离的、相互独立存在的实体，并且灵魂先于肉体存在，人只不过是囚于必有一死的肉体之中的不死灵魂，而意识正来源于不死灵魂。尽管发展到柏拉图的弟子亚里士多德这里，他认为灵魂与肉体是一体化的，两者不能分离，但是他依然继承了灵魂是本化的思想。在许许多多的二元论观点中，勒内·笛卡儿的“心物二元论”是其中最典型、最彻底的二元论代表，他指出意识和物质是两个截然不同的存在，他区分了广延实体与人类所独有的思维实体(也就是意识的滥觞)。“机器中的幽灵”就是赖尔对于笛卡儿观点的精简——物质世界中人类的大脑只不过相当于一台机器，而我们的灵魂像一个诡秘的“幽灵”，正在利用这台机器操控我们的整个身体。

《惊人的假说》中克里克驳斥了二元论，难以计数的大量神经细胞和相关分子是产生人类一切的喜悦、悲伤、记忆和抱负，乃至本体感觉和自由意志的缘由。简而言之，人不过是一对神经元的集合，运用一把锋利的奥卡姆剃刀削去了诸如“臆想的灵魂”“所谓的不朽”这些带有浪漫色彩的多余的概念，变得更加理性、严肃。

“工欲善其事，必先利其器”，一把极简主义的奥卡姆剃刀，克里克用大规模的科学实验研究方法去锻造它，从具有样本丰富性、反例多样性、资料可靠性和现实重要性的视觉主题入手，运用还原论来探讨与任意瞬间的神经元集合特定活动相对应的视觉“神经关联物”和注意机制。

科学为意识的研究提供了技术的支持。脑电图、X射线断层照相以及核磁共振技术可以穿透“屏障”，解析大脑，追踪每一缕生物电流的活动。这种还原方式并不是拉普拉斯式机械决定式。这种神经关联不是孤立的、必然的、绝对的，而是有机的、整体的、联系的、运动的，一种特定行为的解释也许需要纳入它的各个组成部分并且考虑其相互作用的特性。纵然神经关联承认一定的随机性，但是这种随机是建立在神经元的物质机制上，并不是等同于二元论一般转身投向超自然力量。就像笛卡儿一样，“机器中的幽灵”最后不得不搬出一个万能的上帝。这又滑向了唯心主义，使原来就庞杂的体系变得更加烦冗。

无论是唯物主义还是与之水火不相容的唯心主义，前提都是承认世界的统一性，即“唯”。意识具有统一性，克里克运用“捆绑理论”来解释意识的统一性问题，神经元细胞更是大规模协调活动的，不同的知觉系统捆绑不同的刺激形成单一的意识。人脑是意识产生的基础，在一元论的指导下，克里克着手论证屏状核为意识统一性的物质载体，而二元论依旧坚持割裂的精神世界独立观，加入了灵魂、自由意志这些复杂的概念。同时这样一个虚无的概念，无法用科学的方式证明，就像卡尔·萨根“车库里的龙一样”，如果我们相信它，就必须先相信那一大堆冗长烦琐的假设前提，无法证实也无法证伪的理论，我们可以直接使用奥卡姆剃刀将其削去。要杀死卡尔·萨根的喷火龙，刀剑一出青光起，气贯如虹锐无翼，一把大杀器“奥卡姆剃刀”就够了。

如无必要，勿增实体，伴随着神经科学的不断发展，由克里克作为先驱，挥舞着奥卡姆剃刀，科学的实验方法让这把剃刀变得更加锋利。因为科学是实在的，也是简练的。

正如千年前，人类坚定地认为地球是宇宙的中心，尽管现有的科学技术有了长足的发展，《惊人的假说》所代表的一元论并未为所有人所信服。在量子力学中，则又出现了笛卡儿“机器中的灵魂”的翻版：精神世界的活动属于“量子过程”，通过大脑中“量子微管”交互作用来完成实现精神世界对物理世界的“幽灵操控”。甚至不少人认为大脑可以被复制和重塑，然而所谓的灵魂无法被重修。想象这样一个场景，你坐在电脑前，你的电脑、桌子、椅子在你所不知道也无法理解的层次上有着自己的意识，你的电脑罢工，不是硬件、软件受损，而是因为它具有所有粒子都具有的意识，通俗地说，近似于灵魂“附身”。然而在这里我要提出我的驳斥，如果量子过程处处相同，人脑的特殊结构就不再特殊，物质世界的存在又还有什么意义？

人类灵魂的本质就是神经元的集合，宗教、哲学（尽管我们可以使用哲学的方式来驳斥证伪）、心理学都不存在所谓的灵魂，灵魂“植根”于神经节。不管你是静息还是运动，难以计数的生物电流在大脑皮质中传递，形成刺激。你的每一次抬眸，都是万千亿神经细胞的“相遇与分袂”。

人们思考，不知其所由亦不知其所往，正如克里克所说的那样，在过去的时间中，我们已经学会了习惯活在局限中，往后它将仍然伴随着我们的生活——例如量子局限。“自由意识”“灵魂”“心灵”这些纷繁复杂的概念使意识变得黏稠沉重，晦涩深沉，像蛛丝一般缠绕在它的表面，让我们捉摸不透，人为增加了难度。然而，在《惊人的假说》中，我们直接挥起一把锐利的奥卡姆剃刀剃去了这些纷繁复杂、繁如蛛丝的恼人之物，剥丝抽茧，留下的仅仅是一个颅中之脑，用科学的实验方法、理性的思维方式、系统的研究论证，溯源意识的产生。

红梅映雪武陵意，朝华清辉笼青花，独桥觅，深巷月，半梦还，鹿饮溪，囿蓝鲸，烟丝醉。我们专注于研究，握着一把奥卡姆剃刀，于安静祥和中探寻意识的真相，这大概就是《惊人的假说》所遵循的方法所在吧。

终人大荒“流”

方鲲　电气与自动化学院

【指导教师评语】　文章语言优美，行文流畅，通过大量引用前人言论与举例作为论据，证明从古至今对于意识的研究以及克里克《惊人的假说》的惊人之处。作者观点鲜明，论据充分，不足之处是引入主题的部分略显冗长。(土木建筑工程学院　黄斌)

若用“永恒”定义伟大，今天的时代将会是人类历史长河里一座伫立不倒的灯塔。无论是社会结构、经济状况、道德伦理、哲学宗教，还是从我们对自身渐至向外的认知，都无不“真正的，换了人间”——正如对“意识”的研究一样：曾经只能在骚人墨客、萨满巫师、哲学禅宗用“意义”构建的领域下，向着抽象找寻心的归属，在今天，人们通过观察与试验，笃辨明思，用理性还以自然最本真的样子。

《惊人的假说》的惊人，曾经是背离世俗的不被理解；而今则是克里克尝试创建的科学范式，是跳脱时代却又严密的逻辑体系。

一、“联想”(Stratified-Thinking Patten)的力量

自由的人，你将永把大海爱恋！
海是你的镜子，你在波涛无尽，
奔涌无限中静观你的灵魂。

——波德莱尔①

① [法]波德莱尔：《波德莱尔诗歌精选》，郑克鲁译，北岳文艺出版社2010年版，第23页。

"海"在我们的身上，在我们生命的最深处。在不清楚人脑构造的时代，意识一直都是哲学与宗教唯心抽象的表达。或许人在向"物"的世界里，向着更浩渺的宇宙，向着更深邃的海洋，向天、向地，用科学的理性将浩渺星河、险峰天堑，分子地质还以真实；然而在向"心"的世界里，一切关于意识的争论，都只是架空的高阁。对未知"意识"的思考，先贤似乎只是找到了那个说服自己的理由(先暂且抛开唯物或唯心的哲学范畴，受于时代局限，人们对于事物的认知，往往只能从自己所知所感的客观世界出发，在知识盲区面前，将其抽象、神秘化似乎是一个不错的选择)。但当后世在对此进行叩问时，得到的往往只是千奇百怪的答案与现代科学认知的矛盾。但需要明确的是，感知与联想是过去的人们认识自己的重要途径，或许这些近乎天马行空的想象在如今看来可能不够成熟，甚至滑稽可笑，但与现今的研究也有着惊人的相似。

1996年，威斯康星大学的研究员巴拉特·比斯沃尔(Bharat Biswal)发现：大脑一直持续地进行着大量的活动、消耗着大量能量，以大波幅、频率缓慢的电波令各个不相邻的区域的活动同步一致(大概每十秒会产生一次新波动)。在注意力没有完全集中(将思绪放空)的情况下，检测证实大脑活动的大幅波动消耗的能量占日常能量消耗量的80%。①

通过对大脑耗能的研究，其运行状态不再被称为"默认的运行模式"(一种不知过程的黑箱问题)。那在细小而快速的脑波里展开的精神活动，就像是在平静湖面里投入石子而泛起的波澜。而这打破水面的宁静，便是一直为人所争论的人的意识。

意识是"内心之海"早在很久之前便已出现：中国先贤对水的推崇——"天下柔者莫过于水，而能功坚者又莫胜于水"，将水视为人意识与情感的载体，一条古时水，承载着无数的哲思，流向人的内心深处，转角又随时间流向荒芜；西方诗人对内心之海的定义——"让内在的大潮在我们身上延展，即使我们对它的意识减弱，它也仍然在向荒流漫溯"，意识是生命的流体，从不会因不曾察觉而停滞。费尔南多·佩索阿(Fernando Pessoa)曾说，我的灵魂是一个隐秘的交响乐团。我想，这支隐匿的交响乐团演所奏出的缓慢潮汐，推动着

① [法]让·克洛德·安梅森：《时间的律动》，曲晓蕊译，中信出版社2016年版，第25页。

内心之海，在我们清醒或沉睡的所有时刻，在海水里激起短暂的泡沫，从未停息。

古语曾云：天圆地方，人，头圆足方以应之。后来当人真正地看到了地球的样貌，再来印证“天圆地方”之时，“联想”与现实是可以相互映照的。而今，随着人类对意识研究的不断展开，用“水流”（流动性、瞬时性）联想意识，也在某一程度上得到了印证。科学，在诗意的哲思里找到了位置，看似不可逾越的鸿沟也不复存在。人类在科学快速发展进程中，面对机械宇宙对自由意志与灵魂的冲击时，筑起了一道稳固的高墙。“联想”让天马行空的诗意与科学得以共存，甚至有着惊人的相似，从这一点看，世界似乎有着高度的统一与和谐。

“联想”与科学惊人地相似，侧面地为诸如爱因斯坦这类认为世界有着高度统一性且可以用“万有之理”（即最普遍的科学）解释世界的科学家提供佐证。时间向前的洪流从未停息，从柏拉图提出科学的最高境界便是追求最普遍的科学开始，这追求真理的过程几经曲折、反复，先知一次次用“洞见”的眼光去发现，洞察未知，由点及面。渐渐地，当不同事物的联系被构建，追求最普遍的科学似乎已可以看见微光。

二、“科学思维范式”的惊人

科学固守的最后一块阵地，并不是太空领域，而是人的意识世界。

——《科学的终结》约翰·霍根①

克里克曾说：“我的科学信仰使我相信，我们的思想、意识完全可以用大脑中一些神经细胞的交互作用来解释。”一句定论的背后，是其做了无数实验（用各种仪器研究大脑受伤的病人、动物）并进行了大量心理研究，而获得的很多富有价值的一手研究数据。而这些数据，在现今最新的学术研究里被指出，完全可以佐证其科学研究观点。我想，若要挑战宗教的“灵魂不灭论”，唯有依靠科学的理性、言必有据的实证。而在克里克之前，关于意识的研究一直都被视为科学的禁区和一道不可逾越的鸿沟。在科学面前脱下浪漫主义

① ［美］霍根：《科学的终结》，孙拥军等译，远方出版社1997年版，第83页。

色彩的灵魂，不过是神经细胞及其相关分子的集体行为。没有所谓的不朽，有的只是在认清本质后，难以安放的局促与信念被打破后的迷惘。但进程仍在继续，时间荡涤了曾经因信仰破灭而无处可栖的自尊与骄傲，留下了克里克为后人提供的研究范式，为人类研究意识开拓了一个新的纪元。

由抽象到具象，克里克站在“还原论”的立场，将大脑里意识的活动，理解成神经细胞的相互作用。而这一论断，打破了行为主义提倡的意识黑箱研究理论的僵局。需要注意的是，自20世纪初(美国)现代心理学的主要流派就是“行为主义”的坚定拥护者，意识的研究一直被困在“黑箱问题”里停滞不前，甚至极端到仅仅研究刺激与反应之间的规律联系。倘若没有克里克提出的科学范式，那么至今对意识的研究可能早早就定格在20世纪初的“黑箱问题”，或是摒弃意识、否认心智状态，仅仅停留于第一人称主体性的概念研究。突破陈规、不被理解的孤独往往相伴而至，但《惊人的假说》的惊人虽长于斯，却没因此而逝于斯，留给了我们一种研究意识的科学方法论。

钱穆曾说，科学是冷心肠的。科学对意识的定义，有时难以自恰，正是那份被人所推崇的自由灵魂，在机械的解释里沦为俗物。但克里克的研究范式，从一点展开，并未将系统的行为拆分作结。相反，他认为“某一特定部分的行为可能需要用它的各个组成部分及其相互作用的特性加以解释”。但在理性中，他并没有将“意识”按照机械原理运作。这既是一个科学家对待科研严谨笃信的态度，也是一个在未知领域面前平凡人的渺小与谦卑。范式的建立，往往具有“收敛”的效果。自此，科学界开始集中注意狭小范围内更加深奥的问题，从而获得最大限度的成就。

“登高必自卑，行远必自迩”，克里克建立的范式，直接从人脑的领域开始研究——这是对“复杂问题简单化”的经验桎梏的突破，既坚持了理性主义的观点，又避免了被实用主义同化。克里克的突破，曾是许多人欲为之而不敢为的禁地。严密的体系之下，揭示的可能不仅仅是人意识的神秘面纱，还有真实世界结构本身是否真的是统一于可理解的。诚然，研究意识的进程曲折复返，甚至连克里克在面对一些尚无法解释的难题时，都只有无奈地说：“有时可能哲学与宗教更能解释一些难题。”我想，这不是妥协与停滞，相反，这正是面对科学谦卑的态度，知有所难为而致之，穷尽所能只为至矣！

三、结　　语

“惊人”的背后，是敢于突破的勇气、严密的逻辑、躬行的毅力，但多少也包含了不被理解的无奈与困惑。今天再看时，“千帆过尽皆不是”的迷雾渐渐被热烈期待的目光所撕裂，或许真正探清意识本源的道路仍然漫长，但黑暗中依旧有光亮。透过《惊人的假说》，天马行空的想象与情怀不再是科学的对立，探究意识的过程也不再是无据可依的各抒己见。或许在未来，现今的科学可能也只是被证伪的偏执，但曲折道路旁不败的风景，也正是因科学的不断突破而成就的。

路漫漫其修远兮，吾将上下而求索。每一次的收获，都是在旅途中装进行囊的书，人生海海，失意时，这或许会是漆黑道路尽头露出的微光；得意时，也会是一枕清风细雨，驱走浮躁。“无波是古井，有节是秋筠”，胸怀与定力是需锻造的，年少的我，很幸运能有机会接触这些只有在仰望星空时才能看到的瑰丽风景，且行即有收获。

诗人的眼睛在神奇的狂放的一转中，
便能从天上看到地下，
从地下看到天上。
想象会把不知名的事物用一种形式呈现出来，
诗人的笔再使它们具有如实的形象，
空虚的无物也会有了居处和名字。
——威廉·莎士比亚，《仲夏夜之梦》第5幕第1场①

① ［英］威廉·莎士比亚：《仲夏夜之梦(英汉对照)》，远方出版社2008年版，第101页。

丁　编

科学方法

公理化思想造就的逻辑体系奇迹

沈思源　国家网络安全学院

【指导教师评语】 欧几里得的《几何原本》对任何人来说都是需要耐心和时间去琢磨的一部经典。该论文从五个方面分享了自己对几何原本的理解，通过分析书中具体的数学实例来佐证自己对该书思维方式和论证方法的观点，思维清晰，表述严谨，全文结构完整，是一篇很好的读书心得。(生命科学学院　刘昱)

我们大部分人对《几何原本》这本书都不陌生，因为在中学阶段我们都或多或少听说过它，或听说过它著名的作者欧几里得。但是当我走进大学，重新认真阅读这本传世之作时，我惊奇地发现原来我们初中阶段学习的数学知识，居然都是从这本书里的前六章中提取的。原来2300年前的古代人类水平竟然就达到了如此高度，怀着强烈的好奇心和敬畏感，我开始真正认真阅读这部经典的传世之作，对书中的证明思想和思维方式有了新的认识和思考。

一、精彩的演绎推理离不开公理化方法

《几何原本》给我留下的一个很深刻的印象就是它的公理思想，比如第一章中开篇即对本章所要用到的图形进行精准的定义，并提出了5条“公理”，书中明确指出：公理是一个不证自明的命题，是根据人们的常识认为完全正确、理所当然的。而我刚开始对这一说法是持怀疑态度的，因为一个无法证明正确的命题作为整个逻辑演绎的基础会令我不安，但是我仔

细思考后发现，欧几里得选择的五个公理的确不能够被我证明，也不能被我否定。看来，“公理”是在推理体系中的确存在的。但是这些公理是如此简单，以至于我不相信它们能够演绎出什么重要的数学命题。

然而在前几章里，我发现《几何原本》竟然利用这短短的五条公理证明出了一系列较为复杂的命题。更加令我赞叹的是欧几里得的严密思维体系，我发现在每一章的证明中，欧几里得证明的每一个命题几乎都不是无用的，它们往往在下面的多个命题的证明中被引用，第一章读下来，感觉作者每一个命题的证明都像是获得了一个新的工具，而它们又为后续工具的获得做好了准备。

例如第一章命题 1 是给出了做等边三角形的方法，在接下来的命题 2 中，命题 1 被自然地使用得到了做线段的方法。

第一章命题 1：在一个已知直线上做一个等边三角形。①

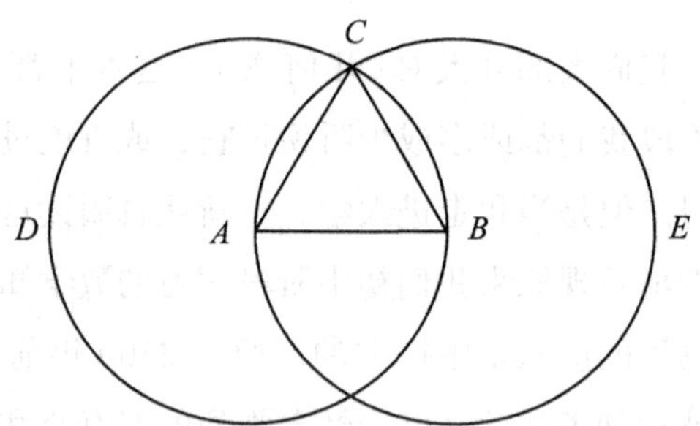

图 1　AB 为已知直线，做等边三角形

欧几里得利用圆的定义和公设分别以 A、B 为圆心，AB 为半径画圆得到等边三角形做法。

第一章命题 2：由一个已知点作为端点作一线段等于已知线段。②

在这里，可以很明显地看出来，欧几里得是利用等边三角形的定义和命题 1 中已知线段做等边三角形的方法来解决命题 2 的。书中证明方法如下：

利用已知线段 AB，做等边三角形 $\triangle_{ABD}$。［利用命题 1 和线段公设］

---

① ［古希腊］欧几里得：《几何原本》，邹忌译，重庆出版社 2014 年版，第 3 页。

② ［古希腊］欧几里得：《几何原本》，邹忌译，重庆出版社 2014 年版，第 4 页。

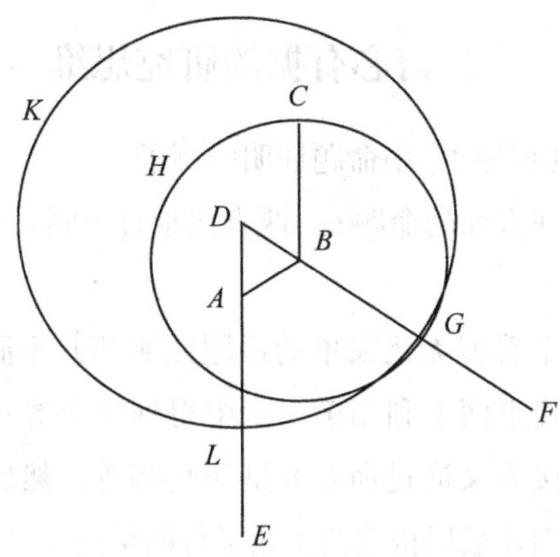

图 2　A 是已知点，BC 是已知线段

以 D 为圆心，分别以 BC、DBG 为半径做圆 CGH 和圆 GKL。

$\because BC=BG$［圆的定义］

$\therefore DB+BC=DB+BG=DG$

$\because DG=DL$，$DB=DA$［圆的定义，等边三角形定义］

$\therefore DG-DB=BG$，$DL-DA=AL$

$AL=BG$.

$\therefore AL=BC$［圆的定义］

线段 AL 即为命题所求。

如此再三，欧几里得在后续命题中给出了严谨的二等分角和直线，做垂线等的方法，这里我又发现《几何原本》中的每一种几何绘图都是只依靠无刻度的尺规进行的，我对此也颇为奇怪，为什么欧几里得愿意大费周章地去完成这些本来依靠刻度尺、量角器之类的可以便利解决的问题呢？自然科学教材中导引作者解答了我的疑惑。

这些可以用尺规做出的题目会使公理和公设增多，而这本身是不必要的。亚里士多德认为“公理越少越好”，刻度尺规解决这类问题看似简单明了，但这是一种“暴力破解”的方式，《几何原本》给我的启示是通过公理和逻辑演绎去证明这些命题。可以说，欧几里得在书中引入公理化方法，正是造就全文精彩逻辑演绎体系的关键之一。

二、言必有据的研究思维

这里我想举个《几何原本》中命题证明的例子。

第十一章立体几何方面的命题6：两直线垂直于同一平面，则两条直线平行。

欧几里得对于这个看似无比简单的命题证明却并不简单，书中先是设出了两条线的垂足，再在平面上利用第一章中得到的全等三角形命题4构建一个新的全等三角形，接着又通过命题8证明角相等，然后又通过第十一章命题5证明三线共面进而才最后得出两条线平行的结论。

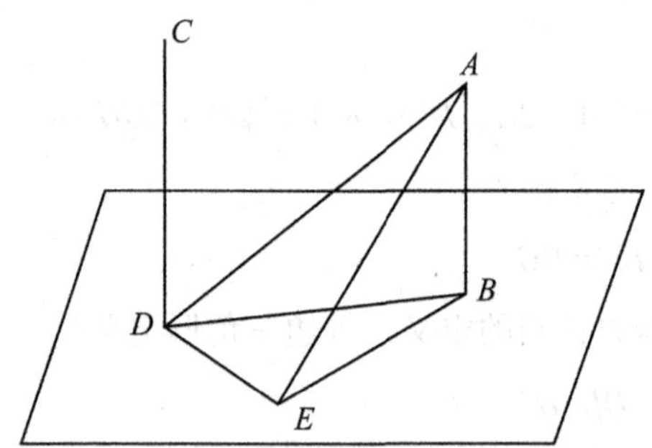

图3　*AB*、*CD*和平面成直角，证明两线平行①

这么一个显而易见的命题，欧几里得却用了多个章节里的多个命题去证明它，而且每个命题背后又有多个公理支撑，到最后我发现，欧几里得笔下的每一个命题，不管结论显然与否，都会最终转化成为他所提出的那一条条公理，从而完全无法反驳。他的每一步演绎推理，背后都是以坚实的公理公设作为支撑。这样的例子在《几何原本》中比比皆是。这启示我无论是学习还是研究，言必有据是一个标准的严谨的逻辑思维方式。

---

① ［古希腊］欧几里得：《几何原本》，兰纪正、朱恩宽译，陕西科学技术出版社2003年版，第512页。

三、数形结合思想

在《几何原本》的有关数论的第七至九章中，我发现了很多代数与几何图形结合的思考方法，其中我印象最深的是欧几里得对于平方和公式 $(a+b)^2=a^2+2ab+b^2$ 的精彩阐述，以前我对平方和公式的认识仅仅停留在代数层面，认为只不过是一个代数计算的结果罢了。欧几里得却将其看成一个边长为 $a+b$ 的正方形面积之和的问题。

这给了我很大的启发，原来当时的人们对于数字与图形的联系已经认识得如此娴熟。不仅如此，我还发现对于 $(a+b+c+\cdots)^2$，以前我的思路仍然是利用代数四则运算得到它的表达式，但是读完此证明后运用欧几里得的数形结合思想也能够给出快速的解答，这让我进一步感受到了这种思想的力量。

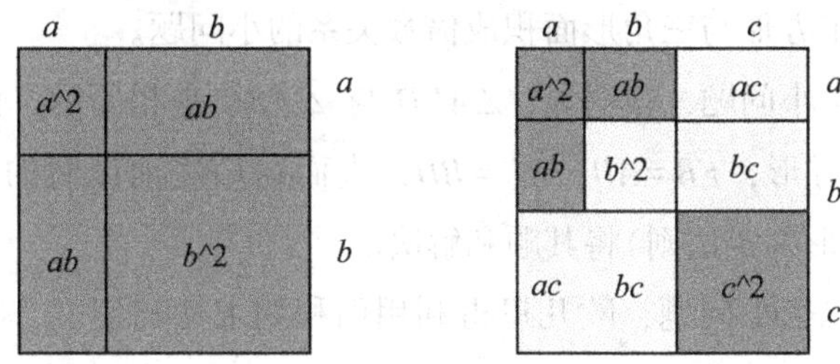

图 4　平方和公式图形化的推广

模仿欧几里得的证明思路，我们可以将一个正方形继续分割，进而得到多元的平方和公式：

$$S_1=(a+b)^2=a^2+b^2+2ab$$

$$S_2=(a+b+c)^2=a^2+b^2+c^2+2ab+2ac+2bc$$

由此我们不难得到推广：

$$(a_1+a_2+a_3+\cdots+a_n)^2=\sum_{i=1}^{n}a_i^2+2\sum_{i=1}^{n-1}a_i\sum_{j=i+1}^{n}a_j$$

虽然这仅仅是我对这种证明方法的一个小小的推广，但是我觉得它带给我们的更多是一种思维的启示：代数运算往往不是独立存在的，它们的规律往往可以由直观的几何图形得到简洁优美的表达。这也完全改变了我以前对平方和公式的认识。我认为，比起代数计算得到这个公式结果，欧几里得的数形结合方法应该反映了这个基本代数公式更加深刻的意义。

四、将问题分解转化的思想

《几何原本》命题 47 是著名的勾股定理，对于这个定理的证明方法有很多，《几何原本》中的方法在我看来并不是最为简洁和巧妙的，甚至还有些复杂，但是阅读它的证明过程仍然给了我很多启迪。

下面我来分析一下欧几里得对这个著名定理的证明思路：

要证明直角三角形中 $a^2 + b^2 = c^2$，欧几里得先把问题转化为一个几何问题，证明两个小正方形的面积和等于大正方形。即 $S_{BCED} = S_{ABFG} + S_{ACKH}$，那么只要能够把大正方形分割成两个面积为 a^2、b^2 的小正方形就可以了。

接着，作者将问题变成了一个证明两个三角形全等 $\Delta ABD \cong \Delta FBC$ 的小问题和一个证明正方形与三角形面积成倍数关系的小问题。

对于第一个小问题，很明显，$\angle ABD$ 与 $\angle FBC$ 是相等的，而根据欧几里得定义里的正方形，$FB = AB$，$BC = BD$，进而运用之前证明的第一章命题 4（*SAS* 全等三角形判定法则）将其顺利解决。

而对于第二个小问题，欧几里得利用面积的求法与定义，得到了平面四边形 $S_{BDL} = 2S_{ABD}$，$S_{ABFG} = 2S_{FBC}$，而根据全等定义，得到 $S_{ABD} = S_{FBC}$，而对于正方形 *BCED* 的另一部分（S_{CEL} 部分）方法同理，最终证明了上文所述的勾股定理的等价命题，于是一个看上去较复杂的勾股问题就这样被一步步转化分解，最终成功纳入《几何原本》的严密框架之下。

读完此题，我不禁想到了以前在各个学科学习中，这种把难以解决的大问题转换为容易解决的若干个小问题的学习方式比比皆是。不仅在数学中，我们在分析物理问题时也常常将物体的运动规律分解为若干个阶段来逐步研究，比如高中学习平抛运动时的方法，不也正是把一个复杂的抛物线运动分解为水平方向的匀速直线运动和竖直方向上的匀加速直线运动来求解运动轨迹的吗？这也是把问题等价转化分解的思想。

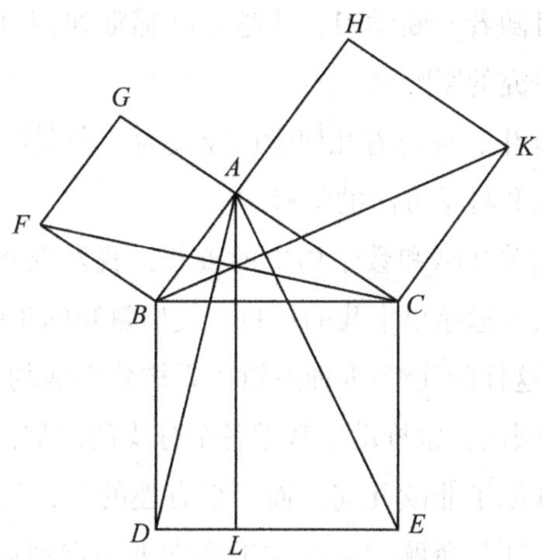

图 5 《几何原本》关于勾股定理的证明图示①

五、论证方法的创新

与我们初中时代学习的几何证明题略有不同，在《几何原本》里，我发现欧几里得对于很多命题的证明不是我原以为的真的利用那寥寥几个公理完完全全把未知的命题给推导出来，还有许多证明用到了归谬法(反证法)，否定结论后得出一个荒谬的结论，进而肯定原命题的正确性。这也是我很惊奇的。曾经在我看来，反证法是一个并没有分析法、综合法那么“优美”的证明方法，但是现在我发现数学中的很多命题都是通过这个方法证明的，从我自己说，就比如我在高等数学题目中的一些函数证明题，就经常需要假设命题不成立来作为解题的立足点，运用所学的定理来得到矛盾的结果；从阅读《几何原本》来说，我也发现很多命题不用这个方法证明将会“无从下手”。比如对于 $\sqrt{2}$ 是无理数的证明，我曾经以为这是一个只有数学家才会的题目，因为按照我以前学习数学时的综合分析方法，这样一个证明确实有点找不到突破口。学习反证法后我却发现欧几里得反证法的证明居然连小学生都可以看懂。我

① [古希腊]欧几里得：《几何原本》，兰纪正、朱恩宽译，陕西科学技术出版社 2003 年版，第 41 页。

惊奇于2300年前的人们已经将逻辑学中的一个重要方法运用得如此娴熟，了解得如此深刻。而且随着不断学习，我越来越感觉到《几何原本》中对于论证方法的创新对数学研究的影响之大。

《几何原本》的诞生，标志着几何学已经成为一个有较为严密的理论系统、较为丰富的论证方法和科学方法的学科。①

同时，通过对相关文献和数学历史的查阅，我发现欧几里得的公理化思想对后世的影响之大远远超出了我的预料。我们熟知的牛顿的《自然哲学的数学原理》也是类似于这样的演绎-推理逻辑体系构建而成的。而后人对于《几何原本》的各种批判性阅读，也推动了数学各个分支的发展。如洛巴切夫斯基对于平行公理的研究开创了非欧几何。而且很有趣的是，我在阅读《几何原本》时，常常为欧几里得证明命题时对前文手到擒来的定理运用和如神来之笔的辅助线而佩服得五体投地，同时也觉得这样的数学有点太考验技巧了，而阅读数学史，我发现我的忧虑和数学家笛卡儿竟然有不谋而合之处，笛卡儿在对古希腊数学的图形利用表示赞赏的同时，也发现了过多依赖图形导致的问题，进而发展了解析几何，促进了数学的蓬勃发展。这都是《几何原本》带给我们的精神财富。

阅读《几何原本》，我惊异于两千年前的先辈们思想之深刻、逻辑之严谨；也感叹其至今仍然值得我去学习的思考问题的方式方法。从平面几何到立体几何，再到至今我仍然觉得较为高深的数论，欧几里得都作出了令人瞩目的贡献。阅读完每一个证明的命题，我都会折服于欧几里得对于公理与命题的精准把握与运用，再一次对这位严谨的数理逻辑思维先哲致以崇高的敬意。

---

① 吴维煊：《〈几何原本〉的意义及对数学发展的深远影响》，《广东第二师范学院学报》2015年第5期，第95~100页。

读《几何原本》后关于有用与无用的思考

刘嵩雯　资源与环境科学学院

【指导教师评语】　基于《几何原本》，讨论了有用与无用论。与《九章算术》做了比较，也从现代与2300年前、物质层面与精神层面分别讨论了有用性和无用性，同时，引用了NASA发表的《为什么要探索宇宙》的结束语来论证观点，最后，作者指出：数学以及科学都是无功利性的。选题有意义，思路清晰，有理有据，表达流畅。（国家网络安全学院　滕冲）

曾经在网络上看到过一则有趣的微博：有新闻公布，约七成的网友赞同数学退出高考。在评论区一片叫好的同时，有人犀利回应"数学就是用来把这七成人筛出去的"。实际上，长久以来，学习数学的意义一直是人们争论不断的话题。有许多人说，以后买菜时根本不需要用到微积分，也有许多人反驳，学好了数学能决定一个人未来在哪里买菜。

仔细思考上述言论中对数学的认识，我们不难发现，许多人的思维基本聚焦在"有没有用"这个问题上。这是一个普遍性的问题：这种较功利性的唯"用"是图，广泛地存在于我们的社会；同时这也是一个历史性的问题：我国成书于公元一世纪的数学著作《九章算术》前六章，讲述的都是数学在社会生活不同领域的应用，由此可见一斑。但我们学习、研究的动力，是否只应该出于有用呢？我认为我们应该重新审视这个问题。

欧几里得的《几何原本》是一个很好的出发点。在学习这本书的相关内容时，我感触颇深。《几何原本》作为一本古老的著作，使用一些比较原始、简单的手段和方法，将看似显然的命题一步一步推理出来，这实在让人佩服。初读，觉得欧几里得所做的工作，即寻找这些常人看来显而易见的命题，并产生想要证明的想法，似乎没有什么实际作用，但细细想来却会发现，这本身就是一种难以达到的思想高度。欧几里得似乎在极力跳出人类各种感官局限下的直觉，他在做出一种挑战。这是一种严谨、怀疑、批判的精神力量。我们可以欣慰地看到，即使在那个工具、科技手段处处受限的时代，思维火花的碰撞也依然不会受到阻碍。

而在我看来，欧几里得不辞辛劳，实际上也是在试图通过逻辑理性推理，寻求一种解释感性和直觉的方法。很明显，感觉的多变和不可预知，无法避免地造成了它的复杂性与不可控性，说明不能用已有知识加以合情推理，结果也就会变得不确定。许多有趣的错觉实验正是反驳了“耳听为虚，眼见为实”，是这一复杂性在视觉上的直观体现。

因而，仅仅用感觉来解释各种现象，显然不是一个最简洁的方法。若是能够用理性思考，找到永恒、经典的真理并用其经过严谨推理得出结论，那么所有复杂规律在实质上都是许多简单规律的变形和叠加。这种把直觉理性化的方法，其实就是在做一种简化。

至此，我想到关于地心说和日心说的争论。起初，人们以亚里士多德-托勒密的地心说来解释天体的运动，在后期因观测手段不断改进，人们发现这一说法变得极为复杂：本轮-均轮模型中小本轮的数量越来越多。而后哥白尼等人创立的日心说，正是寻求一个比地心说更简洁的方法来描述天体。再后来的万有引力定律继续将其简化推广，这一过程仿佛也是在寻找某一客观规律。有规律的事物会给人带来无序事物所不具备的美感，这是一种理性之美、可知之美。又或许，这也源于对未知的一种天生恐惧，使得人类不断想要通过找寻规律，化未知为已知，消除这种恐惧。

现在，回到2300多年前的《几何原本》，有的人会问，这样的行为究竟有何意义？在我看来，也许欧几里得本身便有这样的高瞻远瞩。作为一个思想超越时代的人，他一定在深刻地明白自己所受局限的同时，想要把一些基础的、新颖的、超前的思想方法记录下来、传递下去。或许这只是因为他本人出于对数学、几何学的热爱。但回顾科学发展的历史，欧几里得伟大的思想可能在当时并没有太多实际的意义和价值，却在之后漫长的岁月中，影响着众多的科学家们，而科学家们用此所做出的各项研究，在经历了时间的检验后，又在我们可能不知道的地方很大程度上改变、影响着我们的生活。

因此，我们眼中所谓的无用，其实只是源于我们自身眼光的狭隘，只关注到眼前，想要获得即时的效果和反馈。而实际上，我们应该认识到，一方面，有用的尺度并不应仅仅局限于当下。有时或许我们缺少一种长远的目光，立足全局来考虑问题。对于普通人来说，这种全局可能是对自己人生的全局观：一点小小的改变积累起来，才决定了每一个人生十字路口我们做出的选择，从而决定未来的不同道路和走向，“我们是自身推导的结果”；而对于一些划时代的人来说，这种全局可能是对整个人类的全局观：他们胸怀、眼界更宽广，拥有足够的高度去审视正在进行的一切，对其也有更深刻的认识。比如，1970 年美国 NASA 在回复赞比亚修女的信件中写道：

The voyage to Mars will certainly not be a direct source of food for the hungry. However, it will lead to so many new technologies and capabilities that the spin-offs from this project alone will be worth many times the cost of its implementation. ①

另一方面，有用并不一定只存在于物质层面，我们不能忽视精神层面的作用。这个道理在很多时候都适用，以阅读为例，任何书籍都不能带给你好运，但它们能让你悄悄成为你自己。自然，阅读的功效绝不会立竿见影，但每一本书都会在你的阅历中轻轻画上一笔。总有一天，你也能够拥有一个足够丰盈有趣的灵魂，在许多个偶然的瞬间，也多了一分独特的触动和感受。从另一个角度来看，这种精神层面的作用，也可以说是一种情怀。同样拿 NASA 发表的《为什么要探索宇宙》来举例，文末以这样一句话结尾：

It will become a better Earth, not only because of all the new technological and scientific knowledge which we will apply to the betterment of life, but also because we are developing a far deeper appreciation of our Earth, of life, and of man. ②

---

① Dr. Ernst Stuhlinger, Why Explore Space? A Letter by Dr. Ernst Stuhlinger, October 25, 2012, https://www.astromadness.com/2012/10/why-explore-space-letter-by-dr-ernst.html, May 29, 2019.

② Dr. Ernst Stuhlinger, Why Explore Space? A Letter by Dr. Ernst Stuhlinger, October 25, 2012, https://www.astromadness.com/2012/10/why-explore-space-letter-by-dr-ernst.html, May 29, 2019.

这是关乎情感与爱的东西。我们总要找到一些撑起信念的柱子来支持自己不断前行，而这，或许是一个不错的选择。

总而言之，数学，乃至所有科学，都应该是无功利性的。无数科学家们只是为了心中的一份好奇与热忱，坚定地把一件事做下去。这就是他们身上最可贵的地方，或许也是科学最高尚而迷人之所在。而对于我们来说，多一分纯粹，少一分功利，也许也能够收获到意想不到的结果。

《几何原本》中的科学精神

俞水　政治与公共管理学院

【指导教师评语】 该论文观点明确，结构清晰，论述逻辑严谨，论据充分。从《几何原本》这本数学著作中看到了理性的光辉和逻辑的美妙，进而将这种思维方法借鉴到其他自然科学研究中，是值得称道的。(生命科学学院　吴志国)

长久以来，我对自然科学这一概念的认知仅限于物理、化学和生物等探索世界特定领域奥秘的学科，至于数学，貌似不在这一范围内。因此，当看到《几何原本》这一数学领域的著作出现在《自然科学导引》的目录中时，我的惊诧之情不亚于发现玉米地里长出了一根竹笋。《自然科学导引》一书被划分为四个板块，而《几何原本》被归在了科学方法板块，如此我稍稍能够理解一点。在看过正文前的导引，又怀着极大的兴趣听完老师的授课之后，我算是真正明白了《几何原本》会出现在这本教材里的原因。

欧几里得凭借《几何原本》这一伟大专著成为了数学史上名声斐然的不朽者，然而其中的命题与结论却不完全是他一个人的成果，更多的是他总结了当时已有的数学成果。按现在的观点，这种非原创的"加工品"是不足称道的，那么《几何原本》究竟为何能为欧几里得带来那样巨大而长久的荣誉呢？遍观全书，我们可以发现，欧几里得在编著这本书时有着极为清晰的逻辑结构。他从五个公设和五个公理出发，通过演绎推理，言必有据地推演出了四百六十七个命题，并由此构建出一个庞大却又有序的理论体系。不仅如此，他还对命题顺序进行了精心编排，使得所有命题呈现出一种环环相扣、循序渐进的发展趋势。原本如同一盘散沙的四百多个命题此刻却像一串闪闪发光的珍珠项链一般被用线串联起来，这样精密的逻辑思维能力即便现在看来也算得上是空前绝后了。而在选择公设、公理时，欧几里得遵循的原则竟然是希望尽可能少。这看起来是有违常理的，就一般人看来，在能够使用更多工具来帮助自己实现目标时为什么要少用呢？但是欧几里得认为，任何可以被其他公设或公理推导出来的命题都是多余的，是无法被当作最基础的一般原则的，只有这样才能做到最为精简。正如牛顿曾经评价的那样，欧几里得借用很少的原理却产生如此众多的成就，用最少的种子开出最多的花来，这难道不是欧几里得又一超越常人的地方吗？事实上，欧几里得的这种数学研究方法，可以被认为是给出了可用于其他自然科学研究的一个严密知识体系的构建范式。物理学上的史诗级巨作《自然哲学之数学原理》，也正是以类似于《几何原本》的公理化体系构架编制的，即从最基本的定义和公理出发给出运动定律。即使是到了今天，欧几里得的这样一种思想方式也仍然有着巨大的借鉴和指导意义，在自然乃至社会科学研究中发挥着重要的作用。

尽管成就如此卓著，《几何原本》对逻辑的严谨态度在一些人眼中却是不可理解的，甚至是略显可笑的。比如命题二十的内容是要证明我们从刚接触几何时便已熟知的三角形定理：三角形的两边之和大于第三边。这似乎是显而易见的，是无需证明的，甚至被人嘲讽为即使是驴子的直觉也能够判断出来的命题。可是就是这样一个似乎毫无意义的证明题，欧几里得不仅对它进行了严谨科学的证明，内容还十分繁杂，用到了前文中已证出的十五个命题才最终得证。在这个看似不必要，甚至有一点无聊的证明中，我看到的却是欧几里得对纯理论的坚持，以及他在研究中对直觉与感觉这样不可靠的捷径的摒弃。

没错，有时候如果借助直觉，我们可以很快得出结论，从而省去不少麻烦，我们也不否认直觉有时候在科学研究中对思维具有启发和开阔作用，一些好点子可能就是借助直觉的力量才得以被提出。但是，我们必须认清的一点是，直觉固然有着辅助作用，更多时候它却是起着误导作用。老师在课堂上曾给我们展示了一个例子：零点九的循环是否等于一？起初，我和绝大多数人一样仅凭直觉来判断，想着小数点后面即使有无数个九，可它和一之间始终都差那么一点，肯定不会相等嘛。可在老师用了两种不同的证明方法来说明问题之后，铁的事实摆在眼前，我对于自己的直觉可谓彻底失去了信心。除此之外，还有网上流传的种种视错觉图片等，都说明了一件事：直觉并不可靠，我们可以期待灵光乍现，却不能依赖灵光乍现，唯有科学严谨的求证才是科学研究的立足点与基石。纵然这样的严谨在投机取巧者看来像是死脑筋，纵然对逻辑的严格遵循有时会令我们的工作变得复杂曲折得多，可唯有如此我们才能做到言必有据、思必有据，让我们的研究建立在坚定不移的磐石之上，而不会像水中浮萍那样漂荡无依。我想，这正是科学所一直强调的不可缺少的严谨态度。

数学这门学科不同于物理、化学等学科，有着自己的特定领域和具体的研究方向，是一门基础性的学科，是纯理论的学科。它看似与现实世界没有具体的连接点，总是那样抽象、虚拟，就如同空中楼阁一般，却又在现实生活中无处不在，无所不包。可也许正是这样，物理老师和化学老师可以在课堂上举出许许多多生动有趣的例子，甚至通过一场神奇的实验激起同学们对这门学科的兴趣，而数学老师却总是只能在黑板上写下长串的数字，画出规则或不规则的几何图形，在我们心中留下枯燥刻板的印象。所以事实上喜欢数学的人并不那么多，数学甚至是一些人心中的噩梦，只想摆脱它。于是有的人会问，学好数学有什么用。可是我觉得，即使不为了它的实用性，我们也应当学习数学。数学不仅可以锻炼我们的思维能力，它更是美的。在数学中，我是真的可以看到美的理念。它不像一朵花和一幅画那样美得具体，却更像是我理解中的柏拉图提出的美的理型，也是思维的花朵。每次遇见一道难题，我都会为其中精妙的思路所叹服，为其中蕴含的美所折服，心情也自然愉悦起来。我想这或许是科学研究的真谛吧，不是为了获取什么实实在在的利益，而仅仅是为了那份美，想要去探寻，在好奇心的驱使下进行自己的研究。从古希腊以来延续的理性精神一直追求的是自由的学术，是非实用的、无功利的科学。所以才会有像欧几里得这样的人，在数学海洋里自得其乐地漫游，无边地向前开拓，让我们能够知道我们不知道自己不知道的事。

由点到面的逻辑精神、严谨的求证精神以及非功利的科学研究精神，这就是我在欧几里得的数学著作《几何原本》中看到的科学精神。这本书教会我们的不止是记录在纸上的那些数学结论，更让我们看到从中照射而出的理性之光、思维之光，指引着后人在追寻科学的道路上一步一个脚印继续走下去。

浅谈欧几里得《几何原本》的思维方法在法学中的运用

聂丰　法学院

【指导教师评语】 文章切入点新颖、论述精辟，作者结合自身专业，探讨了《几何原本》中所体现的思维方法在法学中的相同之处及可能的应用，可见作者对该著作的深刻领悟和对自身专业的掌握。(计算机学院　黄浩)

欧几里得《几何原本》对整个西方科学乃至人类科学的发展的意义，不论怎样描述都不为过。爱因斯坦对此有过这样的评价："我们推崇古代希腊是西方科学的摇篮。在那里，世界第一次目睹了一个逻辑体系的奇迹，这个逻辑体系如此精密地一步一步推进，以致它的每一个命题都是绝对不容置疑的——我这里说的是欧几里得几何。"①而法学，是在社会历史和生活中占有重要地位的社会学科：据说在 11 世纪，最早的大学　　意大利的波尼亚大学只有两个系：一个是医学系，另一个就是法律系。由此可以看出，法学亦是大学学科的重要组成部分。法学在其自身的发展过程中，受到了欧几里得几何较大的影响，而欧氏几何的一些思维方法也对法学研究与法律实践发挥了重要的作用。下面就从其思维方法的角度，寻找欧几里得《几何原本》对法的影响。

在欧几里得《几何原本》一书中，其使用的最为重要的思维方法便是公理化的方法。所谓公理化方法，即"从少数几个基本概念、公理出发，通过逻辑的演绎推理得出一系列命题，

① ［美］阿尔伯特·爱因斯坦：《爱因斯坦文集(第一卷)》，许良英、范岱年译，商务印书馆 1976 年版，第 313 页。

从而建立整个理论体系的方法”。① 而在法学，尤其是在历史最为悠久、体系最为完整的民法与刑法两个部门法中，公理化的方法得到了极大的运用。以民法为例，世界主要大陆法系国家中民法典编纂体例之一为潘德克顿式。所谓潘德克顿式编制体例，“在于采用所谓‘提取公因式’的方法，从各种法律关系中抽象出共同规则，集中规定在个别的规定之前，称为总则”。② 我国尚在制定的民法典亦采用这种方式③：民法典第一编《中华人民共和国民法总则》即是从整个民法的法律关系中抽出其共同的规则，置于民法典之首，为“总则编”。不仅如此，在其余各编如物权编(草案)中，也设置一章“一般规定”。由于物权可分为所有权、用益物权、担保物权，民法典物权编(草案)更设立“所有权一般规定”“用益物权一般规定”“担保物权一般规定”。由此，总则编统领各分则编，分则编中一般规定统领其他规定，以此层层递进，逐步深入构建出整个民法的体系。易言之，民法总则编就如同欧几里得《几何原本》中篇首的定义、公理、公设，在此基础上，通过推导定理(各分则编的一般规定)，直至推出所有命题(具体的法律规定)。而在刑法领域，刑法总则编是对犯罪、刑事责任与刑罚的一般性规定，而分则编主要以个人犯罪的既遂作为主要规定的对象。实践中如遇到如共同犯罪、犯罪未遂等情况，则需将总则的有关共同犯罪或犯罪未遂等规定与分则相结合，方可正确推导出适用的刑事责任与刑罚，与《几何原本》推导命题之类似，自不待言。

在《几何原本》证明具体命题的论证方法中，欧几里得运用了分析法、综合法和归谬法(也称反证法)，这三种论证方法在法学研究与实践中均有大量应用。分析法、综合法在法律人确认事实、选择规范、适用规范直至获得结果的过程中均有大量运用，日常生活及影视作品中也有较多的体现，在此不

① [古希腊]欧几里得：《几何原本》；引自桑建平：《自然科学经典导引》，武汉大学出版社2018年版，第347页。

② 梁慧星：《民法总论》，法律出版社2017年版，第14页。

③ 我国的民法典尚在制定过程中。民法典总则编(即《中华人民共和国民法总则》)已于2017年通过并施行，其余各编(物权编、合同编、人格编、婚姻家庭编、继承编、侵权责任编)仍在紧张制定过程中，但已制定出草案。

予赘述。而反证法，作为“先提出和论题中结论相反的假定，然后从这个假定中得出和已知条件相矛盾的结果来，这样就否定了原来的假定而肯定了该论题”①的论证方法，在解释法律与修改法律中尤其发挥着不可替代的作用。下面试举一个简单的例子：《刑法》第二十条第一、二款：“为了使国家、公共利益、本人或者他人的人身、财产和其他权利免受正在进行的不法侵害，而采取的制止不法侵害的行为，对不法侵害人造成损害的，属于正当防卫，不负刑事责任。正当防卫明显超过必要限度造成重大损害的，应当负刑事责任，但是应当减轻或者免除处罚。”这两条法律条款粗略看来并无不妥之处，但若使用反证法，则会发现其中问题：根据第一款的相关规定，可以推导出正当防卫具有对不法侵害人造成损害、无需负刑事责任的属性；而第二款却另行规定正当防卫也存在“超过明显限度造成重大损害”“应当负刑事责任”的属性，则与第一条规定相矛盾，不能体现出“正当”之意。应当认为，这属于法律制定过程中的瑕疵。因此在实践过程中，通常将第二款中的“正当防卫”解释为“防卫行为”，以此弥补立法的不足。这是反证法在法学领域最为简单的应用。

毋庸讳言，法学与数学属于不同的学科科目，其特点并不相同，因此法学在适用欧几里得《几何原本》的思维方法上与其并不完全相同。如在公理化方法的使用上，《几何原本》以最为简单和直观的概念如点、线、面等作为基础的定义、公理和公设，而在民法、刑法等法律部门中，总纲、总则编与一般规定等规定的则是最为抽象和高度凝练的定义与原则。在具体论证方法的运用中，法律为了保障秩序、正义等相对带有主观性质的目标，部分情况下并不能完全适用逻辑推理的全部过程；审判人员的自由心证、直觉推理等也是法律在适用过程中的重要组成部分。这些都是我们在具体实践过程中所应当注意的。

总而言之，法律与法学的发展，吸收借鉴了许多数学的思维方法。其实不仅是法学，整个西方科学乃至人类科学，无不与数学的发展有着千丝万缕

① 中国社会科学院语言研究所词典编辑室：《现代汉语词典》，商务印书馆2012年版，第362页。

的联系。一方面，学科之间相互借鉴，促进了各自发展；另一方面，学科之间又各自有各自的特点，不可能完全适用一套体系。因此，博雅弘毅、术业专攻，也正是我们需要努力做到的吧。

对欧几里得《几何原本》中公理思想的探究

许永春　土木建筑工程学院

【指导教师评语】　本文结合科学理论和历史史实，探讨了公理及其与命题的关系。全文逻辑清晰，语言流畅，概念论述简洁明了，举例恰当，是一篇优秀的论文。(动力与机械学院　徐飞)

一、对公理可替换性的探究

公理指不证自明的基本事实，在人类长期反复实践的检验下，无需证明的基本命题，其内涵的关键是“不证自明”。以欧几里得《几何原本》中的第五条公理为例：同一平面内的两条直线与第三条直线相交，若其中一侧的两个内角之和小于两直角，则这两条直线必在这一侧相交。这条公理的产生来自对于经验的肯定，在经验中，这是一条显而易见并且毋庸置疑的真理，故无需证明地将其设置为公理。

但是这条略显冗长的公理一直无法得到数学家们的认可，不少人认为这条公理称不上公理，它冗长的形式预示着它可能只是一条定理，也就是说，它不是最基础的逻辑形式，而是建立在更为基础的逻辑之上，甚至这一条所谓公理根本就是错误的。在探知欲的驱动下，数不胜数的数学家对第五公理发起证明挑战，却没有一个得出令人满意的证明。其中很大的原因是，他们在证明的过程中，无意间就用上了第五公理的等价命题作为逻辑基础，这样的证明相当于：已知“一加一等于二”，求证“一加一等于二”——循环的、毫无说服力的。虽然他们没有证明第五公理只是一个定理，也没有证实第五公理是错误的，但是有些人却得到了意想不到的收获。

反证法是数学证明中常用到的一个方法：假设命题的否命题成立，如果演绎推理出无逻辑错误的结论，则原命题错误，否则原命题正确。17 世纪意大利数学家萨开里在他的第五公理证明中用到了反证法：假设第五公理不成立，其他的公理仍然成立，以此为根基，进行演绎推理。他推导出了一些令人难以信服的现象：三角形内角和小于一百八十度，过直线外一点可以作很多条直线与已知直线平行。即使这些现象可能与人们的日常经验相违背，但是在演绎推理的过程中与其他公理并不矛盾。因此，如果将第五公理的否命题替换原公理作为一条新的公理，整个公理系统仍是“自洽”的，而“自洽”意味着第五公理的否定命题作为公理之一的合理性。在这个基础上，数学家们发现了一个崭新的数学天地：非欧几何。

非欧几何在诞生之际并没有受到普遍的认可，恰恰相反，它受到的是普遍的质疑和反对。最主要的原因是其与日常经验相违背，那些坚信自己经验的人认为非欧几何是异想天开的谬论。但是，随着时间的推进，一大批先进的数学家渐渐发现了非欧几何的合理性，并且在学术界传播他们对合理性的认知，从而越来越多的人认可非欧几何。后来非欧几何在广义相对论中发挥了重要作用，并找到对应的现实物理映射，进一步确定了其正确性。

综上，我们可以进行如下总结：部分公理具有可替换性，受限于人类的认知，公理具有不可证明性，公理的“不可证明性”为公理体系的可替换提供了可能，即其不可证明性决定了其否定命题也无法被证实，如果在保证公理体系的自洽性(公理之间没有矛盾、相互冲突)的情况下，将部分公理替换成其衍生命题，再对演绎结果进行实践和检验，可能会带来新的发现，带来数学、逻辑，甚至整个科学的进步。

在这个过程中，最难克服的其实是人类对于其经验、认知的确信和依赖。新的发现意味着打破经验和认知，这要求我们拥有“批判”的勇气。所以上述对“公理可替换性”的论述也为“批判”在科学进步中的重要性提供了依据。

二、对公理与命题关系的探究

公理与演绎命题的关系就如同“积木”和搭好的“积木建筑”一样：经过演

绎推理出的命题是公理的进一步组合和演变。如果我们将“积木建筑”所需的所有“积木”都找到，原则上搭建出建筑只是一个时间的问题。受此启发，公理化运动在19世纪初兴起。

公理化运动的思想是：任何真正的科学都始于原理，并以它们为基础，推导出一切结果，公理化运动就是要找出这些基础，找出这些“积木”。在公理化思想领域，作出杰出贡献的是德国数学家大卫·希尔伯特，也正是他提出了公理化运动。他在欧几里得《几何原本》的整理方面独树一帜，在他的著作《几何基础》中，再次运用公理化思想对《几何原本》进行整理和总结，不过他又向前走了一步，对于几何原本中不严谨的逻辑行为做出了严谨的定义或者避开，使得新的公理系统更加自洽、完备和形式化，这些也正是希尔伯特主张的公理化思想的要求。

在希尔伯特公理化运动如火如荼地进行的时候，一位年轻的数学家打破了希尔伯特的美梦，他就是哥德尔。

他提出了哥德尔不完备性定理，指出：一个足够复杂的公理体系，如果它是自洽的，那么它就是不完备的。也就是说在一个没有自我矛盾的公理体系内，总有些命题是无法在这个体系里解释清楚的。这就打破了希尔伯特打算建立一个自洽的公理体系来解释一切数学命题的美梦。

哥德尔的不完备性定理深刻地解释了公理与命题之间的关系：在一个自洽的公理体系内，总有一些命题是无法通过公理系统演绎推理出来的，如果想要证明这些命题，就必须对公理体系做出变动，要么直接改动现有公理，要么寻求新的公理。

这意味着没有一个封闭公理系统可以一劳永逸地解释所有的命题，当我们发现一个问题无法用现有的一切理论来解释时，我们需要的可能是打破封闭，对现有的理论进行批判或引入新的理论基础。物理学史上有一个鲜活的证明：当原子的结构问题无法用牛顿力学体系解释时，丹麦物理学家玻尔为了解决此难题，“打破”原有的牛顿力学体系，引入三条新的假设，进而成功地解释了氢原子的量子特征，奠定了量子力学的基础。

所以，或许哥德尔真正地从逻辑上证明了爱因斯坦的名言：“科学是无止境的，它是一个永恒之谜。”

《几何原本》严谨性与神经网络的矛盾

叶文涛　计算机学院

【指导教师评语】　本文主要论述了《几何原本》的严谨性和神经网络的不可解释性之间的矛盾，进而探讨了理论发展和应用要求的矛盾。全文结构清晰，立意新巧，具有极鲜明的个人观点，有理有据，结合课程和专业所学，内容十分充实，符合学科论文的写作规范。(数学与统计学院　李素贞)

一、《几何原本》严谨之美

“西方科学的发展是以两个伟大成就为基础的，那就是：希腊哲学家发明的形式逻辑体系(在欧几里得几何学中)，以及通过系统的实验发现有可能找出因果关系(在文艺复兴时期)”。①

如果说数学是自然科学的基本工具，那么几何原本便是数学的基石。在《几何原本》中，即使是一目了然的“驴子都知道”的命题也拥有逻辑严密的证明，其一丝不苟的逻辑思维与“言必有据”的严谨说理方式对后世人们的思考方式、思维逻辑产生了巨大的影响。其公理化体系也演化为许多学科开山之作的体系结构，比如牛顿《自然哲学之数学原理》，对自然科学的发展起到了巨大的推动作用。

爱因斯坦评价道：“我们推崇古代希腊是西方科学的摇篮。在那里，世界第一次目睹了一个逻辑体系的奇迹，这个逻

① [美]阿尔伯特·爱因斯坦：《爱因斯坦文集(第一卷)》，许良英、范岱年译，商务印书馆1976年版，第574页。

辑体系如此精密地一步一步推进，以致它的每一个命题都是绝对不容置疑的——我这里说的是欧几里得几何。”①爱因斯坦一语点明了《几何原本》的逻辑思维严谨性与理论体系的完备性。

二、深度神经网络的灰色区域——不可解释性

在信息时代，神经网络可以说是最火热的话题之一了。大到工业尖端自动化流水，小到手机人脸识别，神经网络的应用在生活中可以说是无处不在。而如此高频高效的应用，无论是前馈神经网络的全连接综合，还是卷积神经网络(CNN)的卷积池化，再到循环神经网络(RNN)的LSTM循环传递信息，它们都有一个共同特性——不可解释性。

如图1所示，在一个简单的前馈神经网络结构中，每一层的神经元都获取了上一层所有神经元的信息，按照一定权重(权重通过数据集的大量量化特征与标签训练得到)对信息进行综合分析，然后输出到下一层神经元。如此往复，直到输出最终结果。

它的不可解释性在于。参数初始化是完全随机的，梯度下降的起始点也是完全随机的。不仅如此，我们甚至不知道信息在通过一个具体的神经元的时候发生了怎样的实质变化，我们只能得到一个所谓的“权重”罢了。但就是这样一个内部结构几乎完全不通透的深度神经网络，却有极为惊人的效果(研究界因为“它能正确工作”而对相关性感到自满)。就像一个神秘的黑盒子，输入题目，得到答案。而人类对于黑盒子内部运行情况，所知甚少。

三、理论发展与应用要求——难以调和的矛盾

(一)严谨性与不可解释性的矛盾

上面我们简单介绍了神经网络的不可解释性，可以看出，这与《几何原本》的严谨逻辑的思维方式存在着鲜明突出的矛盾。如果我们一定要按照“言

① [美]阿尔伯特·爱因斯坦：《爱因斯坦文集(第一卷)》，许良英、范岱年译，商务印书馆1976年版，第313页。

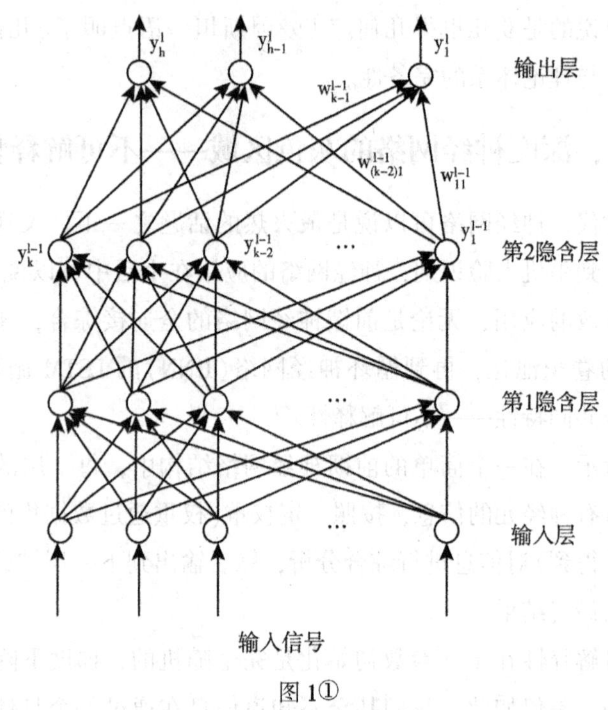

图1①

必有据”的思维方式，强行对神经网络的隐藏层进行解释，确实能对已知结构、已知输出结果并且层数较低的前馈神经网络隐藏层进行解释。比如我们假定某个神经元负责“学习意志力”的判断，那么主要根据上一层某针对“学习时间”处理的神经元的数值大小来判断。其表现形式就是，对“学习时间”的数据权重较高，“学习时间”越长，“学习意志力”的数值可能就越大。

然而，那不过是“事后诸葛亮”，自欺欺人罢了，并不能对生产生活带来理论依据，更别说提高认知水平、用于实际应用了。事实上，不仅仅是难以对神经网络的隐藏层进行解释，目前很多的奇异现象人类都无法用科学解释。如果对这些也赋予“严谨逻辑推导”的要求，那么无疑是走上了一条弯路。

① 周飞燕、金林鹏、董军：《卷积神经网络研究综述》，*Chinese Journal of Computers* 2017 年第 6 期，第 2~24 页。

(二)理论完备与应用要求的根本矛盾

《几何原本》严谨性与神经网络不可解释性的矛盾，就其本质而言，更可以认为是理论发展与应用要求的根本矛盾。工业应用总是要求“性能”(performance)，而理论研究者却往往被要求更多地追求“完备”(perfect)。完备理论的发展需要无数时间与精力的投入，但应用的高速发展却完全不能停滞。

我们生活中接触到的大多数知识，往往都是堆砌先辈无数血汗的研究精华，多是理论与应用契合的，具有几乎绝对的公信力，令人信服甚至令人崇敬。但就实际而言，更多的情况是，某些人有完备翔实的理论，但它们受各种因素限制得不到应用，无法实践(比如19世纪60年代AI产业的黄昏，CNN、RNN等理论受算力限制难以展开)。或是某些人在应用中发现采取某种方式可以大幅提高生产效率，但是没有理论支持(比如上文所提到的神经网络，目前没有完备理论可以完美解释隐藏层的运转过程)。

诚然，或许在不远的将来，会有杰出的科学家成功解释神经网络隐藏层的内在结构，并升华成完备的系统理论，其理论思维严谨、推行过程无懈可击，就如《几何原本》那般构筑了知识体系的优美大厦。但是，在没有理论支持的这段“断粮期”里，我们就会停下应用的脚步吗？不会，恰恰相反，我们甚至会快马加鞭，不断推进应用的发展，以更好地迎合社会生产生活的需要。

《几何原本》严谨性与神经网络不可解释性的矛盾，作为理论发展与实际应用要求这一根本矛盾的实例，现阶段几乎不可调和，那么，我们应该以怎样的态度来面对这一矛盾呢？

四、理论空缺，未必不可高屋建瓴

尽管部分理论空白，就像房屋地基平白少掉一块，整个体系就不再浑然一体、无懈可击。但不可否认的是，在时下，借着信息时代发展的狂风，神经网络的发展亦如高屋建瓴，势不可挡。

确实，应用方不明白黑盒子里的结构具体运行，但是，从当今神经网络的涉及几乎各行各业的海量应用来看，这毫不影响应用方对神经网络的发展与推行。或许人们不明白为什么改了这个参数能使神经网络模型的准确率增加1%，但是这并不妨碍人们使用它。这也是为什么现阶段大量的“AI工程师”每日沉浸于“测试”(test)，一是因为神经网络模型训练的不确定性，需要多次训练；二是或许改了某个参数就能让模型性能提高1%，从而使整个模型价值提高数十倍。这种凭借反复“试水”的改进，无疑与《几何原本》的严谨性有着不可调和的矛盾。但现阶段，许多市面上优秀神经网络模型却都是靠着“试水”产生的，它们大量地在我们日常的生活中使用，发挥着不可估量的作用。

五、总　结

从《几何原本》的严谨性和神经网络的矛盾中，我们观察到了理论完备性和应用发展要求的矛盾。对此，笔者认为，我们理应以实际需要来决定我们学习工作时采取的态度。理论研究时，则追求思维严谨、体系完备，不营造“特例”支持理论；实际应用时，则不必考虑性能优化的前因后果，而是把相对有限的资源放在刀刃上，使产品更加符合人们的需求，以小引大，进而使得整个人类社会以更高效、更节约的姿态向前发展。

逻辑：严密的理性之光

李悦昀　物理科学与技术学院

【指导教师评语】 论文对《几何原本》中首创的公理化体系和严密逻辑证明方法谈了自己的真切认识和体会，论文观点鲜明、论证充分、言之有物、表述清晰，有一定的深度。论文在后面还旁及了牛顿的公理化力学体系、爱因斯坦的公理化相对论体系和非欧几何的基础，进一步拓展了论文的广度。但文中有些语句的表达还不够准确、流畅，文章的条理也还可更明晰些。(物理科学与技术学院　石瑛)

《几何原本》始终是我认为的《自然科学经典导引》十本书中最特别的一本，因为数学不属于自然科学。而编者显然也考虑到了这一点，把它放在“科学方法”这一栏，并说，“数学是自然科学的工具”。许多人将其视为一本枯燥无味的数学书籍，认为其内容过于显而易见，而我却从其身上看到了一种严密的理性之光，那就是逻辑。正如老师课上提到的一句，“‘显然’是数学中最危险的一个词”，欧几里得正是用他的独一无二的开创性逻辑方法，向我一遍又一遍地诠释了数学之美，他将万物归为一点，又由一点发散成万物，此种从一而终的逻辑链令我瞠目结舌。

严密的逻辑系统正是欧几里得创建他的欧式几何的工具。我相信他一定有一双看透本质的眼睛，如此才能从不计其数的“显而易见”的“公理”中找出最根本的那几个先验条件，称其为五个基本公理，此后一切皆为命题，是可由这五个先验式条件经过一长串严密的逻辑链推导出来的。这也正是欧几里得所做工作的开创性所在，他完成了前人所从未完成的事业，给出了一系列基本的定义和五个基本定理，将万物囊括进来，使欧式几何的大厦由此确立。甚至此后在世界绝大多数范围内，几何学都建立在他在两千三百多年前写的这本巨著之上。事实上，欧几里得给出的定义和定理没有一条是可以多余的，也没有一条是可以缺少的，在我的脑海中这仿佛是一座大厦的基本支柱，欧几里得在平地上拔出了几根支柱，而后在上面添砖加瓦建成了一座华美的宫殿。这也正标志着几何学完成了从“直观性的伪科学”，到一个具有严谨的理论系统和科学方法的学科的巨大转变。

在他给出的许多个证明中(当然其中绝大多数都是我曾一度认为是无需证明的直观性理论)，最令我印象深刻的是命题47。这个命题的存在无疑说明了在西方(因为古代东西方较为隔绝，因此我认为将二者分开来比较是比较合适的行为)，欧几里得是最早发现勾股定理的人！而它精妙的证明，从构造辅助线，到数与数之间严密的等价关系建构起来的桥梁，每当我想到在两千多年前一个老人拿根棍子在沙滩上和我讲述这样的理论时，就不禁感到一阵震颤。哪怕是在今日最顶尖的高校中走一遭，又能找到几个有如此严密逻辑与崇高智慧的人呢？

仅仅是严密的逻辑系统并不能使这本巨著成为我心目中的理性之光，欧几里得的开创性还在于，他不仅仅给出了这样一条逻辑链与一套简洁的公理，还给出了后人一系列开创性的方法。能够在自己使用的基础上总结出一套理论方法，这或许使其意义变得更为伟大。

分析法、综合法和归谬法是欧几里得提出的关于几何证明的三种方法，也是我们现在在证明命题时用到的三种方法。分析法和综合法在我的理解中是互为“逆”的关系——分析法从结果推条件，综合法由条件推结果。在数学证明过程中，两种方法往往是同时进行的，我们把已知条件和需证结论看作两个点，证明的过程也就是用一条不间断的线将其连接起来，那么我们在过程中往往是两点同时出发的——从两点分别开始引线，不断地延长、推进，直至二者在一点处汇合连接，则称此证明完成。而归谬法也就是我们现在常说的“反证法”，先假设结论不成立，再根据这个结论，运用分析法和综合法推导出与已知条件不符的结论(在我刚才描绘的图景中，也就是，“两条线最终交错开来无法汇集”)，从而证明结论成立。

如果没有欧几里得那严密的逻辑，又怎能从定理中找到最本质的东西，且既不冗杂又不残缺，总结成一套完整的先验性体系呢？如果没有这种严密完备的逻辑，他又怎能做到不仅给出结论，还总结出体系化的科学方法呢？哪怕是经过了沧海桑田的两千多年，其智慧光泽也只是在悠长岁月中历久弥新，带给无数后人以启示。

正如开篇所说，《几何原本》并不是一本自然科学意义上的书籍，但它却启发了一代又一代学习并研究自然科学的人。著名物理学家爱因斯坦正是《几何原本》的铁杆粉丝，并且给出了极高的评价。爱因斯坦中学时就曾通读了《几何原本》，一方面他被其严密的逻辑震撼，另一方面他优秀的科学家潜质——严谨的思维与批判性精神又使他对其产生了怀疑，这种质疑精神促使他自学了高等数学。另一著名物理学家牛顿在少年时代参加特列台奖学金考试落选后，当时的考官巴罗博士对他说：“因为你的几何基础知识太贫乏，无论怎样用功也是不行的。”这席谈话对牛顿的震动很大，因而专心研读《几何原本》，为他将来学习数学甚至是奠定微积分学基础都打下了优良的基础。在现代，《几何原本》更是作为一本培养人逻辑思维的书籍，其理性之光照耀了一代又一代人。

纵使其论证精妙，逻辑严密，我却仍然会不时地产生怀疑：那些所谓的“逻辑”为什么可以成为连接一个和另一个的纽带呢？一个事实与另一个事实之间，仅仅通过“逻辑”便可完美地推导下去，那么人类脑海中的逻辑大厦，究竟又是从何而来的呢？会不会它根本就不存在，从一开始就是颠覆的、错乱的呢？歌德曾经说过：“真理属于人类，谬论属于时代。”物理学的发展就经历了一系列颠覆前人认知的过程，建立在逻辑上的最本质的学科——数学又怎能保证其存在性是“正确”的呢？或许存在某个时空中，先验的逻辑链完全不成立，那里的一切都是人类脑海无法理解的，是一个完全的颠覆的时空……然而这也许已经是哲学范畴了。

不论怎么说，《几何原本》的意义远超其书本身，其身上的逻辑，那种理性之光，是不可比拟的。学习《几何原本》，仅仅学习公理当然让人倍感无味，但欧几里得对严谨的追求，使得每一个证明都如此有意义，这或许才是它真正的趣味吧。

从文化层面思索为何中国科技会在近代落伍

李千千　资源与环境科学学院

【指导教师评语】　作者通过对比分析《理想国》《形而上学》《几何原本》《科学与假设》与中国传统文化的特点，得出中西思维方式不同、方法论不同，西方的质疑批判精神与中国服从权威的文化更是对立的结论，而这三方面的差异就是近代中国科技落后的文化根源。论文文字精练，概述较准确，逻辑清晰，是一篇优秀的评述性论文，特此推荐。(土木建筑工程学院　彭华)

对于“中国古代有没有科学”的问题，不同的人有着不同的理解。但是大多数人不会否定，在进入近代后，无论是从战争的血的教训中，还是各项科技成果的比较中，都能看出此时的中国的科技明显地落后于西方社会。本着知其所以然才能更好地知其然的想法，我时常思考中西的文化差异这一扎根于人类社会性意识之中的根本性因素对科学发展的影响，然而苦于对西方思想的生疏，并不能得出较好的结论。但本学期的自然经典导引课堂中一本本的西方科学著作将最原始的前人思想展现在我们面前，为这一思考搭建了更高的阶梯。

一、《理想国》《形而上学》的理性世界与中国的感性思维

从根源上说，科学来源于人们对自然的探索。

西方的先哲们便十分偏爱思考自然。在《理想国》中，柏拉图通过“洞喻理论”提出“可见世界”与“可知世界”，在某种

程度上形成了认识主体与认识客体分离的理性主义的雏形，将客观世界与人独立开来，确立了理性认识在认识自然过程中的主导地位。① 而亚里士多德更是在《形而上学》中提出“四因说”，更明确地划分现象与本质的区别，并强调了科学“不是为了任何实用目的”的非功利性。②

在这些古希腊先辈思想的影响下，西方逐步形成了主客分离的认识自然的理性主义体系，从而进一步发展为科学认识。

反观中国，难道我们的先祖就没有探索自然吗？恰恰相反。早在先秦，我们的祖先便极其注重观察自然，在天文、医学、地理等诸多方面都有详细的研究记录。就连《诗经》等文学著作中也不乏对自然现象的记载。

但是，相对于西方的“主客分离”的理性思想，中国则选择了与之恰恰相反的“天人合一”的感性思维，更注重去感受自然、顺应自然，而非认识自然、改造自然。如庄子，虽也喜爱观察自然，却主张将对真实的反思具象化为审美的体验，甚至认为理性思维有损人的性情心智，应被摒除。③ 而后董仲舒更是将“天人合一”提升到“天人感应”的层面。主客不分，虽蕴含着人与自然和谐发展的思想，却也阻碍了中国自然科学的发展。

这些思想极大地影响了后人的想法与发展，与象形的汉字类似，它们使人们更多地注重宏观的想象，而不能聚焦微观的客体，导致中国学者逐渐进入一个“悟道”的范畴，更注重传承既有的文化，却难以自己走进自然，发现新的知识。

但这种注重宏观的思想由于省去了本质研究的过程，却促成了一种科技成果涌现的现象。这也是中国古代科技成果并不缺乏的一个原因。只可惜，由于缺少本质的研究，这些发明也仅仅浮于表面，没能从本质中发展出更多的内容，导致发明创造之风后劲不足，在后期陷入停滞状态。而西方或许因为执着于探索内里而耽误了一些发展时段，但这打下的坚实基础使得他们在

① 申远、彭翔：《中国古代科技未能发展到近代科学的根源探讨》，南京医科大学学报(社会科学版)2008 年第 3 期，第 238~240 页。

② ［古希腊］亚里士多德，《形而上学》；引自桑建平：《自然科学经典导引》，武汉大学出版社 2018 年版，第 22 页。

③ 肖云恩：《庄子与柏拉图的真实观比较——庄子诗性真实的现代意义》，太原理工大学学报(社会科学版)2010 年第 2 期，第 56~60 页。

后期迸发了惊人的速率。

二、《几何原本》的演绎推理逻辑与中国的感知悟道

在阅读过欧几里得的《几何原本》后，我惊讶于他对逻辑严密性的要求之高。即使是简单的公理，为了而后的论证，他仍然给出了严密的证明。层层推进，滴水不漏。这样形式化、公理化的体系和演绎证明的方法无疑为后世科学的发展起到了巨大的范式作用，也承接发展了柏拉图的理性主义思想。

而中国亦在感性思维主导的世界里摸索着，形成了一套以感知悟道为主要方法的直觉、整体、辩证的思想体系。尤其是后面道学、禅学等学派的影响力扩散，使得这种方法成为了中国人默认的思维方式。

这种依靠心照不宣的缺乏形式逻辑的思维体系看似高深莫测，但凭借感知而无严格标准的思想也导致中国古代科学概念模糊、推理不严密、缺乏规范程序，更多从宏观角度大概地认识事件，难以从微观上把握对象，缜密的科学着实难以发展。

相对《几何原本》，中国也拥有一部数学巨著——《九章算术》，但其思想却完全不同于《几何原本》的公理化演绎证明。《九章算术》是以实用性与算法性著称，大多是通过几个由简到繁的例子，逐步启发，总结方法规律，然后再把这样的方法运用到各种问题之中。这也与中国辩证思想中常用的举一反三的类比方法相照应，善于发现、总结、运用规律，多用于实际问题，但缺乏缜密的逻辑推理证明，少了许多的科学纯粹性。①

也是在这种实用至上的风尚影响下，那些看似不能直接为政治、社会所用的思想难以拥有立足之地，更遑论发展与兴起。虽然我们在古代拥有自己傲人的科技成果，但大多是为建立秩序的具有强烈政治实用性的产物，而这样缺乏纯粹性的技术不同于西方对科学本身探究的执着，缺乏根本的动力，是难以发展成真正的科学的。

---

① 李国发：《〈几何原本〉的传入及对中国数学发展的影响》，曲靖师范学院学报2005年第3期，第52~55页。

三、《科学与假设》的批判、假设与中国的传承认同

在《科学与假设》一书中，我们可以看到一个西方科学世界的基本探索模式，即从基本事实出发，概括简单规律，提出假设，再对假设进行证明，若成功即可提出定律。而在中国的世界里，往往只停留在了类比概括这一步。

同时，对于假设或者已提出的定律，若能证伪即可推翻，并建立新的理论体系。可以说，这是一种“肯定——否定——否定之否定”模式下，在批判中进步的学派。

对于西方科学世界而言，没有绝对的科学真理，即便是影响几世纪的看似权威的牛顿力学也可以被质疑。他们明白，所谓真理是特定阶段知识水平的反映，只适用于特定的时段或范围。可以说，科学正是在批判中发展起来的。

然而于中国而言，质疑权威是荒谬且艰难的。中国的文化有一种良好的传承性，发展更多都是基于先辈的理论，通过不同的注释、文章等进行丰富、补充，而难以跳出这个体系自己去探索思考。即使后来有如李贽一般的人敢于站出来反对权威，却终沦为历史长河中的一粟，未能成为主流，反为学术界不齿，被认为离经叛道。

这也使得本就备受注重人文伦理方面研究与为政治服务的技术发展在中国历史的进展中愈演愈烈，明清的高度集权下的严格思想控制更是将大多数国人的思想关进了牢笼，禁锢于原有的模式，只在一个前人划定的圈中活跃，反复如一。

缺乏质疑与批判精神，永远服从权威，是思想上的封闭，是方法上的匮乏，是与科学失之交臂的关键因子。

四、结　　语

从《理想国》《形而上学》到《几何原本》再到《科学与假设》这几个西方科学发展史上的关键节点著作中，我们可以看到西方科学从思想奠定到方法总结，再从此基础发展出恢宏的科学大厦的大致经过，也能明显感受到中西方对于科技道路的走向偏差。虽然我们都是从自然出发，但或许从先哲一个决定探

索、一个决定感悟的时候起，就开始走上不同的道路。我们注重宏观表象、直觉感悟的认识方法虽然在一定时期内取得了骄人的成果，却因为没有逻辑思想与科学方法、纯粹科学学术热情的基础，在后期陷入一个死胡同，停滞不前。

当然我们也不能否定中国博大精深的千年文化，这种主张用心悟道、与自然和谐共处的思想与人文伦理方面的研究在现代社会依然有着巨大的价值。但我们应该看到，科学技术在现代社会的重要性。对比并非为了崇洋媚外，而是正视中国古代科技未能发展为近代科学的每一个原因，从差异中出发，审视自我，看到思维方式上的不足与科学方法上的匮乏，知不足而补之，在未来的科学发展中大放光彩。

庞加莱与西方科学前辈的对话

张奥　电子信息学院

【指导教师评语】 这是一篇穿越文，是一篇柏拉图式的对话戏剧，行文流畅、生动、有趣、有益。文章从《科学与假设》出发，融会整个自然科学经典导引学习历程，作者不再一味地推崇科学的物质成就，而是串联起整体的科学发展内涵，品味科学的精神底蕴，用公允的态度和平和的心态正确看待科学。（土木建筑工程学院　万臻）

深夜时分，当科学史陈列馆的守夜人终于忍不住困意睡去之时，西方科学展区的一幅幅照片们打开了话匣子。不同时期的伟大科学家们以这种特别的形式在这里进行着跨时间的对话。

“哎……今天不是新搬进来一个小子嘛？叫什么来着？”牛顿以其特色的傲慢口吻询问着大家。

“庞加莱。”莱布尼茨没好气地说着。

牛顿不屑地瞥了一眼莱布尼兹说：“叫那小子来和我们说说，我们的伟大成就在他那个时代造福了多少人吧。”

众人本来对牛顿挺反感，但是听到这句话纷纷来了精神，都期盼着庞加莱能给他们带来什么样的好消息。

“每一世纪的人总喜欢讥笑前世纪的人，怪他们推广地太快又太老实了。笛卡儿曾可怜那些伊洪学家，而自己却又被我们讥笑。而我们的子孙必定会讥笑我们，这是无疑的。”①庞加

① ［法］亨利·庞加莱：《科学与假设》，李醒民译，商务印书馆2009年版，第125页。

莱开口说道。

众科学家回头看到笛卡儿脸色铁青，并不觉得好笑，因为他们觉得自己的科学地位似乎也受到了挑战，于是纷纷向庞加莱发难。

“都让一下让一下。”只见众数学家簇拥着一个老者缓缓走来。“欧几里得先生。”众科学家纷纷低头致敬。“年轻人，和我谈谈数学推理的事情吧。”

庞加莱向欧几里得致意之后，说道：“您的《几何原本》是一部非常伟大的著作，从少量的公理和公设出发，经过严密的公理化方法的论证，得出了数量相当的命题。逻辑简直无可挑剔。”

欧几里得缓缓点了点头。庞加莱接着说：“但其实数学推理中，是含有创造性的。如果不是这样，那么仅仅从几条公理出发的演绎推理，其本质上都没有包含任何崭新的东西。而这恰恰与数学的结论从特殊向一般进行推理是矛盾的。数学在后来的岁月里发展出了循环推理，人们更喜欢叫它数学归纳法。这一方法包含了无数的三段论于其中，将推理延伸到了无穷。”

“嗯，你对于数学推理的本质确有独到的看法。而且对数学推理的技巧也更了解。看来你说的那句话确实有其道理啊。不过我前几天碰到了另外两个年轻人，他们俩给了我很多不同的视角，也带来了很多困惑。”欧几里得这时招招手，黎曼和罗巴切夫斯基来到了他身边。“对于这个问题，你有什么见解吗？”

“非欧几何和欧氏几何本质上只是表示方式不同，但其背后的真理是不会变的。说到底是殊途同归。正如柏拉图先生所说的‘理型’一样。”这时一旁的柏拉图眼睛望向星空，沉吟起来。“不过欧氏几何由于先入为主的缘故，给人们留下了非常深远的影响，使得非欧几何比较难于理解。说到底，人们的经验只能到达物体层面，还到达不了空间层面。所以对于空间到底是欧氏几何所说的平坦的还是黎曼所说的突起的抑或罗巴切夫斯基所代表的凹的，在我的时代还没有人能给出结论。因为我们自己生活在其中，还不能对其有清晰的观测。所以我也一直认为，几何学不是真实的，但是是有益的。人们能否提出某种现象在欧几里得空间里是可以发生的而在非欧几何空间里就是不能发生的，以此来说非欧几何的假设是错误的呢？显然这个问题是不能被提出的。在我看来这就好比找到了一种能用公分度量而不能用公尺度量的长度，然后否定公尺的假设。也就是说，无论是欧氏几何还是非欧几何都只是一种对于空间或者物体的度量工具。方法不同而殊途同归。我们个人的经验不能创造几何而祖先的经验却可以创造几何。那些不证自明的公理和公设难道不是一种经验与直觉吗？这种经验创造出来了最有利于我们人类理解的几何，换句话说这是最便利的几何。所以我说：‘几何学不是真实的，但是是有益的。’”

面前的老少三人一言不发，若有所思。牛顿见此情此景，十分着急。心想让你们过来刁难他，反倒被他搞定了？于是牛顿自己准备发难。这时在角落里突然传出一阵争执的声音。原来是托勒密和哥白尼在争论究竟是地球在转还是太阳在转。“每天都吵……”众人纷纷摊开手表示无奈。庞加莱主动前去调停：

“其实你们大可不必如此大动肝火。因为究竟是谁围绕着谁转，我们都没有一个确定的结论。因为运动本来就是相对的。回望你们的时代，大抵是由于空间是对称的，但是运动的定律却不是常常对称。比如生活中常见的左旋和右旋现象。然而天空中的星辰无区别地左旋或右旋。托勒密您提出来了精美的本轮均轮理论和水晶玻璃球理论，非常有成就。但是这种理论在解释了很多现象的同时却带来了很繁杂的规律。而哥白尼看到了另一种可能性，还是让地球转起来更方便一些。人们总是有一种直觉，认为科学规律理应是简单的。但是这种直觉的正确性无人能确定。在相对运动的背景下，二者都有可能，只是地球转起来的话，会更加便利一些。”

二人正准备道谢时，牛顿打断了他们。直截了当地向庞加莱亮明自己的成就：“我是英国皇家学会的会长，三大定律统一天上与地下，宏观与日常。面对这么伟大的成就，你有什么好说的？”

庞加莱见牛顿盛气凌人，决定以退为进。先称赞起了牛顿的成就：“我尊敬的艾萨克爵士，您总结前人成果，为近代物理大厦奠定坚实的基础，这非常值得我们钦佩。您在实验结果的基础上进行了合理外推，得到常规实验无法得到的结论。并且在处理实验数据时将那些实验得到的孤立的点加之以假设、拟合和推广，得到了良好的结果……”

“等等!”一个光彩照人的女性不留情面地打断了庞加莱。“富兰克林！富兰克林!”克里克和威尔金斯满脸歉意地看着牛顿和庞加莱：“两位前辈对不起，是我们没拦住她。”

“别管我!”富兰克林气呼呼地甩开克里克二人，质问庞加莱：“你说可以通过假设和推广处理实验数据？我不同意，我在实验没有得到足够的和满意的数据的时候甚至都不会开始建模。你倒是说说这其中道理何在？”

庞加莱只好回应道：“做实验有好的实验和坏的实验两种，好的实验在于在实验结果里可以预见其他内容，但是若无推广，那么预见就是不可能实现的。而且实验只给我们孤立的点，科学家们所做的是去拟合它们，而非完全按照实验数据来。如此，则会得出许多离奇的定律。而且假设在实验中的作用是巨大的，就好比图书馆买书，实验数据相当于买的原始书籍，而假设则扮演编排和指导的角色。有了假设，能够使实验的方向性更加明确，从而提高科学机器的效率。”

富兰克林依旧不依不饶，不过好在克里克和威尔金斯一起把她拉走了。牛顿和庞加莱的对话才得以继续下去。

“刚刚说得还算不错。”牛顿显然对于刚刚的夸奖很受用。“可是，对于您的三大定律，我其实存有疑惑，比如您的第二定律。里面的三个量，加速度、力和质量。我暂且承认加速度可以被较为精确地测量，但是力和质量确实是非常难懂的两个定义……”

“什么？你竟然说我的定义难懂？”牛顿显然十分生气。这时，展厅的门外传来开锁的声音，正当众科学家急急忙忙要回到照片里去时，“啪”的一声，门被打开了。

忽魂悸以魄动，恍惊起而长嗟。我揉揉眼，原来是一本书被我碰掉了。时针指向午夜时分。看着我记下的《科学与假设》的密密麻麻的读书笔记，再看着电脑上空白的文档。回想起刚刚的梦境，我的双手开始在键盘上跳跃。

聚焦知识本源，认识螺旋上升

张宇强　电气与自动化学院

【指导教师评语】　论文从讨论经验论和唯理论的局限性出发，对经验约定论的优势进行分析，特别是从物理和数学的公理角度和典型原理方面，进行了较深入的讨论；论文以爱因斯坦提出相对论为例，对经验约定论进行了批判性继承。论文表述清楚、条理清晰、层层深入，论据较充实，在对比分析中进行了有益的思考。(计算机学院　张锡宁)

众所周知，人类知识的根本来源一直是古往今来中外哲学家津津乐道的话题之一，在此基础上广为人知的认识论有培根的经验论、笛卡儿的唯理论、康德的先验综合判断和庞加莱的经验约定论四种。本文将介绍这几种认识论的基本内涵，以及庞加莱的经验约定论相比于其他认识论的优势与进步性。

经验论认为科学知识来源于对自然事物的感觉经验，人的表象感觉是认识的起点①，并在认识的过程中进行适当的论证和试验，对其进行总结概括，进而得出结论。由于人的认识能力(在这里可以理解为理解自然的天赋)有限度，并且主观态度具有不定向的特点，因而无法达到事物的本质。由于其对于知识的认识建立在人类自身的主观能动性上，培根也因此被看作近代唯物主义的奠基人。

唯理论认为普遍性真理来自于先天且无可否认的理，并在这个基础上经过缜密的逻辑推导得到其他的知识。唯理论只承

① 张传开：《西方哲学通论(上卷)：西方哲学史》，安徽大学出版社2003年版，第259页。

认理性认识，而对经验论进行了强烈的抨击。

在这里要补充一点，经验论和唯理论在其内部尽管都分为唯物和唯心两部分，但经验论对于感性经验的依赖决定了其唯物主义的大方向；唯理论则认为理性作为自然生发的事物，使其留下唯心的烙印。形而上学是这两种认识论的共同错误认识。

在认识到这两种认识论都具有片面性的情况下，康德发现这两种认识都具有局限性并且无法从根本上解决问题。因此康德认为没有任何知识是先行于经验的，一切知识都是从经验开始的。① 尽管如此，也不能说一切知识都发源于经验。“因为很可能，甚至我们的经验知识，也是由我们通过印象所接受的东西和我们固有的知识能力(感官印象只是诱因)从自己本身中拿来的东西的一个复合物”。② 先天综合判断的存在是可能的，其在数学判断、物理判断和形而上学判断上都是符合的。这些独立于经验之外，也就是说经验不能提供线索或是给予校正。先验综合判断与经验论分别象征的逻辑与实证，在后期的实证主义有集中的体现。

然而在科学哲学家庞加莱看来，先验和经验理论体系的阐释者有局限性。在这种基础上，庞加莱提出了经验约定论。经验约定论认为，数学中的公理和物理学中的一些基本概念和基本原理既不是先验综合判断，也不是经验事实，他们都是约定。③ 约定是我们人类的精神创造，是足以发挥人类主观能动性的。这种约定并非任意，经我总结认为有两点。第一点，这种约定使事实符合；第二点，不改变事实的基本内容。总而言之，约定的出发点是方便使用，并受到事实的引导以避免矛盾的限制。

经验约定论可以帮助我们理解数学和物理的公理原理。以数学为例，众所周知的数学，其实不是自然科学，从本质上来看它是形式科学。形式科学的定律在其体系下是绝对肯定和无可置疑的，而其他的科学却会有争议，甚至有被推翻的可能，数学就像是一代代数学家在一片空地上一片片堆砌起来的摩天大厦，虽然门路很多，但在其中行走必须按照走廊的形状。根据经验

① ［德］康德：《纯粹理性批判》，邓晓芒译，人民出版社 2004 年版，第 1 页。
② ［德］康德：《纯粹理性批判》，邓晓芒译，人民出版社 2004 年版，第 1 页。
③ 谭斌昭：《当代自然辩证法导论》，华南理工大学出版社 2006 年版，第 156 页。

约定论，我们可以在一个领域发挥自己的主观能动性提出对于事物原理的理解，这可以类比成你可以想象很多上楼的方式，只要使事实符合并不改变事实的基本内容。因此你可以走楼梯，也可以乘电梯，无论你选择哪条路，只需要为你提供符合的台阶即可。与自然科学不同的是，形式科学不常涉及经验的过程，也就是说他的内容只需要符合逻辑和约定即可。我们因此可以明白，在平面之中，欧几里得几何所表示的三角形内角和为180°是完全正确的，然而当我们跳出平面，放在另一个时空下比如说球面，那么三角形的内角和等于180°就是一个错误的判断了。但无论如何，只要在平面中，三角形内角和等于180°是绝对正确而不能质疑的。这便是一个适应此事实的约定。

经验约定论也体现在某些物理原理之中。我们知道，物体在没有任何力的情况下将保持其原始运动状态。然而这种情景却无法在现实生活中复原，因为我们没有办法找到绝对不受力的环境，因而无法被实验验证。但是我们都知道，倘若一块大石头滚下山崖，相对有力量的人必然会将该石头遏制在离石头出发点较近的某个点。这是符合现实并承受得起检验的。虽然我们无法通过实验复原物体不受力时的运动情况，但我们也不能因此而判断在这种理想情况下物体一定不按照我们想象中的方式运动，这一样有充足的理由来推论该情况成立，所以一个物体受的力越小，它的速度改变程度就会越小。该结论的总结过程，就是惯性定律的演绎方法。

在我看来，庞加莱将原理的出现溯源成约定的建立，是很有先见性和启发性的。一方面，经验约定论将科学家的能动性合理融入科学理论体系。科学家们可以将一些无法用实验来验证但同样无法证伪的，但运用则可以简便思维的想法上升为定律，在科学中可以发挥人的特征，我们也可以尽可能地在科学的基础中体现人类对美和和谐的追求，这一点在爱因斯坦对狭义相对论的提出中可以体现：爱因斯坦在阅读庞加莱的约定论后深得启发，尽管当时他的经验并不充足，但他凭借自己自由创造的主观能动性主动地提出了相对论，而它的完整理论体系实际上是在理论提出后逐渐发展和补充的。尽管庞加莱曾经反对过相对论，甚至直到去世也没有发表过赞同相对论的言论，但这并不影响其科学认识论对于爱因斯坦的巨大影响。另一方面，经验约定论丰富了哲学领域，这也奠定了庞加莱作为伟大的科学哲学家的地位。

浅析《科学与假设》中的哲学思想和科学精神

何音君　哲学学院

【指导教师评语】　本文对庞加莱科学哲学思想进行了认真的阅读和思考，不仅深入详细地理解，而且有自己的反思，有一定创新性，思路清晰，逻辑严密，习作规范，是一篇优秀的论文习作。(生命科学学院　杜润蕾)

一、对经验约定论的一些思考

(一)对归纳法本质的探索

《科学与假设》一书的开篇就言明："对于一个浅薄的观察者来说，科学的真理是无可怀疑的；科学的逻辑是确实可靠的。"①这意味着，在庞加莱心中，一个真正的科学工作者应该勇于怀疑。以数学归纳法为例，在基础教育阶段我们往往坚信它是绝对正确可靠的，然而当在原有基础上进一步深入思考，我们的头脑便会自然而然地产生一系列问题：这样的归纳是一定有效的吗？如果我们的大脑和心智能支撑完成有限项的论证(不论这一项实际有多大)却不能想象和描绘真正的无限项，那从有限项到无限项的跨越是怎么完成的呢？这种从有限到无限的"类比"在任何时刻都能成立吗？

无独有偶，这些难以回答且对传统观念具有颠覆性作用的问题正是庞加莱科学怀疑的起点。他认为，在这里，经验是软

① [法]亨利·庞加莱：《科学与假设》，李醒民译，商务印书馆2008年版，第1页。

弱无力的，也没有出现几何学中的某些公设的存在，它只是心智本身特性的证明，属于先验综合判断。① 面对这个判断，我认为可以从以下角度进行分析：

首先，庞加莱区分了数学归纳法与物理归纳法。物理归纳法建立在客观存在的宇宙世界基础上并以客观存在的实体为归纳起点和归纳对象，这要求在做出归纳前必须先验地认同宇宙具有某种普遍秩序和规律。想象一下，如果宇宙是完全混乱且无序的，任何事实都从不复现，那归纳应从何开始？故只有承认这一隐含的前提，才有可能在物理世界中做出归纳。

而与此不同的是，数学归纳法研究客体之间的关系。在此并没有永恒不变的物质实体一一与其对应，从这个角度来说，只要数学归纳法本身的法则成立(这一法则依然内含于类比框架中)，此法则就可以从 1 推至 2 至 3 至无限，这一推导不受客观现象的干扰，自然地与我们的心智的想象相符(因为人类天然地具有类比的能力)，故它实际上确实是一种心智威力的印证和先验综合判断。

(二)对经验约定论颠覆认知的一些思考

在非欧几何学诞生之前，数千年来《几何原本》中的内容一直被认为是颠扑不破的真理。通过一个简单而又自然而然的追问，科学家迈出了关键性的第一步：为何我们不能证明欧几里得公设？从这一追问衍生出对欧几里得公设的否定和对其他可能情况的探索。

非欧几何学创立了一套新的几何学规则，并证明这一规则在正曲率空间和负曲率空间同样适用。但由于我们的日常经验并不经常涉及这样的曲面，故这套规则对我们而言极为陌生且不实用。正是在这个角度上，庞加莱提出几何学的公理既非先验综合判断，亦非实验事实，它们是约定。② 我们选择 A 而不选择 B 的理由仅仅是 A 在某些情况下更有利。这种对公理性质的判定颠覆了以往的认知，将真理还原为有条件的定义，打破了对真理的迷恋和盲目信任，是庞加莱科学怀疑精神的重要体现。

---

① ［法］亨利·庞加莱：《科学与假设》，李醒民译，商务印书馆 2008 年版，第 19 页。

② ［法］亨利·庞加莱：《科学与假设》，李醒民译，商务印书馆 2008 年版，第 51 页。

此外，庞加莱在书中亦对被视为经典力学根基的牛顿三定律进行了抽丝剥茧的分析，结果表明：尽管不可能出现光滑平面让我们观察小球是否永远做匀速直线运动，但比较精确的实验(如伽利略所做的那样)可以阐明这一定律差不多真实。故我们认可其可靠性，一方面因为它是约定，当我们创造它时已潜在地赋予它存在的合理性；另一方面是因为实验虽然不够完美但足以为它辩护。这种由粗糙实验向精确定理的跨越正是使用心智力量的前提下发挥约定的桥梁作用的结果。

二、对关系实在论的一些思考

在人为创造的约定之外，有什么是真正的实在呢？庞加莱认为：名称仅仅是代替实在的客体的图像，自然界永远将实在的客体向我们隐藏着。这些实在的客体之间的真关系是我们能够得到的唯一实在。①

但在这里就出现了一些问题：首先，可以将庞加莱陈述的实在分成两类：物质性实在(即存在于自然界中的实在的客体)和关系性实在(即客体之间存在的真关系)。在庞加莱的论述中，易得出如下结论：物质性实在是存在的，但它们的真实本性却未必能直接为我们所知(参见上述实验的粗糙性)。那么物质性实在与关系性实在之间的关系是什么呢？如果说我们通过物质性实在认识到关系性实在，并由此断言我们命名的、作为研究对象的特定的实在的客体消失后此关系仍然存在，例如太阳系毁灭后万有引力定律仍然存在并可作用于其他天体之上，这是说得通的。但是如果此类物质性实在彻底消失或发生不可逆的毁灭，这一关系性实在是否仍然可以成立？就像是如果宇宙回到起点即各星系尚未产生之时，是否还有万有引力定律？这种状态是否在万有引力定律存在(come into being)之前？当然，我们也可以顺着时间轴来讨论这个问题——如果宇宙中各星系灭亡，万有引力定律是否仍然存在(请注意，在这里“真关系”这一条件仍被满足，“在”与“真”没有被必然地联系起来)？

从这个角度来看，关系性实在的存在似乎要依赖对应物质性实在的必然存在，即物质性实在的必然存在是探究关系性实在的前提。在这里，我们看出庞加莱的“关系实在论”的隐含前提，或者也可以称它为一种约定。如同庞

① [法]亨利·庞加莱：《科学与假设》，李醒民译，商务印书馆2008年版，第141页。

加莱批判其他物理学家先验地设定了一些约定(或许是无意识的)来确保他的体系成立，庞加莱在这里也无意识地设定了一个前提去论证关系实在论。

三、《科学与假设》中的科学精神和科学方法对笔者的启发

在这本书中，庞加莱对人类的直觉、经验和逻辑思维的有效性都做了深入挖掘并得出了一些颠覆一般认知的结论：我们赖以生存的经验在探索自然世界时具有粗糙的一面，会受到我们身体生理特性的影响(如视觉空间和几何空间的差异)；我们引以为傲的、独立的理性在面对无限时似乎也有其必须依靠之物。

这样一种反思和怀疑的态度是极为大胆的，坦然承认人类的无知和缺陷是本书最常提到的观点，但这种反思和怀疑并非怀疑一切，而是在观察事实的基础上、通过求实的科学探索和缜密的哲学思辨得出结论。自然，这种怀疑也不会导致坠入虚无主义的深渊。其实质是不断推翻旧有的、不合时宜的东西，在坚信自然界统一性和简单性的基础上重新发现其本质。

在浩瀚的宇宙中，人类时常会感受到自我的渺小，但即使能确切把握的东西有限，我们仍在不断向前。我想，这就是庞加莱最具创见的哲学思想——怀疑而不停滞；也是庞加莱一以贯之的科学精神——求真且大胆。

浅析《科学与假设》中那些惊艳与令人触动的观点

伍子龙　动力与机械学院

【指导教师评语】 本文能够深刻地认识科学与假设之间的关系，并且提出自己的观点，是一篇优秀的论文。（电气与自动化学院　胡文山）

当一位百科全书式的数学家同时拥有深邃的哲学洞见，会是怎样一番成就？当一位严谨理性的理论物理学家同时具备浪漫感性的人文主义情怀，又会是怎样一番景象？这些在现在看来似乎难以调和甚至矛盾对立的特性，就曾在漫长的科学史中真真切切地汇集到了一个人身上——亨利·庞加莱，一位兼具科学精神之严谨与人文主义之浪漫的全才式人物。

高中时期便在老师讲狭义相对论时接触到庞加莱，进而了解了庞加莱的生平，并拜读了《科学与假设》这本科学与思想的著作。其中一些新颖的观点无疑具有启蒙性的推动力，为我推开了一扇认知科学研究方法论乃至科学与哲学的天窗，让我在阅读与思考此书的过程中得以一览科学思想史中那一抹惊艳的色彩。

一、"实验乃真理的唯一泉源"①

马克思主义哲学和毛泽东思想告诉我们：实践是检验真理的唯一标准。而庞加莱对实验意义的肯定则更进一步，他认为实验不光是检验真理的唯一标准，而且是真理的唯一来源，无

① ［法］亨利·庞加莱：《科学与假设》，叶蕴理译，商务印书馆1989年版，第100页。

论是对真理的提出还是证实，实验都是唯一的本源方法。

看似绝对化，细细想来却的确具有普适性。没有谁能毫无现实依据地凭空构建一个完整而自洽的理论体系，正如没有人能在未曾领略过山川峰峦之胜景的情况下想象出珠穆朗玛峰的雄伟，更不要说描绘它了。只有直接或间接地通过实验，我们才能有发现新事物的契机。纵观历史，电子的发现、原子核的证实、X 射线的发现等许多突破式大发现皆源于实验。虽然庞加莱是在第四编论述物理科学时才提到这句话，但此处所说的“实验”肯定不仅仅局限于实验室中的物理实验(否则这种论断显然是无法成立的)，而更接近于马哲中广义的“实践”，它可以是已知的客观实例，可以是做过的物理实验，也可以是基于已知真理的对某理论的“证实”甚至“证伪”。因此，即使是广义相对论这种天才式的、创造性的理论，也并非凭一己之力得来的英雄主义传奇，事实上它也是爱因斯坦对狭义相对论疏漏的补充，是结合对“惯性”的已知认知和黎曼几何的理论支持而创立的。任何理论，不经实验(广义的“实验”)导出，就是脱离实际的瞎想臆测与无根浮萍；任何理论，不经实验证实，就只是未经确定的猜想与空中楼阁。

二、“一切任何事实显然可用无穷的方法来推广，但要紧的是选择”①

庞加莱认为一切推广都是假设，因为在由一系列事实上升到科学理论这一概括过程中，必然经历了由有限事实到一般性结论的从具体到抽象的质变，概括出的科学理论必然在其可行域内具有普适的正确性。而在推广到无限的过程中，我们不得不默认这种事物在从已知有限到未知无限的过程中始终遵循着某种一致性，这种一致性可以通过某种数学公式或者科学语言来准确描述。由于实验的误差等因素，在基于有限个事实的概括推广过程中，我们不可避免地会面临选择问题——究竟是选择这一种解释，还是那一种理论？在与已知实验及与事实的吻合度上，也许其中一种复杂的理论更胜一筹，但是我们往往会选择较为简单的一种解释，这是因为我们相信科学是具有简单美的。并且，只有通过追求简化的理论，我们才能更好地应用，进而“预见”，

① ［法］亨利·庞加莱：《科学与假设》，叶蕴理译，商务印书馆 1989 年版，第 104 页。

而这才是科学的实用价值所在。

三、关于科学的独到理解和开创性的“约定论”哲学

庞加莱对科学和科学理论的理解颇有一点柏拉图的“理念”与“现实”作用关系的意味。他认为科学就像柏拉图所说的“理念世界”那样，是绝对的、客观的、普遍可靠的实在。科学理论并不是绝对客观的实际，而仅仅是对科学的一种“影子”一般的反映，一种“摹本”一般的体现。在研究科学的过程中，主观能动性得到充分发挥，所有的科学理论都只是约定而已，解释一种现象、表现一种科学可以用不同的理论而达到同样的“有效”与“正确”。正如书中第二编关于几何学所言：“……笛卡儿式的坐标是对的，而极坐标是错的了，这不是这种几何比那种几何真，只有比较上便利不便利而已。”①

这些约定并非“先验综合的判断”，亦非“经验的事实”，它就好比语言——事实上在庞加莱看来科学理论本就是一种语言，一种表达科学的语言。他认为要阐明科学定律必须有专门的语言，“日常语言太贫乏了，而且太模糊了，不能表示如此微妙、如此丰富、如此精确的关系”。②

在形成“约定”，也就是在科学研究、理论确立的过程中，我们也并非全然客观，不带一丝成见，抑或全然主观以致独立于经验之外，而是基于实验，以经验为导向，且时常需要一些主观的假设、灵光一闪的直觉来使研究继续下去，同时又不可避免地会带有成见，因为我们在面临与前人实验类似的情况时总倾向于受其观念的影响，做出类似的判断。庞加莱在这种方法论层面上的理解同样与“先验论”和“经验论”划清了界限，这种不同于二者的中间态正是其科研生涯乃至人生中贯穿始终的“约定论”哲学的集中体现。20世纪的科学研究受该思想影响该是颇深的吧，从《自然科学经典导引》中的另一个科学探索过程——DNA分子模型的建立过程中就足以看到约定论思想的影子。

四、结　语

这本科学哲学和人类思想的著作给我带来思考的同时也让我惊叹，一位

① ［法］亨利·庞加莱：《科学与假设》，叶蕴理译，商务印书馆1989年版，第40页。

② 李醒民：《论庞加莱的经验约定论》，《中国社会科学》1988年第2期，第99~111页。

伟大的数学物理学家竟然同时对科学哲学有着如此精辟的洞见，其哲学思想上的建树同其科学成就均有着相当的影响力，这种有趣的现象在人类历史上是罕见的。

然而，这种现象在法国却似乎并非如此。法兰西的土地自16世纪始便持续地孕育出一代又一代科学(尤其是数学)和哲学乃至人文科学的巨匠，数学家兼思想家笛卡儿、数学家兼“百科全书”哲学流派鼻祖达朗贝尔、几何学家兼画家蒙日、数学家兼诗人柯西……许多在数学史上熠熠生辉的名字竟同时有着杰出的哲学思想或是人文造诣背景。这种传承或许正源于法国人对待科学的方式——他们把科学视为传统文化的一部分。当科学成为一种代代相传的文化，科学就与哲学乃至人文科学融汇在了一起，深入民族血脉当中了。这也许是法国得以在世界科学尤其是数学发展进程中占据核心地位的原因吧。

其实庞加莱在许多科学哲学方面的观点对我们的人生有着积极的暗喻，我们可以从他对待“被抛弃的假设”①的态度中剥离出一套乐观的人生哲学——当我们的决定被证实为错误时，我们不应为此难过，反倒应当“十分快活”②，因为它比正确的决定“贡献更大”③，事实往往是这样的：有了否定和挫败，我们才有“寻觅未知与新鲜”④的机会，才有可能发现全新的自我。

人生就是持续的斗争，我们决不能松懈片刻，“庞加莱猜想”解决了，我们人生道路的终极奥秘可还没有终结呢。

---

① [法]亨利·庞加莱：《科学与假设》，叶蕴理译，商务印书馆1989年版，第107页。
② [法]亨利·庞加莱：《科学与假设》，叶蕴理译，商务印书馆1989年版，第107页。
③ [法]亨利·庞加莱：《科学与假设》，叶蕴理译，商务印书馆1989年版，第107页。
④ [法]亨利·庞加莱：《科学与假设》，叶蕴理译，商务印书馆1989年版，第107页。